全国高等教育自学考试指定教材
学前教育专业（独立本科段）

学前儿童家庭教育

Xueqian Ertong Jiating Jiaoyu

（附：学前儿童家庭教育自学考试大纲）

全国高等教育自学考试指导委员会　组编

主　编　李洪曾
副主编　黄娟娟

高等教育出版社

扫描微信二维码
关注自考教材服务

图书在版编目（CIP）数据

学前儿童家庭教育／李洪曾主编；全国高等教育自学考试指导委员会组编.--北京：高等教育出版社，2016.6（2023.8重印）

ISBN 978-7-04-045584-7

Ⅰ.①学… Ⅱ.①李… ②全… Ⅲ.①学前儿童-家庭教育-高等学校-自学考试-教材 Ⅳ.①G78

中国版本图书馆 CIP 数据核字（2016）第 119383 号

策划编辑：雷旭波　　责任编辑：雷旭波　　责任印制：刁　毅

出版	高等教育出版社	咨询电话	400-810-0598
社址	北京市西城区德外大街4号	网址	http://www.hep.edu.cn
邮政编码	100120		http://www.hep.com.cn
印刷	北京市鑫霸印务有限公司		
开本	880mm×1230mm 1/32	版次	2016年6月第1版
印张	11.75	印次	2023年8月第17次印刷
字数	280千字	定价	15.10元

本书如有质量问题，请与教材供应部门联系调换。
版权所有　侵权必究
物　料　号　45584-00

组编前言

当您开始阅读本书时，人类已经迈入了21世纪。

这是一个变幻莫测的世纪，这是一个催人奋进的时代。科学技术飞速发展，知识更替日新月异。希望、困惑、机遇、挑战，随时随地都可能出现在每一个社会成员的生活之中。抓住机遇，寻求发展，迎接挑战，适应变化的制胜法宝就是学习——依靠自己学习、终生学习。

作为我国高等教育组成部分的自学考试，其职责就是在高等教育这个水平上倡导自学、鼓励自学、帮助自学、推动自学，为每一个自学者铺就成才之路。组织编写供读者学习的教材就是履行这个职责的重要环节。毫无疑问，这种教材应当适合自学，应当有利于学习者掌握、了解新知识、新信息，有利于学习者增强创新意识、培养实践能力、形成自学能力，也有利于学习者学以致用，解决实际工作中所遇到的问题。具有如此特点的书，我们虽然沿用了"教材"这个概念，但它与那种仅供教师讲、学生听，教师不讲、学生不懂，以"教"为中心的教科书相比，已经在内容安排、形式体例、行文风格等方面都大不相同。希望读者对此有所了解，以便从一开始就树立起依靠自己学习的坚定信念，不断探索适合自己的学习方法，充分利用已有的知识基础和实际工作经验，最大限度地发挥自己的潜能以达到学习的目标。

欢迎读者提出意见和建议。

祝每一位读者自学成功。

全国高等教育自学考试指导委员会
2002年3月

目 录

学前儿童家庭教育

第一章　导论 ··· 1
 第一节　学前儿童家庭教育的研究内容 ·· 1
 第二节　学前儿童家庭教育的研究方法 ·· 5
 第三节　学前儿童家庭教育的发展趋势 ······································ 16
第二章　家庭 ·· 22
 第一节　家庭的概述 ·· 22
 第二节　家庭结构 ··· 28
 第三节　家庭关系 ··· 36
 第四节　家庭的功能 ·· 44
第三章　家庭教育 ··· 53
 第一节　家庭教育的概述 ··· 53
 第二节　家庭教育与学校教育、社会教育 ·································· 61
 第三节　学习社会中的家庭教育 ··· 69
第四章　家长与子女 ··· 76
 第一节　父母的职责 ·· 76
 第二节　祖辈的职责 ·· 83
 第三节　子女的职责 ·· 88
 第四节　亲子关系 ··· 93
第五章　学前儿童家长的教育观念 ·· 103
 第一节　学前儿童家长教育观念的概念与类别 ························ 103

第二节　学前儿童家长的教育观念对教育行为的影响……… 112
　　第三节　影响学前儿童家长教育观念的因素……………… 117
第六章　学前儿童家长的教养方式……………………………… 125
　　第一节　学前儿童家长教养方式的含义与类型…………… 125
　　第二节　学前儿童家长教养方式对其教育行为
　　　　　　及幼儿发展的影响………………………………… 133
　　第三节　影响学前儿童家长教养方式的因素……………… 141
第七章　学前儿童家长的教育能力……………………………… 152
　　第一节　学前儿童家长教育能力的概念、类别…………… 152
　　第二节　学前儿童家长教育能力对教育行为的影响……… 163
　　第三节　影响学前儿童家长教育能力的因素……………… 175
第八章　学前儿童家庭教育的目的、任务与原则……………… 183
　　第一节　学前儿童家庭教育的目的………………………… 183
　　第二节　学前儿童家庭教育的任务………………………… 191
　　第三节　学前儿童家庭教育的原则………………………… 198
第九章　学前儿童家庭教育的内容……………………………… 205
　　第一节　产前保健与胎教…………………………………… 205
　　第二节　乳婴儿的家庭教育内容…………………………… 220
　　第三节　幼儿期的家庭教育内容…………………………… 229
第十章　学前儿童家庭教育的方法……………………………… 235
　　第一节　学前儿童家庭教育方法的概述…………………… 235
　　第二节　对非期望行为的管教原则、方法………………… 237
　　第三节　管教的策略………………………………………… 247
第十一章　家庭教育指导工作…………………………………… 262
　　第一节　学前儿童家庭教育指导的意义…………………… 262
　　第二节　学前儿童家庭教育指导的目的、任务、
　　　　　　原则与对象………………………………………… 267
　　第三节　家庭教育指导的内容……………………………… 278

目 录

第四节　家庭教育指导的形式……………………287
第五节　家庭教育指导的组织与管理……………306
后记……………………………………………………324

附　学前儿童家庭教育自学考试大纲

《自学考试大纲》出版前言………………………327
　Ⅰ　课程性质与设置目的…………………………329
　Ⅱ　课程内容与考核目标（分章编写）…………330
　Ⅲ　有关说明与实施要求…………………………363
　附录　题型举例……………………………………366
《自学考试大纲》后记………………………………368

第一章　导论

第一节　学前儿童家庭教育的研究内容

学前儿童家庭教育指导的全过程由四类对象、四个过程、两种环境和社会大背景等四个要素构成。

一、学前儿童家庭教育指导全过程中的对象

参与学前儿童家庭教育指导全过程的对象主要由学前儿童、学前儿童的家长、直接指导学前儿童及其家长的指导者和组织指导者、对学前儿童及其家长进行指导的组织管理者四类对象组成。学前儿童指0~6岁儿童;学前儿童家长指0~6岁儿童的父亲、母亲、与学前儿童生活在一起的祖辈老人,0~6岁儿童的非亲监护人;指导者指直接对学前儿童家长和学前儿童进行家庭教育指导的幼儿园教师、社区工作者、工会女工干部、志愿者和其他人员;组织管理者主要指幼儿园、乡镇街道、企事业机构、大众传播媒介和其他社会教育机构中负责家庭教育指导工作的组织和管理人员。

根据学前儿童的生理、心理特点及生活、游戏和学习特点,我们可以将学前儿童分为不同的类型。需要对不同类型学前儿童在家庭中活动的特点和接受家长教育的特点进行研究,需要对不同类型学前儿童家庭教育的特点及如何进行家庭教育指导进行研究。

根据家长本身的特点、家庭的特点和家长对子女进行家庭教育的特点,可以对家长进行分类。需要对不同类型家长的家庭教育特点进行研究,需要针对不同类型家长的家庭教育的特点和需求如何进行分类指导进行研究。

根据指导者的自身特点、身份特点和指导特点,可以对指导者进行分类。需要对不同类别指导者的指导观念、指导态度、指导能力和指导行为的特点进行研究,需要针对指导者的类别特点和需求进行选择、培养、组织和管理的研究。

学前儿童家庭教育指导工作可以在幼儿园、社区、企事业机构、传播媒介中进行。家庭教育指导的组织管理机构可分为教育系统、卫生系统、妇联系统、工会系统和基层、区县、省、市等不同的系统和层次,组织管理者本身又在性别、年龄、受教育程度、资历等方面有不同的特点。学前家庭教育指导的组织管理网络的建设、如何提高学前儿童家庭教育组织管理者队伍素质也是当前家庭教育学研究的重要内容。

二、家庭教育指导过程中的具体过程

学前儿童家庭教育指导的全过程可以分为学前儿童的发展、学前儿童的家庭教育、学前儿童家庭教育的指导和学前儿童家庭教育指导工作的组织管理等四个过程。学前儿童的发展过程,是指学前儿童的生理和心理发展过程;学前儿童的家庭教育过程,是指学前儿童家庭内围绕着子女的成长而展开的家长与子女之间的双向互动的过程;学前儿童家庭教育的指导过程,是指家庭外的社会机构对学前儿童家庭进行家庭教育指导的过程;学前儿童家庭教育指导工作的组织管理过程,是指指导单位组织指导者对学前儿童家庭进行指导并对指导工作进行管理的过程。

学前儿童的家庭教育涉及到家长和子女两个方面。对家庭教育过程中的学前儿童的家长来说,涉及到家长教育素质和教育行为两个部分。其中,家长的教育素质包括家长的教育观念、对子女的教养态度和教育子女的能力等要素;家长的教育行为包括家长为子女成长而创设家庭教育环境、家长对子女的主动教育行为和由子女的行为引起的家长被动教育行为等要素。对家庭教育中的学前儿童来说,涉及到子女对事物的认识、子女对家长的态度、子女与家长沟通的能力和子女在家庭教育中的行为。而子女在家庭教育中的行为包括子女接受家长教育的行为和子女影响家长的行为。家庭教育中子女与家长的互动是在家长的教育与子女对家长的行为层面上进行的。

指导者对学前儿童家庭教育的指导过程涉及到指导的目的、指导的渠道、指导的对象、指导的内容、指导的形式和指导的时间等。

组织管理者对家庭教育指导工作的组织管理过程包括领导体制、机构建设、组织形式、教材建设、科学研究、监察评估、经费筹措等。

从学前儿童身心发展过程中目前存在的实际问题出发,研究家庭应如何培养学前儿童的某一种品质和如何指导家庭对学前儿童的这一品质进行培养;从学前儿童家庭教育过程中存在的问题出发,研究家长应该怎样教育子女才能获得理想的效果,以及怎样指导家长避免这些问题的发生;从家庭教育指导工作中存在的问题出发,研究应该如何指导才能提高家长的教育素质和家庭教育的质量,获得良好的指导效果;从对家庭教育指导工作的组织管理过程中需要解决的问题出发,探索和创设不同指导渠道、不同层面和不同系统的组织管理模式也是学前儿童家庭教育需要研究的内容。

三、直接影响家庭教育的环境因素

对人类来说,环境是指围绕着人类的外部世界,是人类赖以生存和发展的社会和物质条件的综合体。从心理学的角度看,环境是指对人的心理、意识的形成发生影响的全部条件,包括个人身体之外存在的客观现实,也包括身体内部的运动和变化。影响心理发展的体外环境,按其性质和作用可分为自然环境与社会环境两大类。就学前儿童家庭教育指导的全过程来说,对儿童发展、家庭教育、家庭教育指导和家庭教育指导的组织管理发生直接影响的环境因素可分为客观的环境因素和主观的环境因素两大类。其中,影响学前儿童的家庭活动、家庭教育的环境因素,影响开展家庭教育指导工作的环境因素,影响组织开展家庭教育指导工作的环境因素的内容是不同的。

对影响学前儿童的家庭活动和家庭教育的环境因素来说,客观因素主要是指学前儿童在家庭内生活、游戏、学习的物质条件,家庭成员的组成结构,家庭成员之间、邻里之间、亲友之间的关系,家长的年龄、从事的职业和受教育的程度,家庭的政治经济地位等;家庭环境影响的主观因素主要包括家长自身的品德修养、家长对子女的养育态度和期望值、家庭的心理氛围和家庭作风等。家庭环境的主观因素对学前儿童的身心发展起着决定性作用。

影响学前儿童家庭教育指导工作及其组织管理工作的环境因素包括开展家庭教育指导工作必需的场地、房舍、设备等物质条件;包括指导者与家长、指导者与学前儿童、家长与家长、孩子与孩子、指导者与指导者、组织管理者与指导者之间的关系;包括指导和管理过程中的情感氛围等。

研究家庭教育指导全过程中直接影响儿童发展、家庭教育、家庭教育指导及其组织管理过程的环境的构成成分与影响作用;研究环境对家庭教育过程影响的途径与方法;研究环境的创设与改善等问题;是学前儿童家庭教育的重要研究内容。

四、制约家庭教育的社会大背景

社会背景也是一种环境因素,但它是从宏观上制约以上全部因素的作用的更高层次的环境因素。制约家庭教育的社会背景包括社会的政治、经济、文化、科技、教育的发展和变化。社会的政治、经济、文化、科技、教育等宏观环境因素作为社会大背景对上述两种直接环境、四个过程和四种对象都会产生制约作用。社会的政治、经济、文化、科学技术的变革和发展对家庭教育和家庭教育指导工作既是一种挑战,又将带来许多新的课题。研究社会发展和变革给家庭教育和家庭教育指导工作带来的影响,研究如何利用其积极的影响推动我们的工作、如何面对消极影响进行引导性适应,是学前儿童家庭教育不可推卸的责任。

第二节 学前儿童家庭教育的研究方法

一、情报研究

(一)情报研究的基本概念

情报研究是一种研究方法而不只是一种研究手段。情报研究是通过了解家庭教育某一领域的研究课题、研究方法和研究结果,把握研究领域的基本情况、动态和发展趋势,为家庭教育、家庭教育指导和组织管理提供依据的一种研究方法。情报研究的对象是家庭教育的情报资料,可分为文字资料、音像资料等。情报研究的文字资料包括公开和内部出版的书籍、刊物,报纸上的论文,研究报告,经验总结,教材教案等文献资料;研讨会、交流会、工作会议等会议资料;各级党、政机关下达的文件。大部分情报资料的查阅,可通过报刊目录索引、计算机查询和互联网查询等多种方式进行。

情报研究往往是进行经验总结、调查研究、实验研究、质的研究的先导。从研究角度看,情报研究的作用是:1. 为确定研究课题服务。实际工作者选择的课题是否有研究价值,需要通过查阅情报资料,了解实践中迫切需要解决的问题所涉及的领域研究的情况。2. 为设计研究方案服务。课题确定后,要制定计划或设计研究方案。其中包括选择对象、制订问卷、统计处理等,都需了解别人的研究。这就需要对研究领域的情报加以研究。3. 为认识研究结果、提高理性认识服务。在总结阶段,需要将本人研究的结果与别人的研究结果进行比较,需要对研究获得的结果和结论从理论上进行解释,这仍然需要借鉴别人的研究。

(二)情报研究的基本过程

情报研究一般经过下述几个基本过程:专题情报的收集,包括查找目录索引、查找情报资料;专题情报的分析与研究;形成情报研究的成果,包括专题情报目录索引、专题情报内容摘要、专题情报研究综述。

二、调查研究

(一)调查研究的基本概念

调查研究是指研究者对家庭教育的已有事实进行的研究。调查研究通过对已有事实的考察,了解家庭教育及其指导的现状,发现家庭教育及其指导过程中各因素之间的联系,是认识家庭教育及其指导的发展规律的一种研究方法。

调查研究是家庭教育及其家庭教育指导研究中常用的研究方法。调查研究往往在自然状态下进行,它并不刻意控制条件,要比实验研究容易掌握。在许多情况下,调查研究作为一种基础研究,在实验研究之前,作为实验研究的准备而进行。

(二)调查研究的基本过程

调查研究作为一种研究过程,一般需要经过确定调查研究的课题,判断调查研究的所属类型,根据调查研究课题及研究类型提出调查对象的抽样方案,调查内容的设计方案,调查的手段和调查资料的统计方案,安排并实施调查方案,统计调查结果,撰写调查研究报告等六个步骤。

提高调查内容的设计质量是关系到我国学前儿童家庭教育调查研究水平的关键。根据调查研究课题的要求,在界定调查内容的确切含义的基础上,设计调查内容的结构框架,按结构框架提出调查项目,从项目涉及的具体内容中选择代表性题目是一种解决

第一章 导论

方法。

(三) 调查研究的类型

1. 现状研究

现状研究要解决的课题一般是"某一类对象的某一种特征目前的基本状况是怎样的"或"某几类对象的某几种特征目前的基本状况是怎样的"。现状研究的一般程序是：先准备一组有代表性的调查对象，然后由研究人员收集被调查对象的特征情况，再对调查获得的资料进行整理并得出调查结果，最后，对调查结果进行比较获得对现状的认识。通过现状研究，可以把握目前的基本现状，发现问题，明确今后努力的方向。

2. 相关研究

相关研究要解决的课题一般是"某一类对象的两种特征之间有没有联系"。如果有联系的话，"这种联系密切不密切？"如果联系密切的话，"这种联系是正相关，还是负相关？"等诸如此类的问题。相关研究的基本过程是：先准备一组有代表性的对象，再调查其中每个对象的两个特征的情况，然后计算两个特征之间的相关系数，最后，根据相关系数的大小和性质对两个特征之间的关系作出判断。

3. 因果关系的比较研究

因果关系的比较研究一般要解决的问题是"某一种现象或具有某一种特征的对象形成的原因是什么"。因果关系比较研究的基本过程是：先准备两组不同的对象，使其中一组对象具有要研究的这一种特征，另一组对象不具有这种特征或者具有相反特征，再调查两组对象中的每一个对象其他方面的情况，这些方面估计可能是原因的方面，然后将两组对象调查的结果逐一进行比较，判断每方面对两组对象来说是否相同，最后，把筛选出来的、对两组对象来说有显著不同的方面，看做是造成对象具有这一特征的可能原因。

4. 发展研究

发展研究一般要解决的问题是"某一种现象或某一类对象的某一种特征是怎样随着时间的延伸或年龄的增长而发展变化的"。发展研究在进行时一般包括两种研究方式,一种是纵向的追踪研究,另一种是横断研究。纵向研究的特点是"一组对象,多次调查",研究的基本过程是:先准备一组有代表性的对象,然后每隔一段时间调查对象这一特征的状况,再统计每一次调查结果的平均数并将这些平均数在一张统计曲线图上连成一条统计曲线,最后,根据统计曲线的走向对现象、特征的发展和变化作出判断。横断研究的特点是"多组对象,一次调查",研究的基本过程是:先准备好代表性较强的不同年龄组对象,再在同一时间内调查全部对象这一现象、特征的状况,然后,统计每一年龄组的平均数并画一条统计曲线,最后,根据统计曲线的走向判断现象、特征的发展和变化的规律。纵向的追踪研究符合发展研究本身的要求。尽管横断研究由于年龄组对象的不同和不同年龄组对象早期经验不同会给研究结果带来不少问题,但是,年龄跨度较长的发展研究在采用纵向研究时在人力、物力和财力上的困难,以及其他方面的问题使研究者在许多情况下不得不尝试横断研究。

三、经验总结

(一)经验总结的基本概念

经验是指人们通过实践活动获得的知识与技能。教育经验是指教育者在教育过程中获得的对教育对象、教育规律的认识,教育的技能和体验。家庭教育经验是指学前儿童家长在家庭教育的实践过程中积累的感性认识、具体技能和感受体验。家长的家庭教育经验是家庭教育经验总结的对象。家庭教育经验总结是在拥有大量家庭教育感性经验的基础上,有目的、有计划地进行总结提炼,将已有认识从具体上升到一般、从感性上升到理性的一种研究方法。

第一章 导论

家庭教育经验总结是家庭教育研究的一种基本方法,通过经验总结,积累家庭教育的经验,获取对家庭教育规律的认识,对提高家长自身教育素养、改进家庭教育过程、促进子女健康成长具有重要意义。

由于经验总结一般并不强调预先提出假设,总结过程中并不干预家庭教育过程本身,因此,比较适合家庭教育指导实际工作者采用,比较适合对家庭教育过程的研究。

经验总结在家庭教育研究领域内,除了适用于对家庭教育经验的总结外,还适用于对家庭教育指导工作经验和对家庭教育指导的组织管理工作经验的总结。

(二)经验总结类别与基本过程

依据经验总结的科学水平可以将其分为具体经验总结、一般经验总结和科学经验总结三个层次。具体经验总结一般由家庭教育过程、教育效果和教育体会三方面的内容组成。一般经验总结是以具体经验总结为基础,由具体上升为一般的经验总结过程。一般经验总结的内容主要包括某一内容家庭教育的基本过程和实例,这种家庭教育活动的目标、理念和效果,这种家庭教育活动适合的范围和实施中要注意的问题。科学经验总结是在一般经验总结的基础上进行的,通过逻辑的、理性的分析,揭示家庭教育经验的实质、主要经验内容之间的联系和这一经验在家庭教育中的地位与作用的过程。具有详实的事实材料、建立可靠的理论支撑点、提炼家庭教育经验的主题、揭示家庭教育经验的内在机制被认为是保证科学经验总结成功的关键。

四、实验研究

(一)实验研究的基本概念

在教育研究中,实验研究是研究者根据一定的目的和计划,在控制条件下,对被试施加可操纵的教育影响,然后观测被试的变化及教育效果,以此推断所施加的教育影响与教育效果之间是否存在因果联系的一种研究方法。

在家庭教育研究中,实验研究主要包括研究家长怎样对子女进行教育的家庭教育实验和研究家庭外机构怎样对家长进行指导的家庭教育指导实验两类。有控制地进行家庭教育指导的实验,通过实验以验证某一指导方案是否有效,以及判断两种指导方案之间哪一种方案更为有效为目的的指导实验,是目前运用较多的实验研究。

实验研究的变量由实验变量、效果变量和无关变量组成。实验研究的主要工作无非是操纵实验变量、控制无关变量和观测效果变量三件事。在家庭教育指导实验中,实验变量一般是指家庭外机构怎样组织和指导家长;效果变量一般是指家长的教育素质、教育行为和儿童的身体、心理有什么变化;无关变量是指除了作为实验变量的组织、指导因素,除了作为效果变量的家长教育素质、教育行为和儿童身体、心理发展因素外,其他会影响效果变量的主要因素。

家庭教育指导实验研究的具体课题是对实验变量、效果变量和无关变量进行界定后形成的。比如,新时期城市幼儿园如何组织教师通过家长辨析活动来增强外来流动人口父母的教育责任、提高幼儿文明礼貌的行为水平。

(二)实验研究的基本过程

对家庭教育指导实验的上述三类变量进行界定,使实验研究的课题具体化。

根据实验研究课题,对研究如何进行要制定一份实验研究计划。在这份计划中应对下列内容加以规定:实验的组织类型是单组实验还是等组实验;实验的被试从什么范围选择,被试的数量和选择的方法;执教者的选择;实验的具体措施,怎样进行家庭教育的指导(需要有一个指导方案);无关变量的控制,指导将在怎样的条件下进行;实验效果的观测,准备观测哪些效果,怎样进行观测和对观测结果如何评定;实验数据的统计,对实验数据进行统计的内容和方法,以及表述研究结果的统计表、统计图的设计。

按照实验研究计划的规定,由执教者对被试实施实验、控制实验条件、观测实验效果。在实验进行的过程中,根据出现的新情况、新问题调整实验研究计划,也是保证实验研究质量所必需的。

对通过实验获取的数据进行统计分析,获得研究结果,在对研究结果进行分析的基础上,撰写出实验报告。

(三)指导实验研究的两种类型

家庭教育的指导实验一般只采用单组实验与等组实验,不采用轮组实验。家庭教育指导的单组实验不设置对照组,实验的结果通过对实验组指导前后效果的比较获得。等组实验要准备两个或两个以上的基础相等的组,实验的结果通过对指导后实验组与对照组效果的比较获得。具体过程如下:

单组实验。选择一个班(或几个年龄相同的班,或整个幼儿园)作为实验组;指导前测定这个班的幼儿及家长的基础;对这个班进行指导;指导后再进行效果测定;比较指导前后的效果,得出指导是否有效的评判结论。

等组实验。选择两个(或三个以上)平行班——甲班、乙班;对两个班的幼儿进行基础调查;比较两班的基础调查结果是否相同,若相差较大,对幼儿进行调整,组成实验班与对照班(被调整的对象照旧参加原班教育活动);在实验组实施指导方案,在对照组不实施指导方案;对两组对象进行效果测定,比较实验组与对照组的指导效果,判断指导方案是否有效。

五、质的研究

(一)质的研究的基本概念

质的研究方法是社会科学研究的一种方法。质的研究是指研究者对自然发生的事件或现象进行系统性的观察与记录,将观察所得资料加以分析整理,并将结果予以归纳叙述的一种研究方法。

质的研究也称为参与观察研究法。

质的研究与量的研究不同。质的研究重在：1. 强调人的现象与物的现象之间存在着本质的差异，认为人的行为并非全然不证自明，是可量化、能被客观测量的，包括教育在内的社会现象充满着意义和诠释，把自然科学研究方法应用于复杂的教育现象是简单化的做法。2. 强调应以整体的观点研究教育现象，认为"科学－实证"取向的教育研究把复杂现象或过程分解成了若干因素或独立的几个部分，这种把具有整体联系的研究对象孤立抽取出来的还原论方法是注定要失败的，研究者应对真实自然情境中的研究对象及与之相联系的全部背景因素进行整体研究，注重对研究对象的社会的、文化的、历史的理解。3. 倾向于认为教育研究的目的在于形成惟一适合被研究者的知识体系，而不是形成具有普适性、历史性的理论。强调教育研究的目的个案化和具体情境化已成为一个不可忽视的倾向。4. 否认人的行为可用在时间上先于它们发生的原因或原因的组合来解释，认为情境中所有的因素都处在即时的相互作用状态中，不能简单地区分因果关系。5. 认为任何研究都是以价值为基础的，研究不可避免地要受到研究者理论、方法论的选择的影响。价值内在于研究之中，实证主义的价值无涉论是虚幻的、站不住脚的。

质的研究特别重视：1. 研究者参与观察，亲自体验并记录自然情境中的行为。2. 搜集多样化的描述性资料，如访谈抄本、实地记录、图片、相关文件等。3. 兼顾事件或现象形成的过程及结果。4. 不验证研究假设，而是将诸多片断资料予以归纳，以发现其关联性。5. 探究不同个体对于自己本身行为所作的解释或认定。

（二）质的研究的基本过程

质的研究的步骤一般包括界定研究问题、选择研究场地、进入现场并维持关系、资料搜集与检核、资料分析与整理、撰写并提出研究报告。

透过质的研究途径,研究者可以尽可能地深入了解所欲探讨的事件或现象,而且通常可以单独由研究者进行机动性研究,不需花费庞大的经费。但是,质的研究无法精确描述群体现象,研究过程耗时费力,研究设计在信度、效度以及推论方面都仍有不尽周延之处,这些不足之处正是量的研究的优势所在。

1960年之前,由于自然科学的科学研究方法是研究方法的主流,因此,强调实验、控制场所、数据分析等量的研究大行其道,质的研究在教育领域如凤毛麟角。70年代之后,量的研究开始受到学术界的批判,于80年代批判最烈。90年代以来,教育研究质、量之争趋于和缓,代之而起的是质、量并重的倡导,同时采用质与量的途径进行教育研究已成为一种趋势。

六、行动研究

(一)行动研究的基本概念

行动研究的兴起始见于美国20世纪30年代的后期。50年代,经哥伦比亚大学教育学院院长考瑞(S. Corey)等人的大力倡导,行动研究开始进入美国教育研究领域。60年代中期,曾因行为主义在社会科学十分兴盛而沉寂一时。80年代,经英国学者埃里奥特(J. Elliot)等人的努力,行动研究再度崛起。进入90年代后,行动研究的主张和方法更日益受到人们的重视。

行动研究是一种由实践者在自身的实践活动中,以解决实践中的问题为目标,以实践者对实践活动的反思为中介的、循环递进的研究活动。

典型的行动研究具有以下特点:1. 自然性。行动研究在自然、真实的情景中展开,强调将问题置于各种相关因素的有机联系和整体情景中予以考察,侧重于用质的手段和定性的方法去理解、把握人的生活世界。2. 行动性。行动研究从实践活动开始,在实践中进行,并以实践质量能否提高作为检验研究成果的标准。3. 角色一体性。行动研究的主体是教育实践者。强调实践者以研究的心态和方法对待本职工作,要求实践者在教育实践中既要做行动者,又要做研究者,研究者的角色与实践者的角色同一。4. 供体与受体的统一性。行动研究要求研究者的角色与运用研究成果的实践者的角色统一起来,保证使研究成果直接、及时地转化为实践过程。5. 合作性。行动研究虽不排除实践者个人独立进行,但通常情况下,由一组实践者与研究人员围绕一个实践问题合作进行。除教师外,家长、学生、社会团体、社会机构和各界人士都可以作为合作者介入。6. 反馈—调整性。行动研究要求在持续进行的活动中,不断对活动的目标、结果和手段三者及其关系进行反思,并根据反思所形成的判断修正研究进程中的行为,是一种开放性和形成性的研究活动。7. 目标的具体性。行动研究的目标在于在具体情景中提高行动的质量,增进行动的实效。行动研究并不刻意追求自为、独立的知识体系本身,它只是研究和解决具体问题的工具。8. 结果的非普遍性。行动研究作为一种直接指向具体情景中的具体问题的研究方法,它通常只将在特定情景中得到的研究结论运用于该情景、该问题本身,并不追求获得普遍适用于各种情景的概括化知识。①

(二)行动研究的基本过程

关于行动研究的步骤,有人提出:首先,要"找出起始点",包括研究日志、寻找一个起点;其次,要"理清情境",包括澄清研究的起点、收集资料、资料分析;第三,要"发展行动策略并付诸实践";第四,要"分析与理论类化"。其中,从"理清情境"到"发展行动策略并付诸实践"是一个循环过程。此架构反映出一个信念:理论从实践而来;理论的主要价值是作为反映实践的一个途径,理论在实践中被批判地评估,从而刺激了实践取向知识的进一

---

① 洪明,《行动研究与幼儿教育》,《学前教育研究》,2001 年第 4 期。

第一章 导论

步的发展。① 关于行动研究法的步骤和过程,究竟划分为哪几个阶段并不具有决定性的意义,重要的是有两点要取得一致:一是行动研究法的过程应该是一种螺旋上升式的结构;二是要根据具体的研究对象来制订相应的行动步骤。

由于行动研究是实践者的研究,是以解决具体情景中的具体问题为目标的研究,作为家庭教育实践者的家长和作为家庭教育指导工作实践者的指导者应该成为行动研究的主要使用者。长期以来,实践者工作能力和理论水平的提高是通过注重个人经验的"线性积累模式"或强调将理论应用于实践的"理论—实践模式"实现。但这两种途径的共同弱点是理论与实践的对立,而这一问题在传统的认知范畴内无法得到根本的解决。行动研究为我们提供了一种可资借鉴的途径。行动研究虽也需要历史的和当代的一般教育理论或教育思想的滋养,但在本质上是立足于实践的,是以解决教育中的实际问题为目的的研究活动。实践者通过行动研究尽管不能在纯理论的研究上达到多高的水平,但是能够对实践的研究达到更高的水平,对实践的增进达到更高的程度。通过行动研究,获得的是具有相对独立的知识形态。通过行动研究,实践者与专家学者的关系不再是前者对后者的理论应用和贯彻的单向关系,而是不同知识形式主体间的平等交流和对话的关系,由实践工作者通过行动研究建构的知识体系不再是简单的他人理论的操作性图解,而是一种以实践哲学为基础的、具有相对独立性的知识体系。

---

① 夏林清(1997),《行动研究方法导论——教师动手做研究》,台北市,远流,译文:Teachers Investigate Their Work: An Introduction to the Methods of Action Research. 第11~12页。

第三节　学前儿童家庭教育的发展趋势

一、现代教育发展的主要特点

国际21世纪教育委员会于1996年向联合国教科文组织提交的一份报告中提出现代教育的四大支柱的新构想,认为要适应未来社会的发展,教育必须围绕四种基本学习能力来重新设计、重新组织。这四种学习能力是:1. 学会认知。目的是使学生学会如何学习,即掌握认知的手段,而不在于知识本身。2. 学会做事。使学生具有在一定的环境中工作的能力,这种能力是包括如何对待困难、解决冲突、组织管理和承担风险等多方面的综合能力。3. 学会共同生活。使学生学会设身处地地理解他人,从而消除彼此间的隔阂、偏见与敌对情绪,和周围人群友好相处,并且从小培养学生具有为实现共同的目标与计划而团结合作的精神。4. 学会生存。为适应社会的迅速变革与发展,使学生学会掌握自己命运所需的基本能力,即思考、判断、想像、表达、情绪控制和社会交往等方面的能力。这些能力既是个人为完善自身的个性所需要的,也是作为社会成员发挥自主性和首创精神进行革新与创造的保证。由于国际21世纪教育委员会认为上述四个方面学习能力的培养对于塑造年轻一代的品德与能力素质和解决现代社会的基本矛盾有至关重要的意义,因此,在其报告中就把这四种学习能力的培养称为"教育的四大支柱"。

情商(EQ)概念,是力图从心理学角度为解决精神文明与物质文明不同步的矛盾提出的有效方案。丹尼尔·高曼提出的"情绪智力"(通常称为"情商"或EQ)认为,人们首先要认识EQ的重要性,改变过去只重视IQ、认为"高IQ就等于高成就"的传统观念。他通过科学论证得出结论:"EQ是人类最重要的生存能力",人生的成就至多20%可归诸于IQ,另外80%则要受其他因素(尤其是

EQ)的影响。因此,只有从重视 IQ 转到重视 EQ 上来,并大力提升年轻一代的 EQ,才能拯救现代社会。丹尼尔·高曼对 EQ 所下的定义包含如下五个方面的内涵:1. 认识自身的情绪。认识情绪的本质是 EQ 的基石,这种随时随地认知自身感觉的能力对于了解自己非常重要。了解自身真实感受的人才能成为生活的主宰,否则必然沦为感觉的奴隶。2. 妥善管理情绪。情绪管理必须建立在自我认知的基础上。这方面能力较差的人常受低落情绪的困扰,而能控制自身情绪的人则能很快走出命运的低谷,重新奔向新的目标。3. 自我激励。自我激励包含两方面的意思:①通过自我鞭策保持对学习和工作的高度热忱,这是一切成就的动力;②通过自我约束以克制冲动和延迟满足,这是获得任何成就的保证。4. 理解他人情绪。能否设身处地理解他人的情绪,这是了解他人需求和关怀他人的先决条件,高曼用"同理心"来概括这种心理能力。可见,"同理心"是同情、关怀与利他主义的基础,具有"同理心"的人常能从细微处体察出他人的需求。5. 人际关系管理。恰当管理他人的情绪是处理好人际关系的一种艺术。这方面的能力强,意味着他的人际关系和谐(人缘好),适于从事组织领导工作。显然,这种能力要以同理心为基础。情商概念已引起理论界的关注,并在教育实践的许多领域得到应用。然而,人们对情商概念的不同看法也引起了我们的注意,毕竟情商理论还是一个逐渐完善的理论。

　　终身教育。终身教育的思想,自本世纪初开始萌芽后,迅速发展,尤其是 1970 年以后,由于联合国教科文组织积极倡导,已广为人知。不少国家也相应采取措施,极力倡导。日本为推行终身教育,于 1990 年颁布《终身学习振兴法》,鼓励民众终身学习,并自 1991 年起在都道府县设置"终身学习中心",支持国民的终身学习活动。韩国政府为推行终身教育,于 1997 年将社会教育法修订为《终身学习法》。原美国总统克林顿 1994 年提出的教育六大目标中,亦将国民的终身学习作为美国教育未来发展的目标。终身教育已成为世界教育的新潮流。

终身学习这种教育活动,从学前儿童到高龄者,形成了持续性的教育过程。在横的方面,它包括正规、非正规及非正式的教育活动;在纵的方面,它涵盖家庭、学校、社会三种教育活动。对学习主体而言,它提供每个人随时随地均可学习的教育体系。终身学习蕴涵对学习主体的尊重,提供所有学习者一生学习的机会,强调个人的发展,重视个人自由,使教育成为一种生活,扩展人生的意义与目标。

二、学前儿童家庭教育的发展趋势

"素质教育走进家庭"将成为中国家庭教育的主旋律。1999年6月,《中共中央国务院关于深化教育改革全面推进素质教育的决定》把"实施素质教育"定位在"提高国民素质"的根本宗旨上。素质教育以德育为核心、以培养创新精神和实践能力为重点。"素质教育的本质是一种教育思想、一种教育价值观,同时它又是一种指向、一种境界。"素质教育应该贯彻于包括学前教育在内的整个终身教育,应该贯彻于包括学前家庭教育在内的整个学前教育。家庭必须支持学校开展素质教育。家庭是幼儿园的服务对象,家长的需要、态度和行为直接影响幼儿园教育的进行。幼儿园素质教育能否顺利开展,离不开幼儿家长的支持。素质教育不只是幼儿园教育的事,家庭必须对孩子同步实施素质教育。克服重智轻德,过早进行定向培养,盲目地进行识字、计算等仍是学前家庭教育的重要任务。家长必须提高自身的教育素质。家长的教育素质影响家长对子女的教育行为,影响家庭教育的质量,进而影响子女身心的发展。提高学前儿童家长的教育素质是学前儿童家庭教育指导工作的关键。

依托社区是家庭教育指导工作的发展方向。家庭教育指导工作的渠道包括学校、社区、企事业机构、大众传播媒介和其他社会

第一章 导论

教育机构。不同指导渠道具有不同的特点、优势与局限。对已入园幼儿的家长来说,由于幼儿园在组织管理和指导者队伍教育素质上的优势,幼儿园指导是目前幼儿家庭教育指导的主要渠道。但是,必须看到,我国农村大多数3～6岁幼儿和0～3岁婴幼儿并未入园、入托,处于散居状态,对这些儿童的家长来说,托幼机构的直接指导存在困难,而社区指导具有优势。随着我国社区建设的迅猛发展,社区家庭教育指导的组织力量、物质条件、环境氛围将迅速得到提高和改善。随着社会的发展,人们的观念正在由"单位人"向"社区人"转变,学前儿童家长对社区的信任、依赖的程度将发生根本的变化。在这种情况下,由社区直接组织或由幼儿园依托社区组织0～6岁学前儿童家庭教育指导将成为发展的方向。

创建学习型家庭拓宽了家庭教育的思路。20世纪90年代末,面对社会变迁过程中出现的家庭问题、家庭教育问题,依据终身学习的思想,为创建学习社会,提出创建学习型家庭。

"学习"并非只是"读书"、"写字"、"听课"、"记笔记",学习是一种在活动中获取、体验的过程。学习也可以分为"正规学习"、"非正规学习"和"非正式学习"。学习型家庭应该是学习的家庭,应该为家庭成员创造良好的学习环境和学习氛围。在学习型家庭中,学习是在非正式状态下,在没有压力并处于低权威下进行的。学习型家庭的成员应该是热爱学习、有效沟通、关系和谐、相互支持的。无论是何种结构类型的家庭,不分何种职业,不管家庭经济富裕或贫困,学习型家庭应向家庭的每一成员提供良好的学习环境,家庭成员应对学习抱有积极的态度和参与行动。学习型家庭的家庭学习活动包括个人的自我学习、反省与改变,及家人共同进行的活动。时间的共享、共同的活动和情感的沟通是学习型家庭的主要特点。创建学习型家庭的时代意义在于,它将家庭教育从围绕着子女成长而进行的"家庭对子女的教育"向围绕着提高家庭整体质量而进行的"社会对家庭的指导"方向发展。

[思考题]

1. 试从家庭教育指导全过程构成要素谈一下学前儿家庭教育学的研究内容。

2. 比较家庭教育研究各种基本方法的特点及运用这些研究方法进行研究的一般过程。

3. 试论述学前儿童家庭教育的发展趋势。

[参考资料]

1. 李洪曾,《家庭教育研究的理论框架与课题群的设计》,《上海教育科研》,1997年第12期。

2. 李洪曾,《幼儿教育科学研究方法基础》,上海教育出版社,1994年版。

3. 〔美〕威廉·维尔斯曼著、袁振国主译,《教育研究方法导论》,教育科学出版社,1997年7月版。

4. 〔台北〕陈伯璋,《教育研究方法的新取向:质的研究方法》,南宏图书,1999年版。

5. 洪明,《行动研究与幼儿教育》,《学前教育研究》,2001年第4期。

6. 朱镕基,《关于国民经济和社会发展第十个五年计划纲要的报告》,2001年3月5日在第九届全国人民代表大会第四次会议上作的政府工作报告。

7. 黄光成、金盛华,《现代社会挑战与教育变革导向》,《北京师范大学学报》(社会科学版),1999年第6期。

8. 林清江,《终身学习与学习社会》,台湾国立中央图书馆台湾分馆馆刊,1998年第4卷第4期。

9. 北京师范大学现代教育技术研究所何克抗,《当代教育改革路在何方?——孔子教育思想给我们的警示》,1998年8月17日。

10. 上海市家庭教育研究会,《21世纪初上海家庭教育发展趋势》,上海社会科学出版社,2000年版。

第二章 家庭

人们常把家庭比喻成人生的起点,呱呱坠地的婴儿在它的怀抱中渐渐长大,然后走向社会、融入社会。也有人把家庭比喻成人生的港湾,即便长大成人,走得再远也离不开家庭,是人一生的栖息之地。家庭对我们每个人来说都具有重要的意义,那么,什么是家庭呢?

第一节 家庭的概述

一、家庭的概念

(一)家庭的定义

马克思和恩格斯曾经给家庭下了这样的定义:"每日都在重新生产自己生命的人开始生产另一些人,即增殖,这就是夫妻之间的关系、父母和子女之间的关系,这就是家庭。"[1]也就是说,家庭的本质是婚姻和血缘关系,是由夫、妻、子女以及其他生活在一起的近亲所组成的小团体。

《汉语大辞典》关于家庭是这样定义的:"以婚姻和血缘关系为基础的社会单位,成员包括父母、子女和其他共同生活的亲属。"[2]

---

[1] 《马克思恩格斯全集》第1卷,第33页。
[2] 《汉语大辞典》第三卷,汉语大辞典出版社,1989年3月第1版,第1469页。

第二章　家庭

我们可以把家庭概括为：

1. 婚姻是家庭的起点，是家庭中最主要的关系，也是判断是否是家庭的首要指标。

2. 血缘是家庭的纽带，父母、子女、兄弟姐妹之间因血缘关系而紧紧地联结在一起，这是判断家庭的又一个重要指标。

3. 共同生活、有密切的经济交往是家庭成立的必要条件，这就包括除父母、子女之外的其他直系、旁系亲属和建立了正式领养关系的成员，他们中有的虽无血缘关系，但由于长期的共同生活和经济上的密切交往，实际上起到了维系血缘的作用。

因此，用完整简约的一句话来定义家庭：家庭是以婚姻、血缘和收养关系为纽带的社会生活组织。

（二）家庭的本质和特征

家庭作为人类的一种社会生活组织，有其基本的性质和特征，主要表现在以下三个方面：

1. 两性结合，延续后代

没有两性结合、没有婚姻就没有家庭。因此两性结合进行种的繁衍是家庭最主要的特征，是与其他社会组织形式相比最大的区别所在。两性结合形成婚姻，但并非所有的两性结合都能称为婚姻，只有为社会风俗和法律所承认的两性结合才是婚姻。我国著名社会学家费孝通先生认为，在婚姻中只有"生育"才是自始至终起决定性作用的稳定因素，两性结合、延续后代也是人们为了维持正常的社会生活而发生的一种社会行为，对于保障家庭的巩固和社会安定起到了重要作用。

2. 是社会发展的产物，有其自身产生和发展的历史

自人类社会开始以来，家庭形态已有了很大的变化，它是随着社会的发展而发展，随着社会的变化而变化的。在人类漫长的历史发展过程中曾先后出现过四种家庭形态：血缘家族、普那路亚家庭、对偶家庭和一夫一妻制家庭。从近期发展来看，家庭形态结构

也发生了很大变化,如我国长期以来占主要地位的大型联合型家庭已渐渐向小型核心型家庭转变,经济基础在其中起了关键作用。我们可以作出这样的结论:家庭是在不断变化的,它随着社会的发展从较低级阶段向较高级阶段发展;生产方式的变化、生产力的发展是家庭发展的决定力量。

3. 是人类的基本群体,不仅为人们创造了社会的基本条件,而且还因此满足人们从物质到精神的多方面需要

由于家庭成员以姻亲、血亲为纽带,因此关系密切、稳定、持久,感情深厚,具有很强的凝聚力。对每个人来说,从出生到长大成人、走上社会,这其中要经过漫长的路,家庭是这条路的起点,年幼者不仅需要父母双亲的哺育而且需要教育,从而学会基本的社会生活技能,发展个性。家庭成了人们生存的一种方式和环境,对人的一生都会产生重大影响,世界上每个人无不被打上家庭的"烙印"。

家庭并不是与人类社会同时出现的,而是社会经济发展到一定阶段的产物。恩格斯运用了摩尔根的大量研究成果,证明了在人类漫长的历史发展中先后出现过四种不同的家庭形式。

二、家庭发展的四种形式

(一)血缘家庭

血缘家庭属于群婚制的最初阶段,婚姻是按照辈分来划分的,凡属同一辈分的男女均可以结为夫妻,即使是兄弟姐妹之间结为夫妻也是合乎道德的,这种同辈而婚的婚姻构成了人类最古老的家庭形态——血缘家庭。[①]

血缘家庭在今天看来非常原始,但古人能排除父母与子女之间的性交,有了通婚限制的标志,仍不失为人类历史上的一大进步。在此之前,男女之间的两性关系处于完全没有限制的杂乱的

---

① 赵忠心,《家庭教育学》,人民教育出版社,2000年9月,第51页。

第二章 家庭

状态,每个女子属于每个男子,同样,每个男子属于每个女子。①人们共同劳动、共同生活,既承担物质生产又承担人口生产。随着生物进化,自然选择发挥了作用,人们逐渐意识到没有限制的杂乱性交不利于后代,于是才有了血缘家庭。

(二)普那路亚家庭

人类经过几百年的发展,生产劳动能力又有了巨大的进步,从游徙的部落变为相对稳定的部落,使得部落间有了较固定的联络,并且开始互相通婚。某一氏族的男子与另一氏族的一群女子交互群婚,也就是说,一名男子可以与一群女子发生性关系,同样一名女子也可以与一群男子发生性关系,但它排除了兄弟姐妹的性关系。这种婚姻形成的家庭称为"普那路亚家庭"。

"普那路亚"是美国夏威夷语,意思为"亲密伙伴"。普那路亚家庭也属于群婚制家庭,又称为团体婚姻。比如前苏联西伯利亚的楚科奇族有一种团婚制度,常常是十对男女互为联婚,在约定俗成的结构圈内,任何男子对任何女子均有暂时视为妻子的权利,所生的孩子仍然只知其母不知其父,女子因同样要参与劳动而不可能亲自照顾自己的孩子,因此,孩子们仍属于部落公有,由部落中的成人共同抚养。因此,从严格意义上来说,普那路亚家庭仍不能算做真正意义上的家庭。

(三)对偶家庭

人类又经过了漫长的旅程,这期间社会经济和氏族制度又得到了很大的发展,人们也逐渐学会耕作和畜牧,特别是工具的改进使捕猎等劳动有可能成为男子个人的行为,男女群居已不再成为必需,对偶制取代了群婚制。婚姻的规则日益复杂,限制也越来越明确,对偶家庭应运而生。

对偶家庭是人类家庭发展史上的第三种形式,属个体婚制。

---

① 《马克思恩格斯选集》,第 4 卷,第 26 页。

对偶家庭是一个男子和一个女子在或长或短的时间内形成的,相对一夫一妻制家庭来讲,是一种不牢固的夫妻关系,它是普那路亚家庭向一夫一妻制家庭的过渡形态。对偶家庭中,两性的婚姻关系并不是以感情为基础,而是以方便和需要为基础,男女任何一方不愿再维持这种婚姻都可以随时分离。但在婚姻期间男女双方是一对相对确定的配偶,共同生活在一起,生育和抚养子女。子女的生父的确定性越来越高,可以比较有把握地认出自己亲生的子女,对偶家庭为一夫一妻制家庭的产生作好了准备。

(四)一夫一妻制家庭

人类家庭形式从对偶家庭再向前就发展成为一夫一妻制家庭,这也是人类有史以来的最后一种婚姻家庭形式。

对偶家庭后期,人类社会进入野蛮时代的中级阶段,随着生产力发展,社会关系发生了新的变化,出现了剩余产品和产品交换,氏族首领占有了氏族的公共财产成为富有的人;铁器的发明使人们以家庭为单位进行耕作变为可能,逐渐出现了私有制和奴隶制;男子在生产和创造财富中开始居于主要地位,在家庭经济中占据优势地位,为了使财富得到保存并传给亲生子女,要求一种与私有制相适应的家庭形式来代替对偶家庭,于是一夫一妻制家庭就应运而生了。马克思曾有过一段精辟的评论:"导向一夫一妻制的动力是财富的增加和想把财富转交给子女,即合法的继承人,由婚配的对偶而生的真正的后裔。"[①]

一夫一妻制在人类发展史上实行了几千年,在这几千年中经历了不同的历史时期。一夫一妻制的初始阶段处于人类历史上的奴隶社会,当时一夫一妻制家庭的显著特征表现在:奴隶属于奴隶主家庭的一分子,奴隶主对奴隶享有生杀大权,父权占有绝对统治地位。进入封建社会后,一夫一妻制的基本特征表现为家长制的

---

① 摩尔根,《古代社会》,第39页。

宗法统治,这是封建社会自给自足的自然经济造成的必然后果,又是同封建专制的政治制度分不开的,妇女地位处于最低层。随着新的社会生产方式的确立,真正建立在情爱基础上的一夫一妻制家庭才能得以实现。

三、家庭的生命周期

一个家庭从成立到消失,大约经历五六十年,一般来说,期间要经历各种不同的阶段:新婚夫妇的两人世界阶段→孕育孩子阶段→为人母、为人父并养育孩子阶段→孩子长大成人阶段→老年阶段,其中20年,家庭生活的重心在养育孩子。

(一)新婚夫妇的两人世界。婚姻的建立使不同生活背景的男女双方结合在一起,这期间需要双方相互适应、磨合,因为夫妇原本生长在不同的两个家庭之中,生活习惯、价值观念都会有差异,这就需要双方都要努力协调、真诚地悦纳对方。曾有人对幸福的家庭作过调查,发现美满婚姻与不幸婚姻的最大区别在于双方是否同心合力、能否以体谅代替责备。新婚阶段对于今后能否建立美满的家庭起着至关重要的作用。

(二)孕育孩子阶段。经历了两人世界之后,大多数家庭都会作好准备,迎接小生命的到来。未来的爸爸、妈妈们会对孩子有着美好的遐想,一些准父母的兴趣爱好、生活方式甚至都会发生变化,孕妇的健康、饮食、保健等等常常是这阶段家庭生活的重心。特别对于我国家庭来说,每对夫妇只能生育一个孩子,孩子的诞生不仅是家庭甚至是家族里的大事,牵动着几代人。经过10个月的等待,孩子呱呱坠地了。人们常说结婚是人生的一件大事,而从结婚到有了第一个孩子更是人生的一次大改变。

(三)为人父母、养育孩子阶段。原先两个人的双向关系变成较为复杂的交互关系,孩子的出生使初为人父、人母的家长面临着许多困难,如缺乏带孩子的经验,不分白昼、不分寒暑地忙碌,孩子出生后所造成的家庭生活改变更是巨大,父母休闲、自由支配的时间大大减少,经济支出也有了很大变化,花在自己身上的钱少了,花在孩子身上的钱占了很大比例。但绝大多数的夫妇认为孩子的出生使婚姻更加牢固,孩子的诞生对婚姻与家庭有积极作用。随着对幼儿发展研究的不断深入,幼儿教育越来越受到家庭的重视,幼儿早期智力开发、良好个性形成等等都受到父母的关注,有些家庭迫切需要亲职教育。

(四)孩子长大成人阶段。通过十几年的养育,孩子渐渐长大,他们开始有了自己的社交圈,学着独立和自由选择,家庭生活和亲子关系需要作较大的调整,对子女的教养方式、态度等都要根据孩子的不同情况来制订。另外,孩子已有一定的能力来帮助父母分担生活的压力,父母要善于培养孩子负责、敬业等优良品质,为孩子今后走向社会打好基础。

(五)老年阶段。当孩子有了经济能力之后,他们就能自立了。越来越多的孩子走上工作岗位之后,更愿意有自己的空间,他们会离开父母独立生活。这时家庭的大部分时间又回到了两人世界,夫妇进入老年时期,相依相伴,共度夕阳。

从家庭的生命周期来看,它也经历了从初生到暮年的轮回,正常情况下,我们每个人都会亲历其中,只有好好地珍惜、牢牢地把握,才能建设一个美好的家庭。

第二节 家庭结构

家庭结构是家庭教育学研究的一个基本方面,因为不同的家庭结构,其家庭教育的模式和氛围会有很大区别。目前学术界对家庭结构还没有一个统一的划分标准,因此,不同学者从自身的研究角度和学术背景出发对家庭结构的定义和分类作了不同的解释:有的人认为家庭结构就是家庭成员的组合形式,有的人认为家庭结构就是家庭中人与人的稳定联系,等等。到底应该如何来认

第二章 家庭

识家庭结构?

一、家庭结构的概念

家庭结构是指家庭成员的构成及其相互作用、相互影响的状态,以及由这种状态形成的相对稳定的联系模式。家庭是由两个或两个以上成员组成的,家庭中每个成员的存在都依赖于其他成员的存在,他们各自都有一定的角色,互相关联、互相维持。广义的家庭结构还应包括家庭的主体结构、经济结构、职业结构等。

划分家庭结构主要包括两方面的内容:家庭成员的分类和家庭成员的多少。家庭成员的分类构成了家庭的类型结构;家庭成员的多少构成了家庭的规模结构。

二、家庭结构的类型

家庭结构的类型就是家庭结构的整体模式,作为社会细胞的家庭是以婚姻为基础、以夫妻为中心的,也就是说它们有共性。区别家庭结构的类型就是从一个侧面将大致相同的家庭归为一类,并通过分类把握不同家庭的不同特点及其一般规律,为家庭教育提供适当的指导。

好的家庭结构分类应该符合两个条件:一是尽含,即所有家庭都应包括进去;二是明确,即每个家庭归于哪类应明确。依照判断家庭的基本依据,结合我国的现实情况,家庭结构的类型可分为核心家庭、主干家庭、联合家庭、残缺家庭、隔代家庭等等,下面我们将对这些不同的家庭结构类型进行较为详细的论述。

(一)核心家庭

"核心家庭"这一名称来源于西方,是指已婚夫妇与未婚子女组成的家庭,家庭内只有三种家庭关系:夫妻关系、亲子关系和兄弟姐妹关系。核心家庭的主要特点是人口少,结构较简单。特别是我国提倡"一对夫妇只生一个孩子"之后,核心家庭一般都是三口之家。这种类型的家庭比较有利于家庭教育功能的发挥,因为家庭中只有一个核心,具有较强的内聚力,容易协调,有利于为子女成长创造和谐的家庭氛围。

在核心家庭中，父母与子女发生互动的频率和机会相对于其他类型的家庭更高、更多，更易建立亲子之间的感情。家庭对孩子进行教育时意见容易统一，即使出现矛盾，也比较容易协调处理，达到教育的一致性。在物质投入方面，核心家庭在经济上是独立的，夫妻对自己的收入有绝对支配权，能够自由决定对孩子的物质投资而不用受他人的干扰。

在存在优势的同时也存在着缺陷。由于绝大部分核心家庭夫妇都是双职工，随着社会竞争意识的增加，他们的工作压力越来越大，用于工作的时间和精力也有所增加，这些脖子上挂钥匙的孩子如果受到其他不良少年的影响，容易沉湎于街头的娱乐厅。有些父母为了控制孩子不受社会不良风气的影响，严格限制孩子的活动和交往，要求他们放了学必须回家做作业，甚至在寒暑假把孩子反锁在家里，这对孩子成长是不利的。

由于核心家庭只有夫妻两人和他们的孩子，所以他们的责任尤其重大，一旦孩子出现了问题，父母如果没有及时发现，往往会造成严重后果；一旦家庭教育有失误，没有家庭其他成员协助或弥补，引发的冲突常常是严重的。现在核心家庭的数量还在不断增加，越来越多的年轻夫妇在考虑结婚成立家庭时就要购买房子，与双方父母分开居住。因此，主干家庭、联合家庭等正在迅速地被小家庭取代，这在城市表现得更为普遍，这种家庭结构的变化引起家庭教育的很大变化，我们要及时进行研究把握，处理得好能起更好的效果。

（二）主干家庭

主干家庭是指父母和一对已婚子女组成的家庭。参考国际上主干家庭的定义，我国社会学家对主干家庭下了这样的定义："在一个家庭中有两代以上，而且每一代只有一对夫妇组成的家庭。"可以是祖父母、父母、孩子三代组成的家庭，也可以是外祖父母、父

第二章 家庭

母和孩子组成的三代家庭,代际层次可以是三代也可以是四代、五代,主干家庭在我国是较为普遍的家庭结构之一,特别在农村,目前仍占主要地位。

　　主干家庭的特点是代际关系较为复杂,一般来讲,人口也相对于核心家庭较多,包括夫妻关系、亲子关系、祖孙关系、婆媳翁婿关系等等。在多关系的家庭中进行家庭教育有其有利的一面,也有不利的一面。有利的一面主要表现为:可以弥补双职工家庭在料理生活及照顾、抚育孩子时间、精力的不足。大部分主干家庭中的年长一代都已退休,他们没有工作负担,有了更多自由支配的时间,可以为子女承担一部分家务劳动,特别是当孩子父母不在家时能给予孩子生活上的照顾、行为习惯上的教育。有些老人还具有相当的文化知识,可以辅导孩子学习,这样孩子的父母可以更安心地干事业。老一辈人往往有丰富的社会和生活经验,有许多得天独厚的条件,两代人可以取长补短,老人与孩子经常接触也有利于老人的身心健康。不利的一面主要体现在:不同的代际,由于年龄、观念、接受新事物的能力方面有差异,在家庭教育时会出现矛盾。如老年人凭经验抚育孩子,按照自己过去带孩子的那一套方法带孙辈,而年轻的父母则更相信书本上介绍的科学育儿的方法,他们会看不惯老一辈的做法,而老一辈也常常会指责年轻人不会带小孩。有些家庭老一代爱孙辈胜过爱自己的儿女,他们常常带有一种歉意,认为年轻的时候,由于忙于生计没有能力给儿女们创造好的条件,现在物质生活水平提高了,他们会加倍地爱孙辈,尽可能满足孙辈们的一切要求,甚至到了宠爱迁就的地步。有时候父母要管教自己的孩子,爷爷奶奶会千方百计地包庇孩子,为此,家庭矛盾时有发生。这种教育的不一致会削弱家庭教育功能,不利于孩子的发展。由此可见,主干家庭的家庭教育状况会与核心家庭等其他家庭结构中的家庭教育状况有所差异。为了最大限度地发挥其优势、克服其不足,作为家长的(外)祖父母、年轻夫妇都要有所意识,多进行交流沟通,达到情感融洽、互相配合、意见一致、形成合力,要理智地爱孩子、教孩子,使孩子生活在和谐的、充满着人与人之间真诚的爱的家庭环境中,形成良好的意志品质和行为习惯,这对孩子一生的发展都会起到重要作用。

(三)残缺家庭

残缺家庭,顾名思义就是不完整家庭。著名社会学家费孝通先生在论婚姻和家庭关系时曾说过,"在过去的历史中,人们似乎找到了一个最有效的抚育方式,那就是双亲教育。"他把夫妻和子女比作社会结构中的正三角,以此来描述家庭成员的相互关系及其相互连接构成的一个完整的家庭,而一旦夫妻双方中的一方去世或双方离异,这个三角形便失去了一条边,这个家庭便是不完整的、残缺不全的。

近年来,我国民政部门的统计显示离婚率有所上升,特别是上海、广州、北京等发达城市离婚率大幅度提高,客观上造成了残缺家庭的不断增加,越来越多的孩子生活在不完整的家庭里,给家庭教育带来不利的一面。

残缺家庭包括夫妻离异或一方去世,由父亲或母亲一人与孩子组成的家庭。由于不可抗拒的原因,一方不幸去世,客观上给家庭、给孩子造成了巨大痛苦。另一方的责任更加重大,既要承担起父亲的责任又要承担起母亲的责任,作为孩子的父亲或母亲要尽快地调整心态,安抚孩子,特别是年龄还小的孩子无法理解死亡,无法理解最亲爱的父亲或母亲为何离他而去,会感到孤独,严重的还会造成心理障碍,家长应该给予及时疏导。由于一方的去世也会给家庭的经济带来一定困难,家长要尽可能将对孩子的影响减小到最低程度,同时要让孩子明白生活是曲折的,在人生道路上学会比别的孩子更早地面对现实、面对痛苦,理解生命的意义。

据有关部门统计,残缺家庭中夫妻一方死亡的占30.92%,而

第二章 家庭

占69.08%的是离异家庭。① 随着社会的发展,人们越来越追求婚姻生活质量,在一起觉得不幸福就分手去寻找更合适的另一半,对感情不合的夫妻双方来说,离婚也许是一种解脱,但往往使孩子受到伤害,由此会带来一系列问题。一些素质较高的父母会努力地处理好其中的关系,使得夫妻关系虽然不存在了,但亲子关系还是存在的,他们会经常在一起沟通交流有关孩子成长过程中出现的问题,一起合作来教育孩子,使孩子仍然能得到父母的关爱。但相当一部分家长会反目成仇,不断地在孩子面前指责对方,甚至把孩子作为报复对方的筹码,要么互相争夺孩子,要么互相推委把孩子当做包袱,给孩子背上沉重的心理负担。许多调查研究结果表明,离异家庭中,由于父母长期冲突,相当一部分孩子产生了心理偏差,他们中有的性情孤僻、少言寡语,有的非常冷漠、悲观失望,还有些孩子有反社会行为,攻击性行为明显增加。问题儿童中,家庭背景为离异或父母关系紧张一直在闹离婚的占了绝对大多数。孩子正处在生理、心理发展迅速的时期,父母之间的感情障碍影响到他们对他人、对社会的判断与相处,家庭中最亲密的人都充满了仇恨,他们还能相信谁呢?这会给他们的一生带来负面影响。父母离异之后的孩子还有一个重新面对新环境的问题,有些父、母又重新组成了新家庭,孩子面临着与继父、继母、新兄弟姐妹的关系,如果父母没能处理好这些关系的话,孩子会承受巨大的社会和心理压力,这对未成年的孩子来说是残酷的。孩子会认为父母再也不爱他们了,自己是多余的人,有些孩子变得自卑,有些孩子为了发泄不满情绪处处与他人作对。相当一部分离异家庭教育状况不佳,广州市家庭教育研究促进会调查发现,离异家庭的家长认为教育子女有困难的占64.42%,困难很大的占19.14%,认为困难主

---

① 关颖,《社会学视野中的家庭教育》,天津社会科学院出版社,2001年4月版,第58页。

要在于时间少的占 42.33%,认为是经济困难的占 33.29%,有的监护方因没有时间或其他原因而把孩子推给了祖辈,只付生活费,对孩子的教育放任自流。① 离异家庭对孩子造成伤害的程度高低决定于父母,父母要尽最大努力去减小伤害程度,努力创设一个正常的家庭环境,理智地面对成长中的孩子,让人世间最真诚的父爱、母爱永留孩子心中。

(四)隔代家庭

隔代家庭是指(外)祖父母与孙辈组成的家庭。曾几何时,中国大地上刮起了一阵出国风,年轻的父母为了求得自身的发展或工作需要纷纷漂洋过海,形成一批留守子女,也有些父母由于工作繁忙或者外出打工无暇顾及年幼的孩子,便把孩子送到(外)祖父母处,请老人代为照顾孩子的日常生活。孩子长期与老人共同生活而不能与父母相聚造成诸多不利,首先表现在亲子关系受到影响,由于与父母接触时间少,这些孩子与老人关系亲密,而与父母疏远,久而久之造成亲子关系隔阂。父母与子女的情感是建立在朝夕相处的生活当中的,长期的分离同样会使彼此之间感到淡漠;其次,隔代家庭中老人上了年纪毕竟精力不济,他们对孩子的照顾主要是在生活方面,而对孩子教育的能力不如核心家庭、主干家庭甚至残缺家庭。老人既要照顾孩子的衣食住行又要进行教育,对他们来说也是力不从心;再者,由于老人通常传统思想比较根深蒂固,对新思想、新观念的接受相对比较慢,这些都不利于培养孩子的现代意识和现代社会的适应能力。因此,作为父母还是应尽可能地担负起为人父母的责任,伴随着孩子成长。

(五)联合家庭

联合家庭指两个或两个以上兄弟姐妹各自组成家庭后依然共

---

① 关颖,《社会学视野中的家庭教育》,天津社会科学院出版社,2001 年 4 月版,第 60 页。

第二章 家庭

同生活,即有一个以上核心家庭联合而成的家庭。联合家庭一般来说成员比较多、规模比较大,除了亲子关系、兄弟姐妹关系之外还有连襟关系、妯娌关系、叔侄关系、表(堂)兄妹关系等等。联合家庭在我国已比较少见,存在数量不多,但作为家庭结构的一种形式我们还要进行分析。

过去由于生产力低下或住房条件紧张等原因,联合家庭还比较多见,随着家庭的经济能力逐渐增强,住房条件改善,兄弟姐妹成员减少,联合家庭已渐渐失去了存在的优势而被核心家庭、主干家庭所取代。由于客观原因,联合家庭成员的关系比较复杂,相处也常常会发生矛盾,相互之间自由度较低,这些弊端影响了人们的生活质量。目前,尤其在城市联合家庭的数量已越来越少,随着社会经济的不断发展,联合家庭不再具有典型意义。

三、我国家庭规模的发展趋势

纵观我国家庭规模的发展变化状况,有两个很明显的走向——小型化、核心化,它们也将是我国家庭结构在今后相当长一段时间内的发展趋势。

(一)小型化趋势

家庭规模同样受到社会生产方式制约,同时也与某一地区、某一民族的传统观念、政治文化有密切的关系,但无论是中国还是外国,历史上每一次家庭规模的变化都是由大变小的过程。在人类历史上先后出现的血缘家庭—普那路亚家庭—对偶制家庭—一夫一妻制家庭等四种家庭形式中,血缘家庭、普那路亚家庭都属于家族,更确切地说就是整个家族成员居住在一起,家庭规模可谓之大;对偶制家庭使婚姻限制更为严格,家庭规模相对于前两种家庭形式小了许多;一夫一妻制家庭更是把家庭规模较为固定地保持在较小的水平上。从近代家庭发展来看,20世纪初,像巴金先生笔下的《家》这样的家庭规模在我国具有典型性,而现在这样四世同堂的家庭就很少见,取而代之的是亲子两代家庭。同样道理,随着家庭规模的缩小,家庭结构也相应地简单了,出现"核心化"趋势。

(二)核心化趋势

家庭不仅将众多的旁系血亲排除在外,即使在直系血亲的几代人当中,也逐渐由父母双亲加上子女构成的所谓核心家庭取代几代人同堂的"主干"或"联合"家庭,这在西方国家更为突出。据统计,80年代初美国平均每户人数为2.75人,瑞典为2.60人。① 据中国社会科学院社会学研究所对北京、天津、上海、南京、重庆五城市的抽样调查表明,80年代初五城市核心家庭所占的比例已达到66.91%,最近一二十年来,核心家庭的比例还在不断上升。家庭结构核心化与社会经济文化发展密切相关,特别是经济发展,生产力的大幅度提高,社会服务功能越来越大,人们生活水平日益提高,独立经济能力大大增强,家庭成员相互之间更追求独立的个性化的生活,而核心家庭更能满足人们这种需要。

家庭规模和结构的变化并不是以个人意志为转移的,它是社会发展的必然结果。家庭发展也是螺旋式地向前迈进的,总的发展趋势是小型化、核心化,但也不排除在某一特定时期,它会呈现出高低起伏,我们应该客观辩证地加以理解。

第三节 家庭关系

一、家庭关系的概念

一般来说家庭至少由两个成员组成,相互之间就构成了家庭关系,什么是家庭关系?我们可以从两个方面来认识它。

(一)家庭关系的定义

所谓家庭关系,又称家庭人际关系,是家庭成员之间根据自身

---

① 高健生,《家庭学概论》,河南人民出版社,1986年7月版,第133页。

第二章 家庭

的角色在共同生活中形成的人际互动联系,是家庭的本质要素在家庭人际交往中的表现形式,是家庭成员之间一切社会关系的总和。每个人都在家庭中扮演着一个特定的角色,或夫、或妻、或子、或女等等,在日常生活中无时不与家庭中其他角色进行着互动,产生千丝万缕的联系,既包括物质的,也包括精神的,从中体现着家庭的根本特质。家庭关系根据家庭结构、家庭规模的不同会有所不同,但一般来说,家庭关系可以分为夫妻关系、亲子关系、兄弟姐妹关系、祖孙关系、婆媳翁婿关系等。有的家庭由于家庭规模小、结构单一,家庭关系就比较简单,有些大家庭人员庞大、代系繁多,家庭关系就比较复杂。家庭关系对每个家庭成员来说,都极其重要,处理得好能为人们创设一个温馨愉快的家庭氛围,使家庭成为幸福的港湾,而处理得不好则不能维持正常的家庭生活,给人带来无尽的痛苦。家庭关系也会直接影响到家庭教育的质量,因为家庭关系和谐与否对于形成家庭教育的合力有至关重要的作用。

(二)家庭关系的特点

家庭关系相对于其他社会关系而言有其自身的特点,主要表现为:

1.家庭关系是以婚姻血缘为纽带的。它的维系更主要的是依赖于爱、共同的情感、道德、心理因素等,这是家庭关系最主要的特点。家庭成员有着天然的血浓于水的情感,家庭成员之间这种特殊的关系使得家庭关系最为密切,相互影响也最为深刻,家庭成员之间不仅有情感上的关系,还有经济上的共同利益、事业上的相互帮助等等。因此,家庭关系包括了人类生活的一切方面,比如物质生产、生活消费、家务劳动、性爱、繁衍后代、家庭教育、亲子情感、家庭休闲娱乐等,这是其他社会关系不能比拟的。

2.家庭关系最为持久、稳定。自从人类进入婚姻家庭时代以来,家庭关系就一直延续到今天并将持续下去,而其他的社会关系都会消失或改变,只有家庭关系伴随着历史的发展绵绵不断。对于个体而言，一般情况下从出生到死亡都离不开家庭，都在特定的家庭中扮演着一定的角色并和家庭其他成员保持着终身关系，比如父子关系、兄弟姐妹关系一生都是不会改变的。而个体在社会上与其他人的关系往往都是阶段性的，因此家庭关系的另一突出特点就是极其持久、稳定。

3. 家庭关系表现出一种其他任何社会关系都不曾有的连续性和承先启后性。家庭关系是以代际关系为层次，同辈或几代人之间相互交往，特别在我们中国非常重视寻根追源，一些家庭以家谱的形式记录着上至几十代的家庭成员及其之间的关系，使后人牢记自己的祖辈，一代代地传下去。

4. 家庭关系受到法律的保护和道德的监督。家庭成员之间的权利、义务都被法律所明文规定，如父母有抚养子女的义务，子女有赡养老人的责任，如果违反这些规定轻则受到社会舆论的谴责，重则受到法律的制裁。因此家庭关系不仅是一家一户的内部事，它还关系到社会的稳定，必定受到政府的重视。

二、家庭关系的类别

家庭关系的类别在不同的家庭中会有所区别，但主要表现为以下几种：

（一）夫妻关系。夫妻关系在家庭关系中处于核心地位，是家庭的起点和基础，被称为家庭中的第一关系，也是家庭中最基本的关系。由夫妻关系产生亲子关系，然后再衍生出其他家庭关系。夫妻关系的好坏不仅影响家庭的稳定、幸福，而且在很大程度上影响孩子成长的氛围和家庭教育的方式及效果。夫妻之间没有血缘只有姻缘，因此夫妻关系不如亲子关系那样稳定，它会随着婚姻的破裂而消失，作为夫妻双方需要不断地培养感情。建立在爱情基础上的夫妻关系有利于在教育子女上形成合力。夫妻之间不仅有感情还有其他方面的合作，比如经济、义务、责任等等多方面全面合作，男女双方建立家庭就要安排好家庭的经济生活、生儿育女、

第二章 家庭

教育后代、料理家事等一切事务,除此之外还要在事业上相互帮助,不断提高。夫妻关系必须遵循一定的道德规范和法律准则,夫妻关系在现代家庭中将进一步表现为平等、和谐、尊重。

(二)亲子关系。亲子关系就是父母与子女的关系。亲子关系是以血缘或收养为基础的,亲子关系在家庭中是直系血亲中最近的一种关系。亲子关系有着自身的特点:首先,它是不可选择的,从母亲孕育一个新生命开始,父母与子女的关系就存在了,父母无法选择子女、子女也无法选择父母。其次,它是永久的,是任何人都无法改变的,即使由于分离等各种原因也无法改变血缘的客观现实,这种关系直到生命的结束也依然存在。第三,它有特定的权利与义务。父母必须抚养子女,子女也必须赡养父母,亲子之间有着血脉相承的深刻内涵,尤其对于孩子来说,亲子关系是人生最初建立起来的人与人之间的关系,对孩子的一生都会产生深刻影响。

(三)祖孙关系。祖孙关系指祖父母或外祖父母与孙子女或外孙子女的关系。虽然我国的家庭规模已有了很大变化,但祖孙关系的亲密程度并未发生根本性的变化,反而随着独生子女政策的推进,祖孙之间包含着越来越多的关爱和依恋。从代际关系来说,祖孙关系是隔代关系,属直系血亲,祖孙之情胜过亲子之情在我国是一个非常普遍的社会现象。根据调查发现,我国城市中有39.8%的老人不同程度地照料着孙辈,①在研究家庭教育时不得不予以重视。在一些家庭中,老人对孩子的影响占有举足轻重的地位,其中有利也有弊。总之,祖孙关系对于沟通三代人之间的联系,促进家庭的团结和谐起着重要作用。

(四)婆媳关系。婆媳是由姻亲而结成的一种家庭关系。婆

---

① 关颖,《社会学视野中的家庭教育》,天津社会科学院出版社,2001年4月版,第86页。

媳关系在目前已有了很大变化,我国经历了一个漫长的封建社会,在封建社会里婆婆对儿媳有绝对权力,儿媳只能言听计从。随着社会发展,男女平等了,特别是妇女走上了工作岗位,有了独立的经济能力,情况有了很大变化,年轻的媳妇有文化、有收入、体魄健、思想新,她们在家庭中有了更高的权力和地位,甚至主宰家庭,从而威胁了婆婆的传统地位。在一些家庭中年轻的丈夫听从妻子,使得婆媳矛盾时有发生。婆媳关系还是我国家庭关系中一个较为棘手的问题,事实上婆婆和媳妇在家庭中享有同等的地位和发言权,应该互敬互爱,互相帮助。社会上也有大量的模范婆媳,她们亲如一家,不少婆婆为了儿子、儿媳能安心工作承担了大量的家务劳动,当婆婆年老体衰时儿媳尽心尽力地照顾婆婆。

三、影响家庭关系的因素分析

家庭关系并非存在于真空当中,它受到多种因素的影响,既有家庭内部的因素,也有家庭外社会大环境的因素,它们都会对家庭关系产生直接或间接的影响。

(一)来自家庭内部因素的影响

家庭内部可分为家庭规模结构及人员素质、家庭中的代际情况、家庭传统及背景。

1. 家庭规模结构及人员素质

家庭规模越大、结构越复杂,家庭关系则越错综复杂。这个道理很好理解。如果家庭里只有两个人则只有一种关系,如果有三个人就有三种关系,如果有四个人就会有六种关系。美国的家庭问题专家沙波特发明了一种计算家庭关系次数的公式:$(N^2-N)/2$。N 为家庭人数,人数的平方减去人数除以 2 就是家庭关系次数。

家庭人数影响家庭关系次数,家庭结构也同样决定了家庭关系次数。核心家庭关系只限于父母和子女之间,主干家庭的家庭关系相对就比较复杂一些,除了父母、子女之间的关系外,还有婆媳翁婿关系、祖孙关系;联合家庭就更复杂了,除了上述关系外,还有妯娌关系、叔嫂关系等等。社会学家们还发现家庭中已婚夫妇的对数越多,家庭关系越难协调,家庭中每增加一对新婚夫妇就会引起家庭关系的较大变化;同时由于每一对夫妇都能形成一个核心,因此多对夫妇就能形成多个核心,必然增加家庭的离散性,影响家庭的稳定。

家庭成员交往的深度远远大于社会成员之间的交往,在日常生活中家庭成员间的互动是无法回避的,因此,家庭成员的生理、心理、道德、文化修养等自身因素必定影响到家庭关系,比如夫妇之间相互信任、忠实则关系和谐,就能共同承担起生儿育女和教育子女的责任。家庭成员如果有相同的兴趣爱好,一般来说,关系就比较好。

2. 家庭中的代际情况

显而易见,家庭中的代际层次越多,家庭关系则越复杂。人们常常说的"代沟"就是指不同时代的人价值观念上有差异以致造成隔阂。不同代际的人由于所处的社会大环境不同、经历不同、年龄及身体差异等原因,他们在对事物的判断、处理问题的方法上会有很大的区别。在社会转型期,这种区别表现得更为显著,长辈们常常以旧的标准来要求年轻一代,而年轻一代又有自己的理念和生活方式,因此常常会引起冲突,影响家庭关系。

3. 家庭传统及背景

家庭传统及背景会对家庭关系产生潜移默化的影响。在一个家风良好的家庭里,人人都耳闻目睹家庭其他成员特别是长辈们尊老爱幼、善待兄弟姐妹,这对形成优质的家庭关系是有深刻影响的,因此,家长要以身作则,为孩子们做出好的榜样。另外家庭收入和支出方式、对金钱的观念、财产的分配和继承都会影响家庭成员之间的关系,特别是在商品经济时代,经济生活对家庭成员关系的影响将更直接。

(二)来自家庭外部因素的影响

影响家庭关系的外部因素归纳起来有三种。

1. 社会生产方式及生产力发展状况

生产方式决定于生产力发展水平,不同的生产方式也会产生不同的家庭关系,这已是被历史所证明了的。比如在自给自足的手工业时代,家庭就是一个生产单位,家长是家庭生产的组织者和主要劳动者,在家庭中占有绝对统治地位,那时候的家庭关系是以"家长制"为主导,父为子纲。现代社会男女平等,人人有独立经济能力,"家长制"就不易滋生,社会倡导家庭成员之间互敬互爱、平等和睦。

2. 法律和道德风俗

一个社会的法律制度对家庭关系起到约束和保障作用,比如法律规定夫妻双方有相互忠实的义务,父母有养育子女的义务,子女有赡养老人的责任等就从法律上约束了夫妻、亲子之间的关系。道德风俗对家庭关系起到监督和导向作用。伦理道德不同、社会风俗不同,家庭关系也会不同,我国和其他西方国家就有很大不同。在西方国家,子女长到18岁大多离开家庭独立生活,亲子之间更多的是朋友关系,他们崇尚的是独立。而我国家庭却不同,许多家庭的子女即使参加了工作也与父母住在一起,生活上仍然得到父母无微不至的照顾。目前我国的家庭关系与过去相比也有很大变化,封建时代强调"女子无才便是德"、"嫁鸡随鸡",女子一生最大的光荣就是能树贞节牌坊,而男子可以有三妻四妾。现在我国的社会道德提倡夫妻关系平等,夫妻双方有同等的权利和义务。

3. 宗教

宗教对于家庭关系也有重大影响,典型的如中世纪的欧洲,宗教势力很大,规定夫妻不得离婚,对家庭的主要关系产生了很大的约束力。我国的佛教强调"仁义"、"以孝为本",子女对父母必须言听计从,不得有任何违抗,否则将会受到家族的严惩,这就对家庭中亲子关系作出了严格的规定。

第二章 家庭

对家庭关系产生影响的各种因素是交互作用的,不能割裂开来看,应该从整体上予以把握。

四、家庭关系的发展趋势

家庭在发展,家庭关系也在发展,从近几十年来家庭关系发展演变的情况来预测,家庭关系有如下的发展趋势:

(一)家庭关系从数量上来说将趋于简单化。首先,由于家庭结构和家庭规模小型化趋势使得家庭成员数量减少,根据家庭关系次数公式$(N^2-N)/2$,N为家庭人数,N变小那么家庭关系次数必将减少。其次,独生子女政策是我国的一项长期国策,家庭中兄弟、姐妹、妯娌、堂兄弟、堂姐妹及伯叔、姑姨、侄子女等旁系亲属将大大减少。

(二)家庭关系从交往密度上来说将趋于减弱,未来社会将越来越呈开放化趋势,未来人们生活节奏越来越快,人们与社会群体联系将加强,而与家族成员的联系将减弱。同时由于人们地域流动的可能性越来越大,走出家乡求得更好的发展已成为年轻人求职观念的主流,家庭成员分布的地域广,他们之间的联络必定会减弱,家族对人的控制力度越来越小。

家庭关系发展的新趋势会对家庭教育带来一定的冲击。在亲子互动上,现在的孩子都是独生子女,他们与父母、祖父母、外祖父母都是单一关系,没有兄弟姐妹之间的争宠,没有长辈偏爱的麻烦,这一方面使长辈有更多的精力关注孩子,孩子可以得到更多的机会和培养,但另一方面家庭关系的简单化造成了孩子自我角色认识方面的偏差,容易造成自我中心等问题。生活节奏的加强,使得父母必须花更多的时间、精力于工作上,与孩子的接触少了,特别是从事高新技术工作或从事商贸工作的家长,他们每天的工作时间很长,无暇顾及与子女进行情感交流和心灵沟通,严重的可能会导致亲子关系淡漠与障碍。这些问题应该引起各方面的重视。

第四节　家庭的功能

一、家庭功能的概念

家庭功能又称为家庭职能。任何一个社会组织只要存在，必有其存在的理由，家庭也不例外。它之所以在每一个社会和文化中都存在并受到重视，是因为家庭这一社会组织形式有其独特的功能，不能被其他社会组织形式取代。什么是家庭的功能呢？家庭功能就是指在一定的社会条件下，家庭对人类生活和社会发展所起的作用。

一般来说，家庭功能会受社会的政治、经济发展水平的影响，因为生产力发展水平和社会政治文化发展状况会影响到家庭的结构、性质，家庭的结构、性质又制约着家庭功能。我们看到在不同时期、不同的国家和地区，家庭功能是不同的，或者说家庭功能的侧重点有所不同，它是随着人类的需要而改变的。柏吉斯和洛克将家庭的功能分为固有的功能和历史的功能。固有的功能指性爱、生殖和养育子女等功能，即满足人们的生理和生育需要，是任何时期、任何地区的家庭都普遍具有的功能；历史的功能指人们为保持正常的家庭生活所需要发挥的功能，如物质生产功能、教育功能、消费功能等，这些功能在历史发展过程中通常也是为家庭所具有的，但并不是家庭发展所必需的，其中有些职能受社会发展的影响较大，只是在一定社会条件下才具有。

家庭的功能是多方面的而不是单一的，它满足人们的多种需求，家庭功能的多元性是其他任何一种社会组织所不能比拟的。社会学家龙冠海认为，"家庭是惟一的团体，能够满足人类多种基本需要，换言之，具有多种功能。"他把家庭的功能分为生物的、心理的、经济的、政治的、教育的、娱乐的、宗教的等等，正是家庭功能的多元性才使家庭得以存在、发展。

第二章 家庭

二、家庭功能的类别

我们把家庭功能分为两大类:(一)固有的功能;(二)历史的功能。固有的功能包括生育功能、性生活功能、抚养赡养功能;历史的功能包括情感交往功能、生产功能、教育功能、娱乐功能、宗教功能、政治功能等。下面我们分别加以论述。

1. 生育功能。人类进入个体婚制以来,家庭一直是生育、繁衍后代的基本组织。生育包括生殖和养育,一个新生命的诞生以及从毫无行为能力到长大成人,这期间,家庭起了很大的作用。虽然近几年来生物技术、基因工程有了突飞猛进的发展,但一个孩子从生物人成长为社会人离不开家庭的抚育、父母的教育引导,家庭生养了千千万万代人,使人类得以延续。

2. 性生活功能。性行为是人的生物本能,为了生养出健康的后代,古人对性生活作出了种种限定,实现了人与动物的区别。这种限制到了近现代就被法律、道德等控制在夫妻关系之中,只有家庭才为人们提供了被法律和社会风俗所认可的性生活,家庭的这一生理功能对于人的个性、家庭的巩固,甚至对社会的稳定都有很大的影响。

3. 抚养和赡养功能。孩子出生之后都要有一个相当长的依赖时期,无论是生理上还是情感上都离不开父母及长辈的照顾,人到了老年也有一个丧失劳动力需要子女后代予以赡养的时期。虽然发达国家有完备的社会服务及保障体系,承担了抚养和赡养工作,但随着人们对人的认识的不断深入,回归家庭的呼声越来越高。西方学前儿童的抚育责任相对于我国来说反而更多地由家庭来承担,现代发达国家的许多老人进入社会福利机构,由于缺少与亲人的情感联络,倍感孤独。可以说,即使社会化服务水平很高,但对于孩子和老人的健康来说,家庭的抚养和赡养功能仍然是一个其他社会机构不能简单代替得了的。

4. 情感交往功能。由于亲缘和血缘关系使家庭成员之间的感情密不可分,人们常以手足之情、血浓于水来比喻兄弟姐妹之间真挚的情感,即使在没有血缘关系的收养家庭中,由于长期的共同生活也会形成深厚的感情。家庭成员的交往是最纯真、最真实的,它对于人一生的性格发展、品质养成、情感培养具有重要意义。

5. 物质生产功能。家庭曾经是生产资料占有单位,曾经是生产劳动的组织单位,也曾经是劳动产品的分配、交换的单位,家庭的物质生产功能满足了人们衣食住行等生活基本需求。在生产力水平低下的自给自足的自然经济条件下,物质生产功能对于家庭曾经是十分重要的,男耕女织、家庭作坊就是其突出表现形式。随着社会经济的不断发展,家庭的物质生产功能也逐渐发生了变化,但即使在生产社会化程度相当高的今天,家庭的物质生产功能也不可能被完全取消,可以说,它是随着社会生产力的发展而不断减弱,但不可能完全消失。

6. 教育功能。正常情况下,人的一生离不开家庭,家庭对人的教育、影响是终身的,家庭教育具有自己的特点。在以手工劳动为主的农业时代,一个家庭就是一个生产单位,对青少年进行生活和职业技能教育是家庭教育的主要内容,采取的主要形式是年长一代手把手地把手艺传给后代。工业化大生产之后,家庭教育更主要体现在帮助青年一代社会化成长,尽管有时不为人所意识,但它随时随地进行着,并对人的一生产生影响。家庭教育首先是一种基础教育,通常指父母对子女的教育,但随着对家庭教育研究的进一步深入,家庭教育不仅仅对于儿童(子女)很重要,而且对于青年人、中年人、老年人都很重要,比如如何做父母也是家庭教育的内容之一。由于家庭成员间关系的特殊性,使家庭教育的作用不同于学校教育、社会教育,我国婚姻法规定:"父母对子女有抚养教育的义务",从法律上肯定了家庭的教育功能。

7. 娱乐功能。现在虽然可供人们选择的娱乐场所、方式越来越多,但家庭独有的温暖、舒适、愉快的气氛是其他任何娱乐场所

第二章　家庭

无法取代的。因为家庭成员除了经济、文化生活中的结合之外,家庭成员间的血亲关系和长期生活所形成的情感会给人以无比的喜悦,对于调适人们的生理、心理是十分有益的,在日常生活中,我们常常看到和睦愉快的家庭生活使人感到精神饱满,而冷漠紧张的家庭关系使人倍感空虚悲哀。随着人们生活水平的不断提高,家庭娱乐的功能将越来越受到重视。

8. 宗教和政治功能。宗教和政治功能是家庭的附加功能,它不为家庭所必需,只是在一定条件下才出现,在信奉宗教的国家和地区,家庭起着传播宗教、世代传教的作用。家庭的政治功能也同样是一定历史条件下的附加功能,比如在家长制宗法盛行的时期,家庭中的最长者就是统治者,其具有绝对权威,奴隶主和封建主家庭常常是政治联姻,一荣俱荣,婚姻家庭带上浓厚的政治色彩。

家庭的各种功能对不同时期、不同地区、不同的人具有不同的意义,因此,我们在学习家庭的各种功能时应以发展的眼光来分析。

三、影响家庭功能的因素

影响家庭功能的因素有很多,最主要的有三大类:社会生产力发展水平、社会制度和法律、传统习俗与伦理道德。

(一)社会生产力发展水平对家庭功能的影响

社会生产力的发展对家庭功能有决定性影响。纵观家庭发展历史,家庭的每一次变革都与当时社会生产力状况有直接关系,家庭功能的变化也是社会生产力发展的必然结果。比如在以手工劳动为主的自然经济时代,家庭的物质生产功能得以强化,因为一个家庭就是一个生产单位,既是生产资料的占有者又是生产劳动的组织者和剩余产品的交换和消费者;到了大工业时代,家庭的物质生产功能逐渐减弱,生产力的大发展和社会的现代化不仅为人们提供了闲暇和娱乐时间,也为家庭提供了娱乐的条件和设备,家庭的娱乐、消费功能逐渐增加。可见,家庭功能是随着社会生产力发展的状况而变化的。

(二)社会制度和法律

家庭是社会的组织,社会制度的变迁必然会影响家庭的功能。比如在一个封建专制、等级森严的社会里,家庭一定会有维护政治权力和家族权力的作用;而在一个民主自由、法制平等的国家里,家庭的功能会有很大不同,可以说,社会制度是决定家庭功能的一个重要因素。同样,社会制度的集中体现——法律也会对家庭功能的发挥起到重要作用,法律是体现国家意志的一种约束力,促使家庭必须履行其职能,比如父母必须抚养子女,子女必须赡养老人。

(三)传统习俗与伦理道德

不同的地区有不同的传统习俗和伦理道德,由此带来不同的理念和价值观。比如欠发达的非洲、泰国北部及我国中、西部农村盛行多子多福,有句古话"不孝有三,无后为大",妇女地位与其所生子女的多寡和性别有关,生了男孩就高人一等,生了女孩就抬不起头,如果没有子孙后代的话就更遭人嫌弃。而在西方国家,许多青年都奉行丁克家庭或独身,家庭的生育功能大大减弱。再比如在宗教统治的国度里,宗教活动是家庭日常生活所不可缺少的,家庭不断向子女灌输宗教教义,引导孩子入教,家庭的宗教功能很强,而在我们中国,大多数家庭无宗教信仰,因此,家庭的宗教功能常常为人们所忽略。由此,我们在研究家庭功能时必须考虑以上这些方面的因素。

四、家庭功能的变化

近十年来,全球经济发生了巨大的变化,人们的意识形态也相应地发生了根本的转变,特别是对人自身价值的重新认识促使家庭的功能也在不断地变化,从大的方面来讲,主要体现在以下几个方面:

(一)生育功能逐渐退化。人类家庭的生育功能逐渐退化主

第二章　家庭

要表现在家庭平均生育孩子的数量普遍减少,生育率大幅度下降。一些发达国家人口出生率达到负增长,许多家庭宁可养宠物也不要生育子女。随着人们的文化水平不断提高、生活不断改善,人们的生育观念发生了很大变化,晚婚、晚育、少育的人越来越多。生育子女不仅降低了家庭生活水平、增加了家庭负担而且影响了自身的职业生涯,尤其是社会保障体系的不断完善,"养儿防老"渐渐淡出,也促使家庭的生育功能逐渐退化。但无论怎样变化,家庭的生育功能还是家庭的固有功能之一,而且随着家庭生育子女数量的减少,家长对孩子更重视了,特别是对学前期的孩子无论是在精力还是财力上都比以往投入得更多。

（二）生产功能从丧失到恢复。在自给自足的农业经济时代,生产功能是家庭的主要功能之一,到了大工业时代,机器大生产代替了家庭手工作坊,特别是劳动大众不再占有生产资料,家庭的生产功能渐渐丧失。以我国农村为例,从1953年开始走上合作化道路,实现生产资料公有制和以生产队为单位组织劳动,但这种变革超过了生产力发展的要求,实践证明它会阻碍生产力的发展。党的十一届三中全会以后,农村开始实行以家庭为单位的联产承包责任制,每户农民家庭承包集体土地,结果使许多地方在短短的时间里发展了生产,改善了农民的生活。城市也有同样的情况。解放后,在社会主义改造中盲目主张公有化程度越高越好,在一定程度上影响了我国国民经济发展和人民生活水平提高。十一届三中全会以后,一些家庭手工业、个体产业、第三产业迅速发展起来,一些家庭重新占有生产资料而且组织生产劳动,大大解决了城市居民的生活问题。即使现代化程度已达到相当水平的发达国家也存在着家庭经营,任何"随着生产力水平提高,家庭的生产功能就会自然消失"的观点都是片面的,家庭的生产功能作为社会经济的一种补充将会长期存在。

（三）消费功能由平均到多元。绝大多数的人们是以家庭为单位进行消费的,随着家庭消费水平不断提高,消费结构发生了变化,家庭消费由原来维持温饱、满足家庭成员"吃、穿、住、行"等基本生活需要转向多元消费,越来越多的百姓家庭投资保险、金融、房地产、有价证券等,使家庭消费变得十分丰富而广泛,因此,可以说家庭消费功能已朝着多元化方向发展。

（四）教育功能分化。尽管学校教育体系已越来越完善,社会教育事业也得到了很大发展,但是家庭教育因其特殊的作用不仅不能被替代,反而越来越受到重视。如果仔细地研究一下就会发现,家庭的教育功能实际上已产生了分化,学前儿童的家庭教育更体现在促进幼儿的全面发展、培养良好的个性和健康的生活习惯等方面,而过去偏重的知识技能更多的是由学校承担,家庭教育功能的分化是顺应社会发展的必然后果。

（五）赡养功能弱化。社会进步发展了福利事业,使得人们的晚年越来越受到保障,同时由于现代都市生活使年轻人工作节奏越来越快,各种养老机构应运而生,承担起赡养老人的工作以减轻家庭的生活压力。但无论社会怎样发展,家庭的赡养功能并不能完全消失,特别是我国在今后相当长的一段时间内,家庭还将承担赡养老人的责任,只是相对于历史上的家庭赡养功能而言是渐渐弱化的。

五、家庭教育功能的演变

家庭随着社会的变化而变化,作为家庭主要功能之一的教育功能也在不断地发生变化。可以说,家庭教育功能的变化是与家庭的发展变化紧密联系的,我们只有清楚地认识到这一点才能把握家庭教育功能的变化趋势。

在人类早期社会,由于生产力十分低下,人们随时面临着生存危机,家庭教育功能主要是生存能力的培养,与洪水猛兽作斗争;到了原始社会后期,由于部落之间经常发生冲突,随之产生了军事教育的萌芽,向年幼的一代传授有关战争的经验和技术;到了奴隶

第二章 家庭

社会,社会生产资料集中在奴隶主家庭,连奴隶也属于奴隶主家庭的私有财产,奴隶主的家庭教育就是培养其子女统治、镇压奴隶的才能及奴隶社会的生活方式和社会秩序,以便为奴隶主阶级的政治、经济、思想、文化服务,而奴隶的子女就是接受一些必不可少的生产技能和生活知识;进入封建社会,虽然学校教育有了进一步发展,但家庭教育仍然占有重要地位,例如西方的骑士教育就是一种特殊形式的家庭教育,目的在于培养身体强壮、虔信上帝、忠君爱国的武夫,通过学习上流社会的生活习惯培养骑士的道德意识;在我国很早就有"克绍箕裘"的说法,就是"家业家传",通过家庭教育一代代传下去,更有一些祖传秘方不传外人,甚至"传子不传女"。再比如我国封建社会家庭教育的核心——"三纲五常"就是一个最突出的特点,家长拥有绝对统治权,孩子没有独立的人格,家长有权对子女进行任意处置,这是与封建法律、礼教息息相通的。社会发展到今天,许多发达国家的家庭物质生活水平已相当高,社会开放了,人们的思想意识相当多元,家庭观念渐渐淡漠,个人的独立性加强,家庭结构等发生了很大变化,独身者、离异家庭、单亲家庭越来越多,许多孩子失去了正常的家庭生活。在西方国家,家庭对子女的教育更偏重于自立自强,培养独立意识。同其他社会形态的家庭教育相比,社会主义家庭教育有许多新的特点,越来越多的家长非常重视子女的家庭教育,而且自觉地用民主态度教育孩子,儿童青少年的权益受到法律保护。

  从历史发展角度来分析,家庭教育功能的变化是社会和家庭各种因素综合作用的结果,随着信息化社会的到来,知识更新越来越快,家庭教育中传授生产技能的作用将越来越小,而良好的道德修养、心理素质、处事能力的培养将得到进一步强化,家庭对人的一生所起到的潜移默化的作用是其他任何组织所无法比拟的。在日新月异的社会大发展背景下,研究家庭教育功能的发展变化对全面认识家庭教育、把握家庭教育具有重要意义。

[思考题]
1. 简述家庭的概念及家庭发展的四种形式。
2. 比较核心家庭与主干家庭家庭教育的优势和不足。
3. 分析家庭结构的变化趋势及原因。
4. 论述家庭关系对家庭教育的影响。

[参考资料]
1. 高健生,《家庭学概论》,河南人民出版社,1986年7月版。
2. 家庭编辑部,《婚姻家庭探索》,广东人民出版社,1985年5月版。
3. 关颖,《社会学视野中的家庭教育》,天津社会科学院出版社,2001年4月版。
4. 赵忠心,《家庭教育学》,人民教育出版社,2000年3月版。

第三章 家庭教育

学前儿童家庭教育是一切教育的基础,它在人的成长和发展中所起的作用难以估量,甚至决定了一个社会和民族的命运,我们应该怎样理解和把握呢?

第一节 家庭教育的概述

一、家庭教育的概念

每个家庭都自发地进行着家庭教育,那么,什么是家庭教育呢?

(一)家庭教育的定义

家庭教育是家庭教育学中一个非常重要的概念,学术界对其的界定有许多种,其中,比较有代表性的有:"家庭教育是指在家庭生活中,由家长即由家庭里的长者(其中主要是父母)对其子女及其他年幼者实施的教育和影响。"[1]"家庭教育应当是家庭成员之间相互实施的一种教育。"[2]"家庭教育包括父母教育子女和家庭成员之间相互教育两个方面,其中,主要方面是父母教育子女。"[3]我们认为,家庭教育是国民教育的重要组成部分之一,家庭

---

[1] 赵忠心,《家庭教育学》,人民教育出版社,2000年9月版,第5页。
[2] 同上。
[3] 《中国大百科全书·社会学》,大百科全书出版社,1991年版,第104页。

教育是家庭成员之间的一种教育与影响过程,家庭教育的这种教育和影响过程是双向的、互动的,对学前儿童家庭教育而言,家长对子女的教育和影响占据主要地位。

(二)家庭教育的性质

所谓家庭教育的性质就是家庭教育区别于其他形式教育的根本属性。由于家庭有别于其他社会组织,家庭教育也具有区别于其他形式教育的特定属性。根据前一章论述的家庭的特征和本质,我们来看一下作为家庭主要功能之一的家庭教育具有什么根本属性。

1. 它是一种非正规教育。它不同于学校教育,学校教育是一种有组织、有目的、有计划、有系统、有考核要求、有统一标准的教育,家庭教育虽然也有一定的培养目标,但并没有特定的教育计划、教育大纲和教育内容,教育者也没有经过专门的训练和培养,只要生育了孩子,家长自然就成了教育者。如何进行教育、用什么教育方法都是由家长主观决定的,政府和其他社会组织只能进行指导而无法进行干预。家庭教育一般是寓于日常生活之中,没有固定的时间、地点和模式,需要家长随时随地地言传身教(更主要的是身教),并采用灵活多样、丰富多彩的教育方法和内容,这就对家长的素质提出了很高的要求,如果运用得好,可以充分发挥家庭教育的优势,起到学校教育和社会教育无法起到的作用。

2. 它是一种充满了亲情的教育。家庭教育是在有着血缘关系的成员之间进行的一种教育,带有强烈的感情色彩,中国有句俗话——儿子是自己的好。做家长的总是认为自己的孩子是天底下最优秀的,越看越喜欢,特别是在孩子年幼的时候,这种看法更普遍,孩子的缺点在家长眼里也成了优点,往往容易带有主观性,缺乏对孩子客观全面的评价。还有些家长为了使自己未曾实现的理想能在孩子身上得以实现,不管孩子有没有这方面的兴趣和天赋,便把自己的意志强加到孩子身上,孩子明明五音不全,家长仍一味地请

第三章 家庭教育

家教,要把孩子培养成音乐家,在家长的眼里,孩子就是最优秀的音乐人才。这方面的例子比比皆是,因此,应该告诫家长要客观地面对孩子的实际情况,不能一味地将自己的意志强加给孩子。

3. 它是一种稳定的持久性教育。在正常情况下,家长是不变的,家庭相对于其他社会组织也有很强的稳定性、持久性。家庭伴随着人的一生,从出生、入学到长大成人、走上社会之前,孩子都有大量时间在父母身边,特别是在年幼的时候更离不开父母。孩子小的时候父母长辈的教育重点在身体保健、行为习惯、思想品德、文化学习等方面,孩子长大以后教育重点就会转移到为人处世、就业选择等方面,哪怕在孩子成家立业之后,做父母的还经常要教导孩子。因此,我国父母对子女的教育影响具有典型的连续性和永久性。

(三)家庭教育的特点

家庭教育相对于其他教育具有明显的三个特点。

1. 教育内容包罗万象

家庭既要负责儿童的衣食住行,又要担负起人格发展的重任,还要培养孩子的生活能力、体格发育、学习习惯、品行修养等。孩子从家庭走向社会的过程中,父母有责任把孩子培养成适应社会、将来能幸福地生活、能为社会作出贡献的公民,要达到这一目的,家庭教育必须是全方位的而不能只局限于某一方面。一般来说,家长都望子成龙、望女成凤,他们对孩子的智力开发投入了大量的精力、物力,这是不够的,家庭要承担起儿童全面成长的重大责任。

2. 教育形式无固定模式

家庭教育没有特定的教育教学大纲、正式的教育组织形式,也没有统一的教育内容和教材,更没有行政部门的评估考核,一切都是在日常生活中随时随地地进行着,父母对孩子的教育影响更多的是通过家长的一言一行来传递的。特别对学前儿童而言,他们主要是通过模仿进行社会化的,即使父母本身并没有意识到,那种影响也是客观存在的,而且这种影响是广泛的、全方位的。中国有句古话叫"上梁不正下梁歪"就形象地比喻了家长对子女的影响力。认识到家庭教育的潜移默化性可以帮助我们家长提高各方面修养的自觉性,通过对自己的严格要求,为孩子树立好的榜样。

3. 家庭教育因素复杂多样

影响家庭的因素诸多且相互交叉,并且受自然条件约束,不可人为选择,又缺乏严格的制度,因此家庭教育艰巨而复杂。现在的家长都是独生子女,他们并没有教养子女的经验,只能边养边教,有许多错误的地方却再也无法弥补。有些家庭成员对孩子的要求常常不一致,一方严格一方迁就,特别是家里的老一辈爱孙心切,容不得孩子受一点委屈,处处护着孩子。有的大家庭人多主意多,久而久之,孩子掌握了家长的心态,使家教难有效果。家庭教育的这些特性使得家庭教育有其特定的表现,这在以后几章我们还会陆续论及。

(四)家庭教育的地位和作用

家庭教育对人的一生都会打上深深的烙印,而且在社会发展进程中起着重要作用,我们可以从以下三方面认识家庭教育的地位和作用。

1. 家庭教育是整个教育体系中不可缺少的一部分

前苏联著名教育家苏霍姆林斯基曾说过这样一句话:"应当清楚地认识到,任何没有家庭教育的学校教育或没有学校教育的家庭教育都不能单独承担起塑造人这一细致、复杂的任务。"儿童的成长要接受家庭、学校、社会三方面的教育,这是客观现实。过去认为学校教育起着主导作用,家庭教育、社会教育是对学校教育的补充和配合,而现在,人们已经发现家庭教育不仅仅起到配角作用,它在人的发展过程中起到的作用是学校教育不可替代的,特别是对儿童社会化发展起着奠基作用。

2. 家庭教育对儿童社会化起着奠基作用

第三章 家庭教育

儿童社会化是指儿童形成适应现实社会与文化的人格、掌握社会公认的行为方式的过程。社会化是儿童成长的必由之路,毫无疑问,学前儿童最初的社会化是在家庭中实现的,以后的社会化过程也有相当部分在家庭中实现。心理学研究表明,早期社会化对人的一生具有重要意义,家庭教育是否恰当、亲子之间能否建立良好的情感对儿童的社会化影响极大。学前儿童最先是从父母那儿获得最初的生活经验,这对孩子将来理解人与人之间的关系、获取道德观念、规范自己的行为和个性品质起到奠基作用。实践证明,凡是家庭教育不良的孩子很难获得良好的学校教育效果。

3. 家庭教育不仅是家庭内的个体行为,它对社会发展所起的作用也不可低估

家庭教育最具广泛性和群众性,我国有2亿个家庭,这2亿个家庭承担着祖国未来建设者的教育培养重任,家庭教育质量的高低直接影响着民族素质与国家的综合实力。日本就把家庭教育放在令人瞩目的地位,把它视为培养新型国民的重要事业,在日本的经济振兴和社会发展中显示了至关重要的作用。纵观历史可以发现,中华民族文化的发展也与传统的家庭教育长期以来以儒家思想、宗法观念为主有深刻的关系。正是把传统的人格教育、生活教育作为中国家庭教育旷日持久的特色,才造成了中国的传统文化特色并延续了几千年。到了现代社会,学前儿童家庭教育也需要不断更新发展,进而推动社会文化的进步。从封建专制到民主革命的社会生活的变革,可以看到家庭教育随社会发展而发展,同时也充分说明了家庭教育在社会发展中的不可低估的作用和地位。

二、家庭环境对子女的影响

家庭环境是指家庭中对人产生影响的一切外部条件的综合因素。家庭环境分物质环境和精神环境,它们在青少年成长过程中会产生整体的影响,但为了便于更清楚地了解它们各自的作用,我们将分别进行论述。

(一)家庭物质环境的影响

家庭物质环境包括家庭的居住条件、经济收入等,它直接与家庭的物质生活条件、子女学习环境及健康等方面相联系。过去一般都认为家庭物质环境好,能为子女创设良好的生活、学习条件和机会,有利于子女的发展,但社会学研究发现当家庭物质条件达到基本保证的情况下,经济上的再增长对孩子成长并不能产生积极的效果。大量的事实也证明,很多成功人士并非出于名门,而是来自普通家庭。富家子女如果缺乏良好的家庭教育往往会成为游手好闲、不思进取的平庸之辈。通常情况下,居住条件对幼儿身体发展会有影响,居住面积大,孩子的活动场地大,有利于幼儿身体的发展;居住面积狭小,采光、通风条件不好会对幼儿身体发育产生不良影响。如城市幼儿家庭的人均居住面积比农村小而且户外活动场地少,幼儿在家里活动大都是搭积木、看书、看电视,幼儿的心肺功能、动作发展、腿部力量不如农村幼儿。[①] 居住环境嘈杂、孩子没有安静的学习场所必然会妨碍孩子的学习。家庭的经济收入多少虽然不是家庭生活幸福的惟一条件,却是一个比较重要的条件,对孩子的成长有一定影响。因为它会影响家庭设备用品、学习用品的添置和孩子必要的物质方面的投入,经济收入好能减轻家长家务劳动的负担、减少家庭成员之间因经济问题而发生的冲突;经济收入低、生活水平差,子女受教育的物质条件肯定会受到限制,如果连正常的生活都不能维持的话,家庭教育更是无从谈起。随着我国的改革开放,人们的家庭经济条件都有了很大改善,收入逐步增多,生活水平大大提高,这为孩子的成长提供了有利因素。但应该引起我们注意的是一些家长钱多起来之后,一味地给孩子高消费,满足孩子吃喝享乐,反而养成了孩子的不良习惯,阻碍了孩子的发展。作为家长要合理地安排家庭的经济收入,为孩子提

[①] 侯锁生主编,《幼儿家庭教育》,上海教育出版社,1995年1月版,第19页。

供良好的物质环境。

（二）家庭精神环境的影响

家庭的精神环境包括家庭成员之间的关系、家庭的文化氛围、家长的素养等方面。在家庭的物质环境得到保证的前提下，家庭精神环境的好坏对孩子的发展起决定性作用。在好的家庭精神环境里，家庭成员能和睦相处，夫妻恩爱感情深厚，家长爱学习，自觉不断地追求新知识，有健康的生活方式，父母也重视对子女的教育并能运用正确的方法，形成热爱真理、尊重知识、勤奋好学的气氛，这样的家庭环境一定有利于孩子的身心发展。相反，一些父母行为举止粗俗，不看书不看报，对待孩子专制又缺乏方法，忙于吃喝玩乐，家庭成员关系紧张，为一些生活琐事三天一小吵、六天一大吵，在这样的家庭里，即使有很好的物质条件，孩子有很好的天赋，也难以成才。良好家庭精神环境的创造要靠家庭成员共同努力，父母要自觉地提高各方面的修养，追求高尚的、美好的，抵止丑恶的、庸俗的，为孩子树立良好的榜样。

三、家庭教育对子女的影响

幼儿时期是人一生中身心发展十分迅速的时期，近一二十年来心理学、脑科学研究成果都表明，刚离开母体的新生儿已经有了探索外部世界的欲望和能力，他们对一切都感到新鲜，积极尝试着去探索、去了解。在人生最初的五六年里（即学龄前期），身心各方面发生着惊人的变化。从生理角度来看，新生儿的体重平均为3000克，身高平均为50厘米，脑重约为370克，到6岁时，平均体重为17500~20000克，增加了6倍多，身高平均为110厘米，增加了1倍多，大脑的发育更是迅速，脑重可以达到1250克，是成人的90%，人类的神经细胞80%是在3岁以前形成的。[①] 人类的生长发育规律为人类自身发展开辟了得天独厚的条件，但要将这些条

---

① 赵忠心，《家庭教育学》，人民教育出版社，2000年6月版，第32页。

件转变为现实就要靠及时的训练和教育。婴幼儿期的训练和教育主要靠家庭和教养机构,其中,家庭教育的影响更为巨大。①

我国古代就非常重视儿童的早期家庭教育,北齐思想家颜之推早在一千四百多年前就主张要从胎教抓起,"怀子三月不斜视,不妄听,音乐滋味,以礼节之"。② 这在今天看来仍然是很有意义的。家长要主动地、尽早地开始恰当的家庭教育,当幼儿能够感知成年人的喜怒哀乐的时候就要教育他什么是该做的,什么是不该做的。早期家庭教育不仅有利于幼儿良好习惯的形成,而且能使孩子记忆深刻。家长不能放弃教育的大好时机,能否有一个良好的开端是以后家庭教育成败的关键,家长应该对此有一个正确的认识。

对于幼儿来说,家庭教育更应提倡家长以身作则。因为年幼的孩子对家长讲的道理并不能完全理解,但成人的一举一动,他们都看在眼里,尤其是这个阶段的孩子的模仿能力很强,他们会去仿效,家长要给孩子做出好榜样,这是最好的、最有说服力的教育,要求孩子做到的,家长自己首先要做到。古人说过"其身正,不令而行,其身不正,虽令不从"。家长只有严格要求自己才能掌握教育的主动权,才能有效果。如果要求孩子做到的家长自己并不能做到,久而久之就会失去威信。家庭教育对子女的影响是全方位的、复杂的,并不是以家长的意志为转移的,最关键的一条就是要从根本上加强自身的修养,用自己的人格去感染孩子。

---

① 《上海地区 IEA 学前项目研究报告集》,上海翻译出版公司,1991 年版,第 146 页。

② 《颜氏家训》,上海古籍出版社,1980 年版,第 25 页。

第三章 家庭教育

第二节 家庭教育与学校教育、社会教育

影响人发展的因素有三方面:遗传、环境与教育。父母的遗传素质是子女发展的物质前提,父母将家族的生物特征,如机体构造与形态、神经类型、智力等通过染色体上的基因传递给子女。父母的遗传基因正常就会给子女良好的神经系统和健全的体格,如果父母的遗传基因有问题就会导致子女身体方面的先天缺陷。现代生物技术的高速发展为提高人类的遗传素质开辟了广阔的前景。环境与教育属于影响人发展的后天因素或人为因素。在遗传素质不变的情况下,环境与教育就决定了人的发展状况。环境与教育涉及的领域很复杂,最主要的是学校、家庭和社会三方面,只有当三者形成合力,目标一致共同发挥作用时,才能对人的发展产生巨大动力。因此,我们研究家庭教育时必然涉及家庭教育与学校教育、社会教育的相互关系。

一、家庭教育与学校教育

(一)学校教育

学校是专门从事教育的机构,学校的行政领导、教师都是经过专门的培训,并且通过教育行政部门的业务考核、品德鉴定,具有教育知识和能力的专业人士,有的国家还有教师资格考试制度,只有取得教师资格证书才能上岗。他们工作的目标很集中,就是培养教育青少年。学校的一切工作、教职人员的精力大部分放在教育教学工作上。学校教育的培养目标都是由国家制定,具有法律意义,而且要经常接受有关行政部门的监督;学校教育的内容相对稳定;教育教学活动的开展也是有组织、有计划、有步骤、有检查、有评价的,这些都是家庭教育所不具备的。相对于家庭教育来说,学校教育更正规、更科学、更系统。因此,我们在学校教育与家庭教育关系上提倡发扬学校教育的优势,加强学校对家庭教育的指

导。但家庭也有其有利条件,家庭是社会成员之间关系最亲密的社会团体,具有强烈的感染性,这是教育活动开展的极为重要的基础。家庭天然的连续性更是实现预期教育效果的重要保证。一般来说,人们从出生到长大成人都是一直生活在家庭中,家庭中的成员、环境、心理氛围都是稳定的,特别是父母与子女的关系更是不会改变,家庭中施行的教育和影响也是长期的、一贯的,子女在反复训练、强化的作用下会形成稳定的行为方式,这对于良好习惯和品质的养成是很有利的。家庭教育的连续性和一贯性都是学校教育所缺乏的,学校更换、教师更换,孩子总要经历从不适应到适应的过程,会造成某些孩子情绪不稳定或无所适从,有些学校,如果没有做好衔接工作更会影响教育的效果。家庭对孩子实施的教育更贴近孩子的生活,更具有实用性。不少家长抱怨学校教育脱离孩子的生活实践,学校对孩子们实施的智育、德育偏重于理论和理想状态,无法解决孩子在生活中遇到的实际问题,教育与生活的相脱离会影响到教育的效果,而家庭教育更加符合孩子的生活实际,容易为孩子所接受,我们通常说的"5＜2"也是这个意思,在学校教师对孩子五天的教育抵不过孩子双休日在家庭、社会中受到的影响。因此,我们在提倡学校对家庭教育指导的同时也要重视家庭对学校教育的参与。

(二)学校对家庭教育的指导

把对家庭教育的指导列为学校工作的一个重要方面已成为国际教育发展的趋势。人们已经越来越认识到学校教育要真正发挥正规教育的核心作用必须同时重视对家庭教育的指导,帮助家庭转变陈旧的教育观念、教育方法,促进家长发挥教育的主动性、积极性,为孩子创设良好的成长环境。学校对家庭教育的指导应该注意以下几方面:

1. 协调学校与家庭的教育工作,发挥整体合力

协调学校与家庭的教育工作可以从这些方面着手:首先,要及

第三章 家庭教育

时把学校每个阶段的教育工作重点向家长介绍,使家长了解学校工作的主要内容,相应地作出配合。比如学校进行爱国主义教育,家长要有意识地利用日常生活中的一些素材向孩子介绍我国优秀传统文化、杰出的优秀人物、祖国美丽河山以及中华民族的发展历史,激发子女的爱国情感,为自己的国家感到自豪,同时体会到作为龙的传人肩负着祖国富强、民族昌盛的责任感和使命感。利用休息日参观一下博物馆、纪念馆来加深孩子对祖国历史和现状的感性认识。其次,及时与家长沟通学生的表现情况,共同研究学生发展过程中遇到的问题,制订同步教育的方法和措施。每个孩子都会出现一些问题,如果教师、家长能及时发现并给予正确的疏导就可以避免不良后果。一些问题儿童发生这样或那样的问题并不是突发的,而是有一个过程,如果在出现问题的早期,学校与家庭就联合进行教育,可以起到良好的预防效果。第三,要努力提高家长的家庭教育能力,了解正确的家庭教育观念、内容和方法,提高家长自身各方面的修养,为孩子创设一个良好的家庭环境。幼儿园可以组织一些家长来园活动,让家长了解孩子在园的生活、学习情况,了解教师是怎样教育孩子的,这样有利于家长对幼儿园、对教师的了解,进而促进相互间的沟通。

2. 要充分调动家长主动关心子女各方面发展的积极性,发扬家庭教育的优势

现在不少家长对孩子的教育很重视,但认识上有偏差,表现为重智轻德、一味地要求孩子争第一,对孩子的品德、个性比较忽视。他们把大量的时间、金钱用在孩子的文化学习、智力开发、才艺培养上,以为只有这样才能成才,将来才能有好的前途。其实,决定孩子将来是否能有所成就,这些并不是惟一的因素,孩子的人品、性格、身体素质同样重要,未来社会是一个合作社会,没有良好的团队精神、健康的身心、高尚的人格是很难成功的。因此,教师要指导家长关注孩子的各方面发展而不仅仅是成绩。要使家长认识

到孩子人品、个性的形成受家庭的影响更为巨大,教师要指导家长在日常家庭生活中严以律己,为孩子树立良好的榜样。

3. 学校对家庭教育的指导要加强可操作性,落到实处

现在的家长大多具有一定的文化,并且能从网络、媒体等多种途径来获取有关家庭教育的知识,学校对家庭教育的指导相对于网络、媒体,更具有操作性。要使家长明白到底该怎么做,就要求教师能针对每个孩子的不同情况给家长以具体的指导而不是笼统的说教。比如建议家长根据自己孩子的特点采用某种教育方法,与家长一起制订教育方案,定时给家长反馈信息,调整方案,这样的指导一定会受到家长的欢迎。

4. 家庭教育指导要面向全体家长

通常,教师关注两头,就是特别好的孩子和特别差的孩子的家长,对于处于中间层次的一般孩子的家长往往比较忽视,还有些教师与较重视教育的家长指导、交流得比较多,对于不配合或自身素质不高的家长比较忽视,这样的指导是不全面的。对每一个家庭来说,孩子都是惟一的,不存在特别和一般之分,教师都应该重视,对于不重视家庭教育、能力又比较差的家长,教师更应该加以关注,因为这些家长更需要教师的指导和帮助,因此指导工作的重点不能单纯地根据孩子的在园表现来确定,还要根据孩子的家庭教育情况特别是家长教育子女的水平、能力,这样才会全面提高学校指导家庭教育的效果。

学校家庭教育指导工作必须长期深入地开展才能见效,在这个过程中,教师必须花费极大的心血。现代教育研究成果证明,教师仅有专业知识是不够的,要提高教育教学质量,必须研究家长,提高指导家庭教育的能力。

(三) 家庭对学校教育的参与

家庭对学校教育工作的参与是其义不容辞的责任和义务,因为家庭一方面有教育子女的职责,另一方面在对学校教育工作的

第三章 家庭教育

参与上有其独特的优势,孩子最早接受的教育是在家庭里由家长实施的。在这么长(6年)的一段时期,对于一个各方面都快速成长的孩子来说,意义非同一般,它奠定了孩子一生社会化的基础。历史上曾经有过的印度狼孩一直被当做儿童早期社会化的典型范例,而家庭是儿童早期社会化的首要因素,家庭教育质量的高低直接影响孩子将来进入学校之后的表现。孩子进入学校之后,虽然学校对孩子的学习等各方面的成长负有很大的职责,但与此同时,孩子主要还是生活在家庭中,与父母及其他家庭成员保持密切联系,家庭的生活方式、父母亲的素质、居住的环境等等都影响着孩子的发展,因此无论是从生物学角度还是从社会学角度来看,孩子与家庭密不可分。因此,在孩子的成长过程中家庭只有积极参与学校教育,配合学校教育与学校共同形成合力才能达到教育的最佳效果,以利于孩子的成长。家庭对学校教育工作的参与主要体现在以下几方面:

1. 家长应该为孩子成长创设良好的条件

影响孩子成长的条件有物质和精神两方面的。物质条件包括安静的学习环境、整洁的居住环境、必要的物质设备、必需的营养保证;精神条件包括父母的自身修养、良好的亲子关系、民主宽松的家庭气氛、健康的生活方式、正确的教育态度等。马克思、恩格斯早就指出:"孩子的发展能力取决于父母的发展",父母是家庭物质条件和精神条件的主要创造者,当父母努力去为孩子的成长创设良好的条件时,就是对学校教育工作的配合支持,是参与学校教育工作的基础和前提。

2. 在日常生活中全面了解孩子、关心孩子,及时发现孩子的长处和不足

只有了解孩子,才能教育孩子,没有以了解为基础的教育是盲目的、低效的。有些家长非常关心孩子、重视孩子,也迫切希望能教育孩子,但效果却不理想,很大原因是家长其实并不了解孩子,

不知道孩子的精神需求,家长要及时与孩子沟通,找到影响孩子进步的原因并保持与教师的联系共同来帮助孩子。有些家长也会经常找老师,但他们主要是告状,这并不是真正意义上的参与学校教育工作。家长要对孩子有全面正确的了解,不能只看到优点,也不能总盯着孩子的缺点,更不能把全部的教育责任都寄托在老师身上,应经常考虑作为家长应该承担起什么责任,哪些地方做得还不够,不断地反省、不断地调整,积极主动地发挥家长的作用。

3. 热心学校工作,充当学校教育的参谋

发达国家的学校都有类似家长委员会的组织,这些孩子家长来自各行各业,家长们利用自己的专长为学校出谋划策,可以是组织讲座给学校师生介绍国内外科学研究的前沿动态,也可以是利用社会力量组织一些有意义的课外活动、校外活动等,形式多种多样。这样的活动一方面可以帮助学校利用社会资源,另一方面又可以增加家长与教师的凝聚力,建立良好的家校关系,对于提高学校教育质量,促进孩子发展大有益处。

二、家庭教育与社会教育

(一)社会教育

社会教育就是社会对人的发展所起的影响作用。所谓社会,就是通过人们的活动、交互作用而产生的关系体系或组织体系,它是以现象的形式呈现出来的。社会是一个极其庞大复杂的系统,教育是人类社会特有的一种现象,人类社会的发展推动了教育,教育又反过来推动人类社会的发展。从教育发展历史来看,最早的教育是由全社会来承担的,即社会教育,这个历史阶段相当漫长,后来才逐渐有了家庭教育、学校教育。特别是学校教育的出现使教育的计划性、目标性大大增强,从而大大提高了教育的效率。但是学校教育、家庭教育的主要问题在于保守、封闭、与现实社会生活脱节、与知识更新的速度脱节,与此同时,大众传播媒介的发展,信息化社会的到来,客观上为创建新的教育提供了前所未有的条

第三章 家庭教育

件。社会教育化、教育社会化根本改变了学校教育、家庭教育与社会脱节和社会不承担教育责任的状况,这是未来教育发展的大趋势,也是家庭教育发展的新时代。全社会将与学校、家庭一起共同担负起教育下一代的任务,每个人一出生就将沐浴在教育化的环境里,时时处处受到熏陶、感染和影响。学校、家庭、社会息息相通、协调一致,教育就能与时代同步前进。这样不仅有利于年轻一代实现终身教育的理想,还更有利于培养人的良好社会适应能力。

(二)社区教育

社区教育是社会教育化、教育社会化的实现模式,就是以一个街道、一个乡或一个区为范围,将这个社区里的机关、企业、学校等组织起来,共同关心这个社区内的年轻一代的教育,支持社区内的各类学校,为他们提供帮助,而这个社区内的学校等教育机构则一起参与社区的各种精神文明建设,实行双向服务,起到既教育少年儿童又改造社会的作用。

社会教育、社区教育得到重视与发展是必然的趋势,因为信息化时代使得学校、家庭不过是少年儿童接受信息的诸多渠道中的一条途径,教师、家长不再是知识的代言人,通过网络,孩子们能与教师、家长同时获取新信息、新知识,同时了解到人类最前沿的研究成果,既然如此,要培养人、发展人仅靠学校、家庭是远远不够的。非常有趣的是美国在《美国2000年教育战略》中也呼吁重视社区(包括家庭)建设,把社区建设成"可以进行学习"的地方。

(三)社区与家庭教育的相互影响

社区是家庭所处的社会区域,是家庭成员生活的社会环境,一般情况下每个社区都有特定的风格风尚,比如某一社区知识分子比较集中,社区的学习气氛会比较浓厚,人们比较有礼貌,重视对孩子的教育,但邻里之间可能比较冷漠。再比如工人相对集中的社区,居民会比较热心,相互之间重友情、讲义气。人们长久居住在某一社区当中渐渐地就会受到它的感染、熏陶,行为方式也会趋于相同。社区对家庭教育的影响早在中国古代就已被人们所认识,大家熟悉的"孟母三迁"就是最典型的例子。中国有句俗话叫"一方水土养一方人"。今天也是这样,居住在知识分子集中的大学区的孩子喜欢读书的多,居住在农村的孩子则热爱劳动,体格健壮。认识社区会对家庭教育产生影响的同时,也要看到社区是由一户户的家庭组成的,每个家庭都有责任为社区的建设贡献自己的力量。如果每一个家庭都能发挥各自的优势,热心社区公共事务,积极参与社区建设,那么社区的精神文明、物质文明会更上一层楼。

(四)传播媒介的作用

大众传播媒介与人的生活联系越来越密切,人们已越来越离不开网络、电视。曾经有人作过有关传播媒介对人影响的调查,结果发现现代人收看电视、使用电脑的时间不断地增加,电视、电脑已成为人类获取外界信息的重要途径,特别是网络技术日新月异的发展使发生在世界上任何地方的事件在几分钟内就可以在全球范围内传播开来,网络改变了人们的生活。

随着人们生活水平的不断提高,电视机早已走进千家万户,电脑也逐渐普及,极大地丰富了人们的精神生活。通过电视、网络等传播媒介,孩子们可以增加许多知识,获取大量信息,极大地开阔了眼界,只要打开它们,上下几千年、纵横数万里,各种各样的事件一目了然。通过BBS、聊天室可以结识各种各样的朋友,这在过去是不可想像的。网络技术的未来对人们生活的改变也是无法预料的。

(五)传播媒介对家庭教育的指导及家庭对传播媒介的选择

传播媒介对孩子的影响、对家长的影响、对家庭生活的影响是广泛而深刻的,从现在的孩子对广告词的熟悉程度、从人们对上网的迷恋程度就可见一斑。它必然对家庭教育产生作用,当然这种作用有正负两个方面。从正面来讲,它能丰富人们的精神生活,从中获取有益的知识,使人们的知识面更广,使家长学到科学的、正确的教育观念和教育方法;但从负面影响来说,它所带给人们的信息并不一定都是正确的,电视色情、电视暴力令全球有识之士忧心忡忡,利用网络进行犯罪活动的事件也屡屡发生,只要孩子们乐意,许多不健康的东西垂手可得,这对于是非观念还未完全形成的儿童来说是极其危险的,许多孩子走上犯罪道路的原因之一就是受不良信息影响。长时间地与电视、电脑为伴,影响了孩子们的社会交往,减少了亲子之间的情感交流,长此以往会损害孩子的心理发展。研究发现,看电视、上网过多对孩子身体健康会有很大的危险,会减少孩子户外活动时间以致影响孩子的交往能力、生活能力和口头表达能力。作为家长要加以指导,例如有选择地让孩子看内容适宜的电视节目,在时间上要给予一定的控制;对于比较年幼的孩子要有选择地让他们上内容健康的网站,对于不良网站要坚决予以防范,对于较大些的孩子要培养他们有正确的辨别能力和良好的自控能力,知道什么是丑恶的、什么是美好的,对于丑恶的东西给予坚决的杜绝。我们的社会将越来越趋于多元、开放,从小培养孩子分辨是与非、美与丑、善与恶的能力将越来越重要,家长要引起足够的重视。

第三节 学习社会中的家庭教育

一、终身教育

终身教育思想最早可以追溯到古希腊罗马、伊斯兰思想以及在中国、印度的古老哲学思想里,其后在夸美纽斯、卢梭以及1880—1920年教育运动的代表们身上也能发现这种思想。到了20世纪70年代,终身教育成为联合国教科文组织规划的中心和一系列研究、会议和可行性计划的主题。终身教育,顾名思义就是一个人的一生都处在教育的过程中。它打破了传统模式中把一个人的一生分为几个不同的时期(接受学校教育的儿童和青少年时期、成年职业生涯时期和退休时期),打破了接受教育是年轻人的事这样的传统观念,因为这样已经不再符合现代生活的实际情况,更不符合未来。终身教育思想的提出在人类历史上具有与哥白尼的"日心说"同样重要的划时代意义。

终身教育思想首先是符合了社会发展的需求,社会发展持续加快,每个人都面临着越来越复杂的问题,人们所学的知识老化的过程不断提前,年轻时所学知识够用一辈子的时代已一去不复返了,学习与工作必须交叉进行,不然就难以胜任。其次,人们越来越认识到自身的价值,为了使自己的能力日趋完善,为了使自己的潜力得到更充分地发挥,终身学习是惟一的途径。第三,近一二十年来,人类面临政治、经济、社会、文化等急剧变化,信息量急剧增大,被称为"信息爆炸",这一方面使人类创造了前所未有的物质文明,但同时也带来了严重的问题与挑战,如:如何保持发展的可持续性?如何建立新的科技文化与伦理道德?如何使人们能面对众多的信息作出正确的判断?如何提高国家的综合竞争能力以在世界舞台上立于不败之地等。面临这些问题与挑战,发达国家率先提出终身教育概念,认为它是解决当前人类共同问题的重要手段,是进入 21 世纪的一把金钥匙,这个概念一经提出立即受到全世界各国的响应。韩国政府为了推行终身教育于 1997 年将社会教育法修订为"终身学习法"。日本提出日本未来的教育改革以终身教育为原则。美国自里根政府时代就设置了"美国卓越教育委员会",提出危机警示,开启"卓越教育"与"学习社会"的理念。1994 年,克林顿总统所提出的教育六大目标中就提出公民的终身学习将成为美国教育未来发展的目标,终身教育已成为世界教育的新潮流。

终身教育是持续的,它贯穿人生的整个过程,终身教育面向全体公民,并把一切具有教育功能的社会组织联系起来。家庭是人

第三章 家庭教育

类最广泛的社会组织,具有教育功能,并且伴随着人的一生,对推行终身教育具有义不容辞的职责,也具有得天独厚的优势,从社会发展来看更是必然所趋。终身教育的开展离不开家庭的配合和支持,也只有实施终身教育后,才能使家庭成员保持可持续发展,应该充分地认识到两者的关系。

要实现家庭的终身教育目标,需要具备一定的条件:

1. 家庭成员要转变观念、提高认识。信息化时代既给人们带来好处也给人们造成压力,所谓好处就是知识使个人的潜能不断得到开发,生活充实,有助于人们自我价值的实现,但同时也使个人不断地面临挑战,人们必须持续不断地提高才能避免被社会淘汰,受教育不再是孩子们的专利,成年人同样必须接受教育。应树立这样的观念:学习是现代人的生活方式,也是个人存在的条件。

2. 在正确理念的指导下,保持高涨的学习欲望和能力。据估计,当前专业知识的半衰期仅为5~7年,即学科的知识在5~7年后就会过时一半,家长和孩子同样需要不断地追求新知识,保持学习的欲望,不断提高学习的能力。现在有些家长对孩子期望很高,要求很严,但自己却得过且过,失去了学习动力、丧失了学习能力,这个现象很普遍。我们要尽快地改变这个局面,家长要率先树立榜样,在家庭中营造爱学习、会学习、把学习作为一种乐趣的氛围,培养孩子终身学习的习惯、态度、方法,为终身学习活动奠定良好的基础。

3. 塑造新的生活形态。家庭终身教育的对象包括每一个家庭成员,教育的内容要与生活工作相结合,利用一切教育资源,激发家庭教育的潜能,家庭教育的潜能是相当大的,如何发掘、如何利用应该是家庭努力的方向,家长要不断地反思、敏锐地感悟。

教育贯穿于人的一生,未来的社会是终身学习的社会,终身教育的推进是以建立学习社会为标志的。

二、学习社会

近三十年,世界上发达国家把"推进终身教育、建立学习社会"作为解决当前社会发展中不断出现新问题的主要途径。1996年,欧洲终身学习白皮书指出:欧洲未来的社会是学习社会,在这方面,教育体系中的老师及其他社会参与者应扮演重要的角色,教育与训练是个人自我形成、自我改进及自我实现的主要途径,个人来自正规教育、在职教育或非正规教育途径的学习都是决定自己前途与未来发展的关键因素。未来社会是学习社会是毫无疑问的。

在信息社会,知识总量的不断骤增使人们的学习领域扩增,对个人造成极大挑战,如果不继续学习、追求新知,很快就会对某些事物一无所知,无法跟上时代的发展。例如没有电脑方面的知识就将给工作和生活带来很大的不便,因为计算机已渗透到工作生活的方方面面,不懂计算机的运用就无法广泛、快捷地获取信息,就无法适应现代社会。教育不再是不断向每个人提供有助于其理解周围世界并成为有责任感的和公正的参与者的力量和知识方面的标准,教育的基本作用更在于保证人人享有为充分发挥自己的才能和尽可能牢牢掌握自己的命运而需要的思想、判断、感情和想像方面的自由。[1] 学习社会强调四种基本的学习:学会认知,也就是学会学习,以便从终身教育提供的种种机会中受益;学会做事,人们不仅要获得专业资格,而且从更广泛的意义上获得能够应付许多情况和集体工作的能力;学会共同生活,指学会尊重别人、相互了解、和平共处的精神,增加对他人的了解和对相互依存问题的认识;学会生存,以便更充分地发展自己的人格,并能以不断增强的自主性、判断力和个人责任感来行动。这四方面的学习是每个人应付挑战的良方。在学习社会,个人所需要的不仅是学校教育

---

[1] UNESCO,《教育——财富蕴藏其中》,教育科学出版社,1997年版,第85页。

而且是终身教育,包括社会教育、家庭教育。对幼儿来说,家庭教育更为重要,它是幼儿一生教育的基础,家庭对人们将来能否适应学习社会起着至关重要的作用。

终身教育、学习社会的建立与以往的很大不同就是人们学习的内容大大增加,学习方式灵活多样,多元化、多样化地满足每一个人的学习需要。要做到这一点仅靠政府的力量是远远不够的,作为分布最广泛、涉及面最大的社会基本组织形式,家庭有大量潜在的资源可以提供各种类型的学习活动,极具弹性,能符合学习社会多元化的需求。我们应该进行充分的发掘、利用,建立学习型家庭不失为一条重要途径。

三、学习型家庭

(一)学习型家庭的提出

学习型家庭这个概念是从美国麻省理工大学史隆管理学院20世纪90年代初提出的"系统思想、学习型组织"管理科学新技术中迁移过来的[①],人们发现90年代最成功的企业是"学习型组织",因为现代社会惟一能持久保持的优势是比你的竞争对手学得更快。"学习型组织"一经提出立即风靡全球。史隆管理学院对"学习型组织"的解释:学习是一个终身的过程,学得愈多,愈觉得自己无知,因为永远达不到永远的卓越,因此必须不断学习。学习型组织最重要的部分是以一种新的方式使我们重新认识自己和所处的世界:一种心灵的转变,从将自己看做与世界分开转变为与世界连接,从将问题看做是由"外面"某些人或事所引起的转变为看到自己的行动如何造成问题。学习型组织是一个促使人们不断发现自己如何造成目前的处境以及如何能够加以改变的地方。[②]家庭也是一种组织形态,建立学习型家庭对于人们体验生命力的

---

① 彼得·圣吉,《第五项修炼》,上海三联书店,1997年10月版。
② 彼得·圣吉,《第五项修炼》,上海三联书店,1997年10月版,第13页。

发挥、体验生命的意义、重新创造自我具有无限价值。

(二)学习型家庭的界定及学习型家庭的特征

学习型家庭是以终身学习为理念的,是一种家庭文化,它塑造着家人彼此期待的行为模式、共同愿望,并提供新生代社会化的基础;学习型家庭也是家庭成员之间互动的过程,尤其是家人进行共同的学习分享与活动。随着人们物质生活水平的提高,对人文关怀和精神生活的要求越来越高,学习型家庭是顺应了人们的这种需求、顺应了时代发展的潮流,学习型家庭是现在和未来家庭的理想图景、是学习型社会的基础。如果每个家庭都能成为学习型家庭,那么民族素质会大大提高,那将是家庭对社会的最大贡献。

学习型家庭有其表现特征,概括起来有以下几方面的表现:1.家庭成员有终身学习的理念。家庭成员特别是父母亲要认识到学习贯穿于人的一生,每个人想要活得自在、有尊严、有价值,就得在人生的每个阶段都要学习和发展,并用这些观念去影响孩子。2.要有自主的学习态度、学习方法、学习习惯。要在个人生涯发展的过程中及时获得知识、信息、技能,适应不断变化的社会生活,承担社会角色。3.有良好的学习环境和文化投入。在时间、空间、物质上保证家庭成员的学习活动,更要有一种爱学习的家庭氛围。4.能正确评价学习成果。学习型家庭通常能自觉进行自我评价,通过一段时间的学习能对学习状况进行反思,在反思的基础上进行调整,继续下一阶段的学习,不断提高学习的效果。

[思考题]

1. 简述家庭教育的性质、特点及其发展趋势。
2. 简述学校教育与家庭教育的区别。
3. 结合实际,谈谈你对学习型家庭的认识。

[参考资料]

1. 戈登·德莱顿,《学习的革命》,上海三联书店,1999 年 3 月版。

第三章　家庭教育

2. 彼得·圣吉,《第五项修炼》,上海三联书店,1999年10月版。

3. UNESCO,《教育——财富蕴藏其中》,教育科学出版社,1997年1月版。

4. UNESCO,《教育内容发展的全球展望》,教育科学出版社,1997年1月版。

第四章 家长与子女

每一对青年男女组成家庭之后就会考虑生育儿女,生儿育女是婚姻最主要的目的之一。有了孩子自然就要承担起家长的职责,作为家长,如果能更清楚地认识到自己的角色地位,就能更好地发挥自身的作用和家庭教育的功能,建立良好的亲子关系。下面我们主要从四个方面来理解家长与子女。

第一节 父母的职责

一、父母亲的职责

所谓职责,主要指角色地位和责任。父母的职责可以从父母亲的角色、父母的作用角度来认识,为了便于能更生动、更通俗地理解,我们还将列出称职父母的典型特征。

(一)父母的角色

角色一词借用于戏剧,家庭好比是人生的舞台,人们扮演着各自的角色,并有与之相配的一整套权利、义务、行为模式,它是对处于特定地位上的人们的期待。家庭成员之间彼此有权利义务,这些权利义务来自于各人的角色地位。家庭角色分为两种,一种不可选择,一种可人为选择,比如母女、父女、兄弟姐妹这些角色与生俱来无法选择;夫妻、婆媳、翁婿等这些角色是生活过程中因选择而获得的。这里我们将着重论述父母——不可选择的家庭角色。

大部分为人父母者并没有经过专门的角色培训,而是通过生

第四章 家长与子女

活经验的积累不断地修正自己的角色。生活中很多因素会影响父母的角色,比如自己的社会地位、教育背景、个性特征、成长经历等等。

1. 社会地位对父母角色的影响

家长的社会地位、经济收入不同导致其社会环境、价值观念的差异。经调查发现,社会地位较高、经济收入较好的家长对待子女往往比较民主、比较尊重孩子的想法和选择,而社会地位较低、经济收入较差的家长容易对子女要求比较高,行为标准也比较刻板,[①]可能是由于处于社会经济地位低势的家长把更多的希望寄托在子女身上,希望子女将来能实现自己未曾实现的理想,对待子女常有"恨铁不成钢"的感觉。

2. 教育背景对父母角色的影响

不同教育背景的人会对儿童有不同的认识,而且还会影响到思维方式和行为方式。一般来说,受过良好教育的父母的知识面比较广,认为应该给孩子自主权,不太会强行要求孩子做什么或不做什么,常常会用说理的方式来引导孩子,在关键时刻能为孩子提供良好的建议。

3. 性格对角色的影响

父母的性格对其承担角色有明显的影响,父母本身是什么样的性格在日常生活中常常都会反映出来,如果父母热情、善良、开朗,那么,作为家长,他(她)对待自己的子女会积极、和蔼、充满爱心;反之,如果父母冷漠、消极,作为家长角色会对子女抱怨责备、怨声载道。父母角色对子女最具影响力,无形中会影响孩子的社会角色。

4. 成长经历对角色的影响

极少数为人父母者是经过正规培训的,绝大多数都是参照父

---

① 黄乃毓,《家庭教育》,五南图书出版公司,1999年7月第8版,第54页。

母教育抚养自己的模式来养育自己孩子,如果对自己父母的教养方式比较满意就会按照上一代的方式,如果对自己父母的教养方式不满意就会以相反的方式来教养自己的孩子,他们会以上一辈作为参照,学着扮演父母角色。目前,对于绝大多数都是独生子女的家长来说,他们也都在学习,学习如何做父母,在这个学习过程中需要不断地提高、修正,担负起作为父母的重大职责。

(二)父母的作用

人们常说,父母是孩子的第一任老师,是孩子人生道路上的第一位引路人,确实,父母的作用再如何夸大也是不过分的。父母不仅孕育了孩子的生命,把他培养成健康强壮的人,更重要的是教会他立身之本,促进人类的发展和社会的进步,具体地说,父母的作用主要体现在以下几个方面:

1. 父母对孩子的健康成长起举足轻重的作用

父母对子女具有"养育之恩",从怀孕开始,胎儿就在父母的精心关爱下生长发育。现代科学已证明胎儿很早就具有对母体生理变化的感受能力,夫妇两人,特别是孕妇精神愉快、情绪稳定、生活有规律对胎儿的生长发育就有利,就能为孩子出生以后的健康成长打下良好的基础。孩子呱呱坠地之后毫无生活自理能力,对父母有极大的依赖性,离不开父母的照顾;在情感上同样离不开父母,虽然婴儿听不懂父母的话,但还是需要父母的抚摸、亲吻和经常对着他说话,如果完全剥夺孩子与父母的情感交流会严重影响孩子的生长发育。在第二次世界大战期间,战争使许多孩子不幸失去了父母,德国政府专为这些战争孤儿开办了设施完备、条件优越、教育状况良好的收容所,但这些孤儿的身心发展比物质条件不如收容所的家庭里养育的孩子还落后,经研究发现,导致落后的最主要原因是"缺乏母爱"。心理学、脑科学研究成果表明,婴幼儿时代是感受母爱最强烈的关键期,缺乏母爱对孩子而言是残酷的,母爱只能由母亲来实施,其他任何人都无法替代。可见,父母在孩

第四章　家长与子女

子生长发育过程中处于举足轻重的地位。

2.父母是孩子的第一任老师,是他们第一个直接模仿的对象

家长作为特殊的社会角色,在孩子早期社会化过程中承担着极其重要的责任。首先,家长的道德品质和行为习惯决定了他(她)要把孩子培养成什么样的人,他们能给孩子树立一个怎样的榜样。从孩子身心发展特点来看,幼年的孩子不仅生活上依赖父母,同时由于缺乏生活经验和社会经验,没有辨别是非的能力,父母的一言一行在孩子的眼里都是对的,因此,父母的人格、道德修养、价值观念、行为习惯等等就成了孩子社会认知的标准。幼年期孩子的另一个重要特征是模仿,模仿对孩子来说是一种主要学习形式。在日常生活中,孩子在言谈举止方面常常会去模仿父母,事实上父母在孩子为人处世方面起着示范作用,孩子通过父母的价值判断和品行形成对事物的辨别能力和行为准则,甚至会成为今后人生道路上一贯的风格。孩子的第三个特征是可塑性大,他们的认知、情感、观念、行为可以通过教育不断地得到提高、改变,父母根据自己的判断对孩子的意识、行为的肯定与否实际上起到了正强化和负强化的作用,因此父母对孩子的发展起着导向作用。许多调查都说明,在犯罪青少年中,父母有犯罪记录的比例大大高于普通人群,而在获得优秀青少年称号的孩子中父母获得各级先进荣誉的也大大高于普通人群。我国著名的爱国将领朱庆澜先生曾经说过,孩子生下来就是雪白的丝,在家里生活了六年好似第一道染缸,进了学校好似第二道染缸,二十岁以后毕了业来到社会上好似第三道染缸。他认为关键是第一道染缸,第一道染缸染上了红色底子,以后再受到好的教育就会变成大红、朱红,即使后来受到不良的影响,红底子也不会完全变黑;但如果第一道染缸染成了黑底子,以后就是受到好的教育,黑色也难完全褪去,如果再受到不良影响那就更是黑上加黑,永远褪不去。朱庆澜先生的第一道染缸就是指父母对孩子的影响,他的话在今天看来仍然是很有意

义的。父母角色对孩子一生的发展所起的作用是极其深刻而久远的。

（三）称职父母的典型特征

父母角色在孩子生命发展过程中所起的作用再怎样强调也都是不过分的。随着时代的发展、社会的进步,父母角色也面临着新的挑战,下面我们来论述称职父母的典型特征。

1. 身体素质。父母的生理遗传素质是子女体格发展的物质前提。父母身体素质好,一般来说,孩子就比较健康;如果父母体质差、遗传基因有问题常常会导致孩子身体素质的缺陷,特别是母亲怀孕的时候,母体的健康状况会直接影响胎儿的生长发育。因此,为人父母者有一个健康的身体是非常重要的。

2. 道德品行。父母是孩子人生道路上的第一位老师,因此,父母的道德品行往往成为孩子学习的榜样。父母对孩子的影响绝大多数并不是通过语言而是通过自己的行为,父母经常怎么做的,他拒绝什么,接受什么,对孩子怎样的行为给予表扬,对孩子怎样的行为给予惩罚。以此来规范孩子的思想品德和言谈举止,使孩子知道什么是美好的,什么是丑陋的,哪些事情可以做,哪些事情不能做。由此可见,父母品行是否端正,人品是否高尚多么重要。称职的父母必须有相当的道德水准和是非判断能力,以身作则,以自己高尚的人格来影响孩子。

3. 观念意识。父母应该有正确的儿童观,用发展的眼光、欣赏的眼光来看待孩子、了解孩子,对儿童有一个正确的认识。有些父母当孩子取得成绩的时候就以为自己的孩子是神童天才,当孩子出现了问题的时候又顿时信心全无,以为无可救药。父母要客观地认识孩子,发现孩子的长处和不足,因材施教,把握正确的教育观和人才观。称职的父母还应该放下架子,经常与孩子沟通、平等对话,传统观念认为父母对子女有绝对权威,而现代社会更强调父母要民主、平等地对待孩子。

第四章　家长与子女

4. 文化修养。称职的父母可以没有很高的学历,但必须要有文化修养,能不断地学习、接受新知识。现代社会是学习社会,不学习就会落后,父母应该是孩子终身学习的典范,从小养成爱学习的习惯将使孩子终身受益。父母要不断地用知识充实自己,不断地进行自身修养,使之具有良好的文化修养。

5. 人生态度。据调查反映,父母的人生态度会对孩子产生深刻影响。积极、热情、乐观的父母的子女也往往比较活泼开朗、容易与他人相处,而消极、冷漠、悲观的父母的子女常常比较孤僻内向、缺乏自信。称职的父母会有意识地努力培养积极的人生态度,以饱满的热情投身于生活、工作;奋发向上不断地挑战自我,不断爆发出生命的火花。

父母角色也是在实践中不断完善的,因此父母的角色学习也是永无止境的,称职的父母总是在不断地以新的内容、新的方式来适应成长中的子女,父母要与子女一起成长。

二、父母的角色分工及教育责任

由于父母性别、生理方面的差异,父亲与母亲在家庭中会有所分工,传统的角色分工是:父亲赚钱供养家人,母亲在家养育子女、操持家务。但随着社会的发展,母亲们普遍成为职业女性,据最新调查发现,父母亲共同承担教养孩子的责任是绝大多数家庭的教育模式,因此,现在很难讲父亲与母亲在家庭教育中确切的分工是什么。事实上,在对孩子的家庭教育过程中,父母亲的作用都很重要,只有父亲承担家庭教育或只有母亲来承担家庭教育责任都会有一定的缺陷。为了便于我们理解,下面分别论述父亲和母亲在家庭教育中的教养作用。

(一)父亲的教养作用

父亲在孩子社会化过程中起着很大的作用,对于男孩来说,经常与父亲接触会更有阳刚之气,父亲常常是男孩模仿和崇拜的对象。父亲能给孩子带来稳定、安全的心理感觉,父亲是力量的象征,父亲主动参与家庭教育可以增加孩子的兴趣和自信。传统的观念认为父亲的教育作用主要体现在为孩子制定目标,特别是在升学、就业等关键时刻能为孩子把握方向;教育孩子勇于承担责任,肩负起保护家人的重任;传授给孩子立足社会的本领和技能;使孩子学会坚强、勇敢地面对现实生活。父亲留给孩子的影响往往是严格、不苟言笑、具有较大的权威性。现代的观念认为父亲应更加重视子女的自主行为;提高子女成熟的行为;了解子女、能理智地解决孩子出现的问题、用相应的教育方式促使孩子克服缺点发扬优点,不断地引导孩子走向成功。总之,父亲在孩子成长过程中起着至关重要的作用,中国有句俗话为"养不教父之过",可见,孩子成长得好不好父亲负有重大责任。有些父亲认为自己的主要职责是赚钱,给子女、家人创造一个好的物质条件才是主要任务,至于教育孩子主要归母亲管的想法是错误的,孩子的成长离不开父亲的陪伴,父亲要有意识地利用一切机会发挥父亲的教养作用。

(二)母亲的教养作用

在养育子女的过程中,古今中外的母亲都起到巨大的作用,人们一直称颂母亲的伟大,她不仅孕育了生命、延续了人类,而且还掌握着民族的命运,因为母亲所培养的这些未来公民的素质的高低直接影响到民族的素质。传统的观念认为母亲在家庭中的作用主要体现在料理家务、解决生活琐事、抚养孩子、满足孩子生理需要、培养孩子生活和行为习惯、使子女有良好的品行。现代的观念认为母亲的作用更主要体现在:训练孩子独立自主的能力、满足孩子的情感需要、促进孩子的社会性发展和智力发展、以了解孩子为基础管教好孩子。现在的母亲大都是职业女性,她们除了要照顾家庭、孩子之外还要承担社会工作,所以她们常常会面临工作和养育孩子的双重矛盾,不少家庭就会把孩子托付给老人或教养机构以便把更多的时间和精力投入工作或事业中,但从儿童发展角度来讲,孩子需要与父母特别是与母亲的亲密接触,孩子与母亲的长期分离会造成孩子性格方面、情感方面的遗憾,因为对孩子来说,任何人都无法替代母亲,特别对于低年龄的婴幼儿来说,母亲的微笑、母亲的抚摸都能给孩子带来无限的愉悦和满足,这对促进孩子身心发展是极其重要的。因此母亲要尽可能地处理好工作和生活的关系,丈夫要给予妻子积极的配合,调整自己的生活方式,多与孩子交流接触,更好地承担起教养孩子的职责。

第二节 祖辈的职责

随着生活水平的提高和医疗保健的不断进步发展,人们的寿命普遍延长,不少老人退休后,身体健康、精力充沛,他们在有了第三代后,为了解除子女工作生活的多重压力,非常乐意帮助子女抚育孩子,尽到祖辈的职责,在这些有祖辈的家庭中,家庭教育情况又是如何的呢?我们分别从两方面来加以论述。

一、祖辈家长的职责

(一)祖辈家长的定义

祖辈家长是指比父母亲长一辈的家长,如祖父、祖母、外祖父、外祖母。在我国家庭中,祖辈家长很有权威,而且四世同堂、子承膝下被认为是人生最大的幸福。尽管我们的家庭结构、家庭规模已发生了很大变化,但祖辈家长抚养孙辈的现象还是非常普遍的,因此对于认识祖辈家长的家庭类型、祖辈家长的作用还是很有必要的。

(二)祖辈家长的家庭类型

祖辈家长的家庭类型可以分为隔代家庭、主干家庭、监护人家庭、留守家庭等。隔代家庭是主干家庭的一种特殊形式,由祖父母或外祖父母与孙辈组成的。主干家庭是指父母和一对已婚子女组成的家庭。监护人家庭指祖辈作为孙辈的监护人与孙辈居住在一起的家庭。留守家庭指孙辈的父母因故离开家乡只留下祖辈和孙辈的家庭。一般来说，祖辈家长的家庭类型以主干家庭、隔代家庭、留守家庭为主，下面我们主要来分别讨论这三种家庭类型的祖辈家长。

1. 主干家庭的祖辈家长。主干家庭中的祖辈家长相对于隔代家庭和留守家庭中的祖辈家长而言，对孩子的教育影响比较小，因为除了爷爷奶奶或外公外婆之外，孩子的父母还是主要教养者。他们主要是在生活上照顾孙辈，负责家庭中的家务劳动。这些老人看到自己的子女有了孩子常常使他们感到欣慰，再者，老人们由于年轻的时候忙于工作、忙于事业没有时间陪伴子女，如今退休了有了大量空闲时间，他们会把全部的爱投放到孙辈身上，以弥补年轻时的遗憾。孩子天使般的纯真也会给老人带来无限的乐趣。在传统家庭中，祖辈家长具有绝对的权威，年轻一辈必须言听计从，随着社会的民主化，更多的祖辈家长乐意与子孙儿女互敬互爱、和睦相处并主动承担家务劳动解决子女的后顾之忧。

2. 隔代家庭和留守家庭的祖辈家长。在隔代家庭和留守家庭中，由于只有祖辈和孙辈，祖辈将替代孩子的父母履行家长的职责。这类家庭相对于核心家庭、主干家庭甚至单亲家庭有其特定的弊端，祖辈毕竟年事已高，抚养教育的重担全部由他们来承担，常常会心有余而力不足。有些祖辈的文化程度不高、信息不灵、思想观念陈旧容易造成教育的失误，还有些老人爱孙心切，看到儿女不在身旁怕孩子受委屈，对孙辈更是事事迁就、万般宠爱。因此，作为这类祖辈家长也必须不断吸收新的信息，转变观念，用正确的教育方法去对待孩子。

（三）祖辈家长的作用

在我国家庭教育中，不得不承认祖辈家长确实起了很大的作用。目前我国妇女就业率高；改革开放以来社会流动、人才流动进一步加速；年轻人外出求学、创业人数剧增；离婚率上升等诸多因素使得相当部分祖辈家长在家庭中或多或少地承担养育孩子的责

第四章　家长与子女

任,他们的主要作用体现在:

1. 承担部分家务劳动,在生活上帮助子女解决后顾之忧,满足孩子对亲情的渴望。对双职工家长来说,要照顾好孩子的饮食起居往往比较困难,祖辈家长利用退休在家的优势就能随时随地地关心孩子的饮食冷暖,由于绝大多数家庭都是独生子女,祖辈家长对孙辈更是疼爱有加,千万宠爱集于一身,尽心尽职,有些祖辈对孩子生活上的关心照顾甚至超过孩子的父母。有些父母工作繁忙常常需要加班加点,不能常常与孩子在一起,而孩子需要经常与亲人交流、互动,这时候,家里的祖辈老人的作用更是显而易见,他们可以满足孩子对亲情的渴望。在现实生活中,不少家庭祖孙之间由于朝夕相处的缘故建立起深厚的感情。

2. 弥补年轻父母家庭教育方面的不足。年轻的父母第一次为人父、为人母,常常会缺乏教养孩子的经验,他们也是一边摸索一边实践,这时,祖辈家长常常能起到指导、帮助的作用。老人们由于生活经验丰富,形成一套带孩子的经验(虽然这些经验可能比较传统,但如果老人们善于吸收新信息善于学习,不断地给这些经验注入时代气息的话,那么这些经验将是非常珍贵的),能及时帮助父母弥补教育的不足之处,起到协调、沟通的作用。

3. 继承民族传统文化思想,将我国优秀的道德观念一代代传输下去。一般来说,祖辈家长接受的传统民族文化思想要大大超过年轻一代,素以礼仪之邦、文明古国著称于世的中国为人类的文明作出了杰出的贡献。我国民族文化蕴含着大量精髓,比如孝敬父母、忠心报国、勤劳俭朴、艰苦奋斗、宽厚仁道等都孕育于我国传统民族文化之中。甚至西方一些有识之士也提出了要"从东方的儒家文化中寻找 21 世纪的光明",祖辈家长往往勤俭持家、善良忍让、有良好的社会公德、能为孙辈起到榜样作用。在如今商品经济大潮的冲击下,人们常常会陷入利益与道义的矛盾之中,许多人茫然困惑、无所适从,更有不少人的心态出现了偏差,见利忘义。

在这种大背景下我们不能让中华传统美德在下一代身上失传，而应该让孩子们成为有骨气、讲礼仪的"龙的传人"，祖辈家长的作用就更不可忽视了。

总之，祖辈家长是我们家庭教育研究中一个不可忽视的群体，他们自身的特点造就了他们教育的特点。我们再来分析一下祖辈家长的教育特点。

二、祖辈家长的教育特点

祖辈家长家庭教育的特点可以从三方面来思考。首先，同父母亲的教育相比有自身的特点，他们与孩子的关系不同于父母与孩子的关系，他们自身心理特点不同于年轻的父母。其次，他们有自己的优势。第三，存在着局限性。下面我们就从这三个方面来阐述祖辈家长的教育特点。

（一）与年轻父母相比，他们的教育特点。祖辈与孙辈之间的关系不同于父母与子女之间的关系，从血缘角度来看，他们之间隔了一代，但从社会学角度来看，老人在孙辈身上可以再度体验到后继有人的兴奋滋味，特别是在（外）孙子女身上看到家庭遗传特质更会感到生命的延续。中国有句俗语叫"隔代亲"，在现实社会中普遍可以看到祖辈们对孙辈万般疼爱，有些老人初得孙辈时甚至比年轻时初为人父（母）都兴奋，看着自己的子女有了孩子往往会勾起他们年轻时的美好回忆，在强烈美好的亲情驱使下，他们教育的一个最大特点是"爱"，有些祖辈甚至到了宠爱的地步，成了孩子的保护伞，当父母要批评教育的时候，孩子会寻求祖父母的庇护，造成家庭教育的不一致，因此我们呼吁祖辈家长要理智地爱孙辈，协调一致地进行家庭教育。与年轻父母相比，他们的文化知识、外界信息、身体状况等较为欠缺，他们在家庭教育中应处于配合、弥补的地位。我们认为家庭对孩子的教育应以父母为主，父母应承担主要责任，祖辈家长可协助、支持父母亲。

（二）祖辈家长家庭教育的优势。祖辈家长的优势主要体现

第四章　家长与子女

在有充足的时间与孙辈进行互动接触,他们绝大多数退休在家,无社会工作,可以投入大量的时间。有些主干家庭,祖辈与孙辈同居一室,随时随地与孙辈在一起(除了孩子上学之外),因此家庭教育的机会多,可以说是全天候、全方位。祖辈家长在家庭中特殊的权威性往往有助于提高教育的效果。一般来说,有了权威才能有效地教育,祖辈家长越有权威,对孙辈的教育越有可接受性,教育的效果也越深刻持久,因此祖辈家长要树立一定的威信,父母亲也要有意地维护祖辈的威信,这样更容易发挥祖辈家长的教育优势。祖辈家长的优势还体现在丰富的社会、生活经验,他们教育孩子往往能动之以情、晓之以理,耐心细致。祖辈家长没有工作压力,心境比较平和,也见多识广,当孩子出现了问题的时候他们不易急躁,能心平气和地对待。祖辈家长家庭教育的第三个优势体现在具有较好的继承性,家庭教育的这种继承性通常被称为"家风"。所谓家风就是指一个家庭在历代的繁衍过程中逐步形成的较为稳定的生活作风、生活方式、生活习惯、道德规范等,例如古代的《家训》之类的典籍是家风的文字记载。绝大多数家庭的家风是无形的,靠幼辈对年长一辈的模仿而得以传承的,祖辈家长在日常生活中以身作则、身体力行能给子孙树立一个良好的榜样,将家族历代人共同努力而形成的良好风尚代代相传。

(三)祖辈家长的教育局限性。祖辈家长的教育有其优势也有其局限性。对于优势我们要充分发挥,对于局限性我们也要给予充分的重视,以免在家庭教育实践中造成失误。局限性首先表现在祖辈家长教育条件的不平衡,有些祖辈家长文化修养高、道德品质好、有充足的时间和精力。有的祖辈家长与子女关系紧张,特别是婆媳关系不和,家庭居住条件差,人员结构复杂,自身存在种种生活陋习,这些祖辈家长不能给孙辈以积极教育,但又无法回避、无法重新选择,因此,不是所有的祖辈家长都能给孙辈必要的正确教育。其次,祖辈家长相对比较封闭,接受新事物、新信息的能力比较弱,他们在对孩子个性培养上比较保守,他们对孩子的要求比较偏向于听话、守本分、知足、不管闲事、中庸,而比较缺乏对孩子进行民主、平等、参与、自主等意识的培养,教育的内容、方法滞后于社会发展的节奏。

三、祖辈家长教育特点的成因分析

祖辈家长教育特点的形成有历史的原因,也有无法抗拒的来自生命发展的自然规律的原因。祖辈家长大都接受的是传统教育,他们生长在相对现在来说封闭得多的时代里,在他们的思想意识中,传统的一套还占一定优势,虽然他们也在不断地随社会发展有所转变,但相对于年轻一代来说还是较为保守的。而且随着年龄的上升,精力、体力会逐渐下降,各方面的反应也会变慢,这是自然规律是无法抗拒的。祖辈家长们经历了人生几十年的风风雨雨,造就了他们丰实的生活经验和广泛的社会阅历,这是人生一笔巨大的财富。因此,我们在家庭教育过程中要充分地考虑到祖辈家长的这些特点,扬长避短,与年轻的父母亲优势互补,才能更好地提高家庭教育的效果。

第三节 子女的职责

纵观多年家庭教育的研究成果发现,人们的重点一直放在对家长角色的研究上,而较少考虑在家庭教育过程中子女角色的权利、地位、责任等。其实家庭教育是家长与孩子双方互动的过程,研究子女角色同样重要,就如研究学校教育必须研究学生一样。那么,在家庭教育活动中到底应该怎样看待子女这一角色呢?我们将从两个方面来研究。

一、子女角色的职责

子女作为家庭中年幼的一代是不断成长变化的,他们在生活上依赖长辈的照顾、经济上离不开父母的抚养、社会化程度更是处

第四章 家长与子女

于低级阶段,但作为一个独立的个体来说,他们有自己的权利、地位,并在家庭教育过程中起着相应的作用。

(一)子女角色的地位

子女常常被称为父母爱情的结晶,夫妻结婚之后随着孩子的呱呱坠地,每个人的角色地位都会发生变化,年轻的夫妻转换成父亲、母亲角色,孩子自然就是子(女)角色。我国自1979年实行独生子女政策之后,每个家庭只有一个孩子处于子女角色地位,与多子女家庭相比较,子女在家庭中的地位发生了一系列变化,最主要的特点是他们的中心地位得到强化,成为全家(族)关注的重点和家庭生活的主轴。

我国长期以来盛行家长制,崇尚长幼有序,家庭中的长者不仅掌握家庭的经济大权而且决定家庭的一切事务,处于绝对中心地位。随着社会经济发展,家庭结构的变化使得祖辈的绝对中心地位有了动摇,年轻一代有了自行决定小家庭内部事务的权力。到了独生子女家庭,父辈的家庭中心地位又逐渐转移到了子女身上。

从家庭日常生活安排上看,一些家庭首先考虑的是子女的喜好,最好的东西总是留给孩子,如可口的食物、新颖的玩具、精美的衣服。有的家庭在购房、添置重大物品的时候也都把孩子的升学、智力开发因素放在首位。父母宁可自己节衣缩食,也要尽可能地为孩子创设一个好的条件,在经济状况并不好的家庭里,父母情愿苦自己也不愿委屈了孩子,娇惯溺爱的现象非常普遍,使之处于特殊的地位,常常被比做"小皇帝"、"小太阳"。

物质生活上是这样,在精神生活方面,孩子是家庭未来的全部希望所在,父母对子女期望值很高,只能成功不能失败。另一方面随着社会竞争愈演愈烈,孩子未来的升学、就业等压力会越来越大,独生子女是父母的惟一寄托,父母往往在学业上会给孩子提出很高的要求,甚至不惜采用种种高压手段逼孩子埋头于功课。有些父母在双休日或业余时间给孩子报名上各种各样的补习班,孩子毫无自主地加班加点地补习,小小年纪就背上了沉重的心理负担。

总的来说,独生子女在家庭中普遍处于高关爱、高期望的核心地位,针对目前的情况,我们呼吁父母要给孩子更多的空间和自由选择的权利,让孩子在自然、宽松的环境中愉快成长。

(二)子女角色的职责和权利

子女作为一个独立的人,同样应该拥有属于自己的责任和权利。按照传统的观点看,子女是家庭的私有财产,毫无权利可言。现代社会的发展特别是人本主义思潮的掀起要求人们改变这种看法,把子女当做发展中的独立的人,把属于他们的权利还给他们,只有这样才能从小培养孩子独立、自主、自强的民主意识,这是一个现代公民必须具备的基本素质。只有这样才能使他们的潜能得到充分开发。

子女角色的职责应该体现在对家庭、对自己、对集体、对社会的责任感上,并应该从小培养。虽然他还没有成熟,但在他的意识中、在他力所能及的范围里,他对家庭、对自己、对集体、对社会应负有一定的责任。比如承担一些家务劳动,在父母身体不适的时候能表示关心并给予帮助,当家庭出现困难的时候,他应该主动帮助父母分忧解难;具有保持自身安全与健康的意识,不随便跟随生人走,不玩电器插座;愿意让小朋友分享自己的玩具;知道要保护环境,不随地扔东西等。责任感的建立对于子女将来走上社会、在社会上立足会大有益处。现在不少父母整天围着孩子转,孩子的一切事情都大包大揽,饭来张口,衣来伸手,家里大大小小事务都由父母来操心,尽量不打扰孩子,目的只有一个:让孩子能安下心来埋头读书,以为这样孩子就能读好书,考上一个好学校。其实孩子不从事任何生活实践、不负任何责任,实际上是剥夺了他们发展能力的机会,将来一旦离开父母、离开家庭将寸步难行。孩子习惯于受到别人的照顾,容易养成懒惰、不思进取等不良生活作风,不

第四章 家长与子女

利于同情心和社会义务感的建立,严重的话会造成社会化程度低下等严重后果,现实社会中这样的例子比比皆是。人们常说的"穷人的孩子早当家"蕴含着非常深刻的含义,作为家长要有意识地从小让孩子承担一定的责任,使子女明白每一个公民都要负责任。

尽管子女在家庭中受到父母的万般宠爱和保护,但在传统父母的脑海中并没有"子女权利"这一意识。他们爱孩子、为孩子所做的一切都是因为他们视自己的孩子就像自己的私有财产一样。正是因为在传统的眼光里孩子是家庭的私有财产,当孩子犯了错误的时候,家长恨铁不成钢,轻则臭骂一顿,重则拳脚相加,而且认为老子教训孩子天经地义,孩子是我的,要打要骂别人管不着。其实孩子并不是家庭的私有财产,他是一个具有独立人格的个体,在法律上,他具有与成年人同等的权利。我国1991年9月第七届全国人民代表大会常务委员会第二十一次会议通过的《中华人民共和国未成年人保护法》中明确规定:保障未成年人的合法权益,尊重未成年人的人格尊严;父母或其他监护人不得虐待、遗弃未成年人……子女的权利可以主要概括为:生存的权利、子女受教育的权利、受到尊重的权利、个人隐私(包括自由通信等)不受侵犯的权利等,当父母侵犯子女的权利的时候将受到政府部门的干涉。严重者将依法追究刑事责任。少数家庭还存在着打骂、虐待孩子的现象,对于这些处境不利的儿童,政府、学校必须加以干涉。在我国特别是落后地区,帮助家长牢牢树立"子女权利"意识将任重而道远。

(三)子女角色在家庭中的作用

过去,人们普遍把家庭教育看做是父母影响子女的单向过程。近20年来,心理学家们发现子女在成长发展过程中并不完全是消极的,他在接受家庭影响的过程中同样也对家庭发挥着影响作用。苏霍姆林斯基曾说过"孩子本身对成年人来说是个伟大的教育力量"，这句话的寓意现在看来仍然是非常深刻的。

　　子女在家庭中的作用有目共睹，一个新生命的到来会给家庭生活带来很大的变化。通常，初为人父、人母的夫妻欣喜万分，他们会调整原来的生活状态适应婴儿的需要，孩子在成长过程中那天真的话语、可爱的一举一动给家人带来了无比的快乐，甚至会感染长辈的情绪，心理学家们发现老年人如果长期与幼儿生活在一起也会变得年轻开朗。随着孩子的长大，他们往往能比成年人更快地接受新的社会信息、新的思想观念，特别像我国处于新旧经济体制交替、东西方文化撞击、道德取向多元化、知识爆炸等快速变革时期，青少年见识广、开化早，他们会把他们的文化传递给自己的父辈，社会学学者把这一影响作用称之为"反向社会化"，即指子女对家长反过来施加影响，向他们传授社会文化知识、价值观念和行为规范。人类就是在这样的双向互动中得以发展。当孩子渐渐长大成人走向社会之后，父母也慢慢地进入了人生的夕阳阶段，渐渐地减退甚至丧失生活自理能力，这时候需要子女尽到赡养的责任，虽然社会福利事业在不断地进步，但作为中国长期以来所形成的传统，赡养老人是子女不可推卸的责任和义务，不仅在物质上而且还要在精神上给予老人帮助、安慰，使父母能安度晚年。人类就这样一代代地延续下去。

　　二、家庭教育中的子女

　　作为家庭教育主体的子女具有主观能动性，他们并不是一张白纸由家长在上面画上最美的图画，他们更像是一把等待燃烧的火炬，需要家长去点燃。家长要用正确的教育观念、灵活的教育方法、丰富的教育内容去引导、教育孩子，更要用自己的实际行动为孩子树立良好的榜样，使孩子在潜移默化中受到感染、熏陶。子女也要体会到父母的拳拳之心，特别是当子女长大后要体谅父母、尊重父母，对父母深深的养育之恩报以衷心的感谢。天下所有的父母都是相同的，他们希望子女能健康成长、学好本领、自食其力、为

第四章 家长与子女

社会作出贡献。作为子女要听从父母的教诲,父母毕竟是过来之人,他们积累了一定的生活经验、社会经验,他们用全部的心血甚至不惜牺牲自己的生命爱子女,子女没有理由拒绝父母的一片苦心,当然,传统的家长制所要求的子女必须对父母言听计从在我们现在的社会是行不通的,但对父母正确的教导,子女应该铭记在心并付诸行动。作为子女应该主动与父母进行交流、平等对话,有事多与家长商量。现在有些子女有了一定的文化知识之后就看不起父母,认为他们什么都不懂,与父母产生代沟,甚至厌烦父母对他们的关心,认为父母唠叨、俗气,对父母不够尊敬。这种情况在处于青春期的青少年中相当普遍,教师要发挥引导、桥梁作用,经常与学生谈谈心,了解学生的家庭情况,教育他们孝敬父母是一个人必须具备的道德修养,在学校里做个好学生,在家里做个好儿子(女儿),教师进行家庭教育指导不仅要指导家长如何教育孩子,还应该指导学生怎样做个好儿子(女儿),这样才能有效地提高家庭教育的质量。

第四节 亲子关系

一、亲子关系的概念

(一)亲子关系的定义

亲子关系,顾名思义就是家庭中父母与子女之间的关系。亲子关系是以血缘关系和共同生活为基础的。在人类关系中,亲子关系是直系血亲关系中亲缘联系最近的一种关系,亲子关系作为社会的一个重要关系一直受到学者们的广泛重视。人进行社会化的最初阶段是在家庭里实施的,而父母亲作为孩子最亲近的人与孩子的关系如何会直接影响到孩子的社会化进程,对孩子未来人格特征的形成具有重大作用。

亲子关系不同于其他人际关系,从受精卵形成的那一刻起父母对子女的关系就形成了,它无法改变、无法选择,父母只要生育了子女就不能回避与子女的亲子关系,并且这种关系永远存在并受到法律的保护。我国《婚姻法》第29条明确规定:父母与子女间的关系不因父母离婚而消除,即使夫妻婚姻破裂但子女仍然是父母双方的子女,子女不论由哪一方来抚养,另一方对子女仍有作为父(母)亲的权利义务。即使生命终结之后,亲子的名分也不能改变。

亲子关系是家庭关系中最为重要的一种关系,家庭关系的特点、性质在亲子关系上都得到充分反映。子女的出生给夫妇带来了共同的乐趣,是家庭的纽带,但我们还应看到亲子关系因受到社会角色规范的约束,受到父母个性差异的影响,表现会有所差异。这在以后各节中还会详细论述。

(二)社会转型期的亲子关系特点的新发展

当前,我国正处在新旧观念交替、社会经济文化发生日新月异变化的转型期,人们的思想意识、生活环境发生了很大变化。儿童、青少年和年轻的父母们是接受新思想、新观念最快的群体,亲子关系必然会出现新的特点,概括起来表现为以下几个方面:

1. 生活节奏加快,社会流动性增加,亲子之间交流接触的机会降低。以往悠闲、清静的家庭生活被父母亲匆忙的步履、日益加大的工作压力所取代,为人父母者为了生活、为了自身的发展忙于事业、忙于赚钱、忙于进修;子女们为了有一个好的前程忙于学习、忙于补习、忙于对付各种各样的考试,忙碌的生活使得家庭成员之间接触交流的时间大大减少。有的家长晚上加班加点回到家时,孩子已睡觉了,第二天一早出门时,孩子还未睡醒,还有些家长天南地北地奔波,十天半月回一次家,亲子之间情感的交流减少了,相互的沟通、理解更缺乏了。"中国城市独生子女人格发展与教育调查"表明,亲子之间经常谈话的仅占50.8%,谈论"学习问题"的占77.9%,子女认为亲子关系是自己最烦恼的事情的占32%,有

第四章 家长与子女

些双职工家庭因无暇照顾自己的孩子甚至把孩子全托在教养机构或祖辈家里,只有周末、节假日才领回家。亲子情感需要在日常生活中渐渐培养,缺乏亲子间的互动必定会影响亲子关系的质量。

2. 子女的自主意识加强,他们追求亲子之间的平等对话,并且子女对父母的影响力不容忽视。随着社会民主化的程度越来越高,孩子从小就接受了独立角色意识,他们不再认为父母可以决定自己的前途命运,不再认为只有家长说了算,他们渴求与父母能平等对话、平等相处,不希望父母包办代替,更愿意自己的事情由自己决定。亲子关系也发生了相应的变化,父母在人格上要尊重孩子,在人生的道路上指引孩子而不是将自己的愿望、要求强加于孩子,或者样样事情都替孩子设计好,代孩子做。天津教科院做的"天津市中学生及其家长调查"显示,18岁以下的青少年中,61.3%的学生希望别人把自己当大人看。另有调查显示,27.3%的孩子说"家长总不让我们做想做的事",40.4%的孩子认为"家长只关心我的学习成绩",27%的孩子把"家长不能理解我"列为最烦恼的事。可见,子女的独立意识在增加,而家长并不能满足子女独立意识的需求,两者之间存在着矛盾。不少父母都觉得现在的孩子难教育。事实上,在开放的社会大背景下,子女们接受各种社会因素教化的机会、渠道都大大增加了,对新事物的掌握可能比父母还快,比如青少年对现代信息技术掌握程度普遍高于普通的家长,网络时代的到来使知识老化的速度加快,子女常常会向父辈提供新的信息和生活方式而不是像以往那样只有父辈向子女传授经验,而且这种双向影响越来越明显,因此必定带来亲子关系的变化,父辈难以以绝对权威的形象对待孩子,双方关系更趋于民主化、平等化。虽然学前儿童由于年龄较小还没有青少年那样强烈的独立意识,但是家长要认识到民主化、平等化是社会发展的必然趋势,从小建立民主、平等的亲子关系对家庭、对孩子都会受益匪浅。

3. 家庭结构小型化,亲子关系更趋直接、集中。一对夫妇只生一个孩子的独生子女家庭的亲子关系与多子女家庭的亲子关系肯定会有所不同。对孩子来说，与父亲母亲的关系是惟一的，也就是说，没有与兄弟姐妹互相争宠于父母的麻烦，父母只关注惟一的孩子，无须同时关注几个孩子，这使得亲子关系更简单、更集中。亲子关系成为孩子在家庭中惟一的与他人的关系，亲子关系的简单化有利于孩子受到良好的照顾和关注。但同时也在一定程度上影响了孩子的角色认知，容易形成自我中心，因此父母亲要了解这一动向，及时扬长避短。

随着社会的发展，在不同的历史阶段，亲子关系还会不断地有所变化，出现新的特点，教育工作者要用发展的观点加以认识、把握，对亲子关系的指导是家庭教育指导的一个重要而关键的内容。

二、亲子互动

互动是社会学、社会心理学、社会教育学中一个重要的概念。互动也称相互作用，是指人与人之间的心理交互作用或行为的相互作用，是一个人的行为引起另一个人的行为或改变其价值观的任何过程。① 互动的基本特征是两个不同主体间相互的行动、行为，它强调两个不同主体之间通过交往达到彼此在心理上和行动上的相互影响、相互促进。亲子互动是亲子关系的动态展示，亲子关系是亲子互动的结果，同时亲子关系又是亲子互动发展的心理背景。亲子互动与亲子关系是幼儿成长过程中的两个重要因素。

（一）亲子间的要求及地位

亲子间的要求及地位是指在亲子关系中对父辈与子辈双方提出的要求及在双方相对另一方面来说的地位。亲子关系是众多社会关系中的一种，它同样受到社会生产力的影响。因此，亲子间的要求、地位随着社会经济基础的变化而变化，在不同国家、地区及各个历史发展时期，亲子间的要求、地位各不相同。

---

① 《教育大词典》，上海教育出版社，1990年版，第6卷，第442页。

第四章　家长与子女

我们来看处于农业经济时代的封建社会,由于当时的社会生产是以体力劳动为主,并且以家庭为单位进行生产活动,父亲作为家庭中的主要劳动力是家庭经济来源的提供者,因此,亲子关系强调人伦有序,支配权集中在家长尤其是父亲的手中,奉行以男子为中心的家长制,男尊女卑,父为子纲,儿子要延续香火、承接家庭财产、光宗耀祖。父亲具有绝对权威,子女被要求俯首贴耳、处于父辈的从属地位,甚至"父要子亡,子不得不亡",并且有"纯孝"之义务。进入以工业为主的资本主义社会,机器化大生产代替了家庭作坊,社会提出了"自由、平等、博爱"的口号,举起了个性解放的大旗,在亲子关系上,子女不再是父母的私有财产,儿童在人格上获得了与成年人一样的平等地位,要求父母尊重子女,平等地对待子女。近一二十年来,社会进入信息时代,网络的发展更是改变了人们的日常生活,物质巨大丰富,精神更加解放,社会规范、价值观念发生了很大的变化,亲子两代的生活经历发生的根本变化超过以往任何时期,这种巨大差别使父(母)、子(女)对生活的理解、价值取向有了明显的差异,以至于彼此感到陌生和难以适应,父辈们为了孩子所做的一切努力常常不为孩子们理解,他们并不认为父母应该为子女牺牲一切,比较看重自我、自由和生命价值的实现,认为父母、子女都是独立的个体,难以理解父母的一片苦心,在一些家庭中出现了代沟。作为父辈要认识到这一变化,适时地调整,正确地处理双方的要求和地位,把握好自己的角色,形成亲子间的良性互动。

(二)亲子间的良性互动

建立亲子间的良性互动有其生物学和社会学基础。亲子之间有着天然的血缘关系,血浓于水,骨肉相连使得亲子之间的情感最亲密、最深厚。父辈把一个嗷嗷待哺、毫无生活能力的婴儿养育成人花费了毕生心血,这种养育之恩是人世间无可比拟的,因此被称为"父(母)恩重于山"。亲子之间建立良性互动于情于理都是不容置疑的,但现实生活中并非如此:有些家庭的亲子关系紧张,亲子之间冷漠,子女对父母存在抱怨、不满;父母对子女感到失望、丧失信心。不良的亲子关系造成的后果将是严重的。据调查,许多问题最初都是由于不良的亲子关系所引发:一些家长粗暴、专制、放任、溺爱的态度伤害了亲子情感,影响了正常的关系,导致了孩子的异常行为,如孤独、仇恨、绝望,直至逃学、出走、自杀等一系列问题。因此,虽然亲子间有天然的联系,但是良好的亲子互动并不是自然生成的还是需要共同努力积极培植的。

亲子间的良性互动有其表现特征,首先应该表现为相互尊重、相互信任。亲子之间有了尊重和信任才能沟通、理解。过去我们主要强调孩子对父母的尊重、信任,现在同样强调父母应该尊重子女、信任子女,因为尊重和信任是实施教育的首要前提,没有对孩子的尊重和信任不可能收到良好的教育效果,不可能实现亲子之间的良性互动。其次表现为对方之间有一种责任感,对孩子没有责任感的父母或对家庭、对父母没有责任感的孩子都不可能建立良好的亲子情感,没有良好的情感不会产生良性互动。这里,父母的责任感更多的是指引导子女寻找合适的发展目标并朝着这个目标而奋斗,而不是样样事情代替子女去做,把自己的要求强加于子女。最后是彼此亲和、真诚地欣赏对方。亲子之间的关系是最纯洁的,双方都没有自己追求的现实利益问题,都没有把对方看成是实现自己目的的手段,而是真诚地欣赏、肯定、欢迎对方。这是一种真正的良性互动,这种互动对子女自由的发展是至关重要的,孩子的主体性还处于成长发展过程中,所以父母要尽可能地提供子女得以发展的条件而不是限制它,这正是父母教育的力量所在。我们应该认识到亲子互动并不是完全协调一致的,会有矛盾冲突,家长要妥善处理亲子冲突,冲突实际上是对家长的考验,也是对互动能否进行下去的一个考验,冲突并不是完全消极的,如果妥善处理,亲子冲突也具有积极的意义。面对冲突,家长不能简单地运用

第四章　家长与子女

手中的权力来压制子女,应该允许并鼓励孩子坦诚地面对自己,把孩子看成是独立的、有主见的个体并进行协商解决,以达到新一轮的良性互动。

三、影响亲子关系的因素

影响亲子关系的因素是多方面的,有父母自身的因素,有子女方面的因素,也有环境方面的因素。这些因素交织在一起综合影响着亲子关系,但为了便于我们更好地理解各个因素的影响,我们将分别加以论述。

（一）父母自身的因素

作为亲子关系中的一个方面,父母自身的素质必定影响亲子关系,这是显而易见的。父母自身的因素包括父母的性格、文化程度、观念意识、身体状况、家庭传统、夫妻关系、道德品行等等。其中观念意识、文化程度、夫妻关系、个性品质的影响尤为深刻,我们将略为展开论述。

父母的观念意识中的儿童观、生育观、教育观是否正确对亲子关系影响很大。因为父母对儿童的基本看法决定了他们对子女的态度以及对父母角色的理解,当父母把孩子看做是一个独立的个体并有着各自不同的特性时,他们就会尝试着去理解孩子、尊重孩子,因材施教,相反,如果父母认为孩子是自己生出来的,我爱怎么样就怎么样,他们就会去控制孩子,要求孩子一切都要服从自己。父母的生育观反映了父母对生育子女的根本看法,有的父母认为养儿育女就是为了自己老了之后有个依靠,能延续香火、光宗耀祖,在处理亲子关系上更倾向于以子女为中心,迫切希望子女能出人头地,将来有出息。父母的教育观决定了他们在教育子女时采取怎样的态度、方法、内容等,正确的教育观有助于建立民主和谐的亲子关系。

父母的文化程度也会影响亲子关系,一般来说,父母文化程度高,就比较容易接受新思想、新观念,富有时代气息,对孩子比较民主,能注意经常与孩子进行沟通交流,容易建立良好的亲子关系。父母文化程度低,会较多地沿袭传统的经验来教育孩子,对孩子要求高但缺乏方法。一个现代型的家长,需要不断地学习、不断地提高,与子女一起成长。

夫妻关系也是影响亲子关系的一个很重要的因素,在夫妻关系紧张的家庭里,子女会经常处于矛盾冲突的人际关系中,缺乏安全感。夫妻不和必然影响到夫妇的情绪,常常会表现为忧郁、悲观、愤怒、恐惧,而这些消极情绪必定会迁移到与子女的关系中,受其影响,子女也会变得茫然、孤僻和伤感从而妨碍父(母)子(女)正常的亲子关系的建立,因此,父母要引以为戒,为子女创设良好的家庭心理氛围。

父母的性格特征各不相同,有的父母热情、开朗、民主、富有爱心,有的父母内向、胆怯、专制、暴躁。不同的性格不仅会影响到父母与他人的人际交往也同样会影响到与子女的关系。一般来说,热情、有爱心的父母容易与子女建立良好的亲子关系,专制、暴躁的父母不易与子女建立良好的亲子关系。作为父母要适当地、有意识地注意自己性格方面的缺陷,努力提高自己各方面修养,以自己的人格魅力去感染子女。

(二)子女方面的因素

子女在幼小的时候,决定亲子关系的主要因素来自于父母一方,随着子女长大成人,他们的价值观念、品德行为、文化修养对亲子关系的影响渐渐增大。有的子女思想境界高、人品好、知书达礼,对父母格外尊敬、处处能为父母着想、关心父母、努力报答父母对自己的养育之恩,这样的子女在家庭中一定会有良好的亲子关系,使家庭和睦,生活愉快。而有些子女走上工作岗位有了经济来源后,认为不再需要靠父母了,就反过来视父母为包袱,特别是父母年纪大了,体力、生活能力大大降低之后,产生厌恶的情绪,大大伤害了亲子情感,这是我们社会所不允许的。作为一个有良知、高

第四章 家长与子女

素质的现代公民,首先应该孝敬父母、不忘父母的养育之情,让人间最美好的亲情永沐春风。

(三)环境因素

这里的环境因素主要指传统文化背景和时代风尚。传统文化背景潜移默化地影响着亲子关系。我国有着五千年的历史,传统习惯和思想观念通过上一代传输下来,不可避免地影响着亲子关系,比如传统的亲子关系是子女要"服从"家长的"控制",不论是统治阶级还是平民百姓都是这样的。因此相对于西方国家的亲子关系,我国的亲子关系更偏重于家长要有权威和子女要听话,西方国家的亲子关系更强调彼此的义务、责任,这是不同的文化传统背景造成的。社会的风尚也能影响亲子关系。社会发展,新思想、新观念会渗透到家庭里的亲子关系中,赋予父母、子女新的地位、权利、义务,从而改变彼此的交往方式。比如"以人为本、以儿童发展为本"的人本主义思潮的掀起,会改变以成人为中心的亲子关系,子女不再是父母的附属品,儿童获得人格上的平等地位,父母不能随意地打骂孩子,不能把自己的想法强加于子女身上,父母应该给子女更多的尊重、宽容,亲子关系中父母权威的方式、性质都会有所改变,亲子交流的形式也会与过去有所不同。

影响亲子关系的这些家庭内因素和家庭外因素都在直接或间接地发挥作用,我们在指导家庭亲子关系时,要从这些方面着手才能获得有效的提高。

[思考题]

1. 简述父母的教育职责。
2. 分析影响亲子关系的因素。
3. 论述祖辈家长的教育特点,结合工作实际谈谈如何发挥祖辈家长的教育优势。

[参考资料]

1. 黄乃毓,《家庭教育》,五南图书出版公司,1999年7月版。

2. 侯锁生、黄娟娟,《幼儿家庭教育》,上海教育出版社,1995年1月版。

3. 孙俊三,《家庭教育的研究》,教育科学出版社,1991年1月版。

4. 赵忠心,《家庭教育学》,人民教育出版社,2000年9月版。

5. 叶立群、邓佐君,《家庭教育学》,福建教育出版社,1995年8月版。

第五章 学前儿童家长的教育观念

随着社会的变迁,学前儿童家长的教育观念也在发生着巨大的变化,传统的教育观念正面临着严峻的挑战,现代学前儿童家长的教育观念也因此遭受着前所未有的冲击。学前儿童家长需顺应时代潮流,调整变迁中的教育观念,树立现代的家庭教育观念。

第一节 学前儿童家长教育观念的概念与类别

在影响学前儿童家庭教育质量的各种因素中,学前儿童家长的教育观念是起决定作用的关键因素,它规定着学前儿童家长进行家庭教育的方向。因此,我们有必要首先对学前儿童家长教育观念的概念与类别进行探讨。

一、学前儿童家长教育观念的概述

(一)学前儿童家长教育观念的概念

为了对学前儿童家长教育观念进行深入探讨,我们有必要首先对"观念"进行探讨。所谓观念,是指一个人的看法、思想,是思维活动的结果。观念是人对外部事物的一种比较稳定的看法,属于主观意识的范畴。但观念不是人与生俱来凭空产生的,它是客观事物在人脑中的反映,既具有历史继承性又具有时代发展性。因此,观念本身是多元化的系统,它所涉及的范围很广,由价值观念、人生观念、生死观念、荣辱观念、教育观念等子系统组成。

教育是一种社会现象,是人类所特有的有意识的活动,它起源于人类社会的实践活动。作为人类传递社会生产和生活经验的必要手段,教育是一个普遍的永恒的范畴。社会是不断变化发展的,教育也随着社会的变化发展而不断变化发展。于是,不同的社会出现了不同性质特点的教育,随之出现了不同的教育观念。所谓教育观念,是指人对教育的一种比较稳定的价值标准和认识。它影响规定着教育行为。教育观念的核心问题是追求教育的功效及对教育功效的评价的标准问题。在不同的施教场所,教育的实施者是不同的,学校教育由教师实施教育,家庭教育由家长实施教育。在实施教育的过程中,也是由其一定的教育观念影响和支配着其相应的教育行为,因此,在学校教育中由教师的教育观念支配和影响着教师的教育行为,在家庭教育中就由家长的教育观念支配和影响着家长的教育行为。

家长教育观念是指家长在怎样教育子女的问题上所形成的比较稳定的价值标准和认识。它规定着家长对子女教育的态度和行为。家长的教育观念随着社会文化、家庭经济收入、社会地位、家长的社会阅历以及家长自身的文化素质等方面的变化而变化。在我国目前的市场经济体制下,家庭经济收入、社会地位、家长自身的文化素质受家长本身的文化程度、职业的影响很大,而家长的社会阅历又受家长的辈分的影响,因此,家长的教育观念受社会文化、家长的辈分、家长本身的文化程度及职业的影响和制约作用特别大。

由于现在的孩子大多是独生子女,从出生到长大成人直至走向社会,是伴随父母一起成长的。在孩子不同的年龄阶段,家长有不同的教育观念、教育态度、教育行为等。学前儿童家长教育观念规定着学前儿童家长对子女的教育态度和教育行为,它包括学前儿童家长的儿童观、教育观、人才观。

(二)学前儿童家长教育观念对幼儿发展的重要性

我国正进行社会主义政治、经济体制的改革。随着市场经济

第五章 学前儿童家长的教育观念

的发展、竞争机制的引入,社会原有价值体系受到冲击而正待重建。学前儿童家长的教育观念正在与时代同步,与现代生活方式同步,为适应社会主义市场经济的竞争性、开放性、创造性,为适应人的个性的全面发展而渐渐发生嬗变。在这个过程中,传统观念与现代观念发生着互相冲突、互相交融、互相渗透、互相吸收,而最终作用于孩子,直接影响着孩子成才。因此,学前儿童家长的教育观念对幼儿发展有重要作用。

心理学家费鲁姆的激励公式指出:

激励力量 = 目标价值 × 期望概率

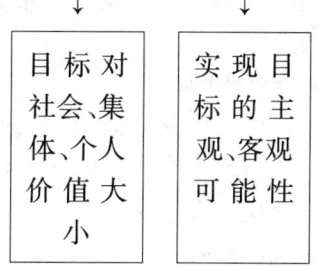

两者之积才是目标产生的激励力量。一般情况下,在一定限度内,家长对孩子的期望水平高,则孩子受到的激励就大,对自己成就的愿望也就强烈,结果会导致他们的求知欲、自信心等水平的普遍提高。而如果家长对孩子没有什么期望,任其自由发展,那么孩子也不会有什么上进的愿望。如果过低地估计孩子、过早地给孩子的发展前途下结论,断定孩子不会有什么出息,那么就会使孩子丧失自信心、上进心。如果期望中带有极大的盲目性,高到孩子根本不可能达到的地步,那么,这种不切实际的期望不但对孩子起不到积极的激励作用,反而使孩子"望而生畏",从而丧失上进的勇气。

社会心理学也有一个公式:情绪指数 = 实现值/期望值。这就告诉我们,在期望值一定的情况下,实现值越高,情绪指数也越高。

反之,在实现值一定的情况下,期望值越高,则情绪指数越低,失望感越强,情绪则越低。因此,合理的期望值可以给孩子与家庭创设宽松和谐的心理氛围,往往有利于孩子更快、更好地成长。因为学前儿童家长对孩子合理的高期望,本身就带有一种"隐蔽的强化作用",它通过孩子的知觉和投射两种心理机制,使他们或在自觉意识的水平上,或在自发无意识的水平上受到良好的激励。之后,又通过日积月累的反馈作用,孩子就更加深刻地感受到家长的关怀和信赖,于是就产生了较为持久的努力和进取心。同时,在家长的帮助下,孩子时时将自己与家长所期望的形象相比较,找差距,不断调整其个人的学习和生活计划,从而进一步促进他们的学习上进心、自信心等方面的发展。

二、学前儿童家长教育观念的类别

如上所述,学前儿童家长的教育观念,主要指学前儿童家长在教育子女问题上所形成的比较稳定的价值标准和认识,它包括学前儿童家长的儿童观、教育观和人才观。

(一)学前儿童家长的儿童观

学前儿童家长的儿童观,是学前儿童家长对学前儿童的认识和看法。主要指学前儿童家长对儿童期的意义、儿童的权利和地位、儿童的特质和能力以及儿童发展规律的认识。每一位学前儿童家长对于这些问题的认识或看法的总和,就构成了每一位学前儿童家长的儿童观。但它的形成与一定社会的政治、经济、科学技术和传统文化等客观因素有关,并随着社会发展、时代的进步而不断赋予新的内涵,因此,在不同历史时期,学前儿童家长的儿童观是不同的。儿童观的形成又受到家长各自的社会生活阅历、各自家庭背景等因素的影响。因此,在同一历史时期、同一时代,学前儿童家长的儿童观也是不同的。

在传统家庭中,学前儿童父母往往把子女放在完全依附自己的地位上,以为子女必须一切听从大人的安排,接受家长的灌输。

第五章 学前儿童家长的教育观念

其结果必然是阻碍、压抑甚至扼杀孩子个性的发展，导致亲子关系上的紧张和对抗。

在现代家庭中，吸取外界信息的渠道比较通畅，也比较容易接受外界新观念、新思想，进而转变自己的观念。如1959年11月20日，第14届联合国大会通过了《儿童权利宣言》，肯定儿童和成人一样，应当得到人的尊严和尊重，享有生存、生活和学习的权利，成年人和社会应当保障儿童的这些权益。1989年，联合国大会又一致通过了《儿童权利公约》，这是为保护儿童而制订的一套全面的国际法律原则，"这一国际公约是人类决心将最宝贵的东西给予儿童，并建立机制加以实施的表示"（联合国儿童基金会阿默德）。公约的基本精神体现了以下四条原则：

1. 无歧视原则。不论儿童来自何种文化背景，不论其社会出生、民族、语言、宗教、性别如何，不论是正常儿童还是障碍儿童，都应当在不受任何歧视或忽视的情况下，享有他们的一切权利。

2. 儿童利益优先的原则。凡是涉及到儿童的任何事情都必须以儿童利益为重，符合儿童的最大利益。

3. 保障儿童生存、生命和发展的原则。社会必须保障儿童的生存权，保障儿童生命、生活的质量，让他们获得充分的发展。

4. 尊重儿童观点和意见的原则。使儿童有可能参与制定那些对他的生活有重大影响的决定。为儿童创造更多的参加社会活动的机会，为其步入有责任感的成年做准备。

由此可见，《儿童权利公约》充分尊重了儿童自身权益，代表了当代儿童观的最高水平。中国是《儿童权利公约》的缔约国之一，中国政府一向关心和重视儿童的生存、保护和发展工作，致力于使儿童权益的保护法制化、规范化，制定了以《中华人民共和国宪法》为核心，包括《未成年人保护法》、《母婴保健法》等在内的一系列法律以及相应的法规和政策措施，使儿童的权益得到了充分保护。

在这种思想观念影响下,现代的学前儿童家长承认儿童也是独立的社会成员,应该有自己的权利和地位,其人格应得到尊重,并自觉地遵循儿童发展的客观规律。

儿童观的内容是非常丰富的,学前儿童家长应树立四个基本观点:

第一,孩子是一个非成年人,需要家长的关心和照顾。孩子处于年幼时期,知识经验少、能力弱都是正常现象。孩子还没有能力自己照顾自己,家长必须负起抚养和教育的责任,而不能对孩子要求过高、过严。

第二,孩子是一个独立的人,应当尊重他的权利和人格。幼儿阶段的孩子虽然年龄小,但他已有自己的内心世界,有自己的心理需要和生理需要,有对事物的初步体验,因此不可能像容器一样接受家长的一切,对此家长应予理解和尊重。

第三,孩子是一个有潜力的人,家长应当信任和培养他。幼儿阶段的孩子虽然年龄小,但是存在着巨大的发展潜能,只要给予正常的生活、学习条件,他就能不断成长,而且由于时代的进步,他极有可能超过长辈,但这不是一个自然而然的过程,需要家庭、学校、社会的培养,更需要孩子个人的努力。

第四,孩子与孩子间必然存在一定的差异,不要拿自己的孩子与别人的孩子比。每个孩子出生时的遗传素质不同,成长中又有自己生活和学习的特殊环境,因此,每个孩子必然有自己的优点和弱点,父母要认真发现他的优点并鼓励、表扬他,也要了解孩子的弱点,帮助他不断改进。

(二)学前儿童家长的教育观

学前儿童家长的教育观是学前儿童家长基于对儿童发展的认识形成的对儿童教育养育的理解及家长角色与职能的看法,它直接支配着学前儿童家长对儿童进行教育的目标、方向、手段、行为及方式方法,对儿童身心发展有着十分重要的影响。有的家长否

第五章 学前儿童家长的教育观念

认教育在儿童发展中的作用,认为儿童发展如同"树大自然直",把自己的职能局限于只养不教;另一类家长认为,儿童的发展依赖于教育,相信"养不教,父之过"的道理;还有一类家长,虽然承认孩子需要教育,但认为应有社会分工,家长只需负责养育,而教育则是幼儿园(托儿所)的事情。

学前儿童家长的儿童观和教育观有密切联系,它们往往制约着学前儿童家长对孩子的教养方式和方法。比如持"树大自然直"观点的家长,在家庭教育中,往往对孩子放任自流;信奉教育主导作用的家长,对子女比较精心地培养;认为"教养应分工"的家长,把子女的教育责任完全推给托幼机构的教师,不愿承担家庭教育的责任。

作为学前儿童家长,应树立科学的教育观。

首先,儿童是独立的个体。作为家长,应当遵循孩子的身心发展规律,促进孩子在品德、智力、身体等方面的发展。在家庭中,父母应当少包办代替,把孩子当做独立的个体存在,重自由、展个性,让他们通过自身对生活、对世界的体验得到健康全面的发展,并尽早养成独立意识。

其次,尊重并满足儿童各种素质发展的需要。儿童身心各方面的发展是一个有机的整体,其发展应是身体的、认知的、情感的、社会的和人格的整合性的发展。父母应承认其所具有的各种发展需要,尽可能为儿童创设良好的环境与条件,不仅保证其身体的正常的生长发育,还要给他们提供充分参加文化艺术娱乐和休息活动的机会,使其获得在该社会条件下最充分的发展。使儿童在个体社会化过程中实现其个性化的"全面发展",在个性化过程中开发其全部潜能并最终成为他所能成为的人。

最后,家长应了解学前儿童作为正在成长中的个体,支撑其躯体、协调其行为的是丰富的精神世界。他们虽然初涉人世,却有着丰富的情感;虽时常表现其稚嫩和脆弱,却有其独立的人格,并正在形成自己的个性;他们虽经常处于被照料的状态,却有其自己的需要和愿望,尤其不能忽略的是儿童需要尊重,需要精神抚慰。因此,学前儿童家长应创设和谐、宽松、民主的家庭教育氛围,通过启发、引导孩子内在的教育需求,使儿童得到充分、和谐的发展。

(三) 学前儿童家长的人才观

学前儿童家长的人才观主要是指学前儿童家长对子女成才的价值取向,包括人才的标准、人才的价值等。它与家长本人对人才价值的取向有密切联系。崇尚知识技能型人才的家长更多希望自己的孩子聪明,兴趣广泛;追求品德高尚型人才的家长,最重视孩子的诚实品质;持有社交型人才观的家长,把活泼开朗看做孩子最重要的品质,等等。总之,学前儿童家长的人才观与他们对理想幼儿的品质取向有显著的相关。

学前儿童家长的人才观影响到他们对子女的期望。随着市场经济逐步建立,人才市场竞争激烈,能者上、弱者下已成为各行各业用人的标准,学前儿童家长已清晰地意识到,只有学历高、素质好,才能适应人才市场的需要。因此,学前儿童家长期盼自己的孩子能出类拔萃,据对上海市市区学前儿童家长的一项调查发现[①],高达90%以上的上海市市区学前儿童家长希望自己孩子将来的学历能达到大学及大学以上,将来所从事的工作是脑力劳动,超过半数的学前儿童家长希望孩子样样争第一。可见,学前儿童家长对孩子寄予很高的期望。

从一些研究的结果发现,一个社会或文化的价值观深深地影响着父母对子女的期望。

[①] 吴玉琦,《上海市市区幼儿家长教育观念调查》,《上海教育科研》,1992年第5期。

第五章　学前儿童家长的教育观念

毕格纳(Bigner,1982)[①]等人曾在1982年对美国602位父母进行了一个调查,探讨父母亲对子女行为的期望,他们发现,子女的年龄使父母的期望和要求有所不同。例如,学龄前儿童的父母通常希望子女:(1)跟别人友好相处;(2)快乐,常常笑;(3)守规矩;(4)自我控制,不随便发脾气。而对学龄儿童,父母的期望则是:(1)合作;(2)自己照顾自己;(3)有礼貌,听话;(4)认定自我的价值;(5)容忍,接纳与自己不同的人。此研究还发现,都市化的程度也造成父母对子女的期望差异。

表5-1　居住地区不同的父母对子女的期望

郊　　区	城　　市
(1)好奇(有兴趣学习) (2)创造力(以不同方法尝试做一件事,想像力) (3)坚忍(不容易分散注意力) (4)可靠(遵守规则和政策) (5)自己照顾自己	(1)守规矩(听父母的话) (2)与别人合得来(喜欢社交活动) (3)体贴(为别人着想) (4)容忍(接纳与自己不同的人)

台湾的朱瑞玲(1985)以问卷调查方式探讨社会变迁中的子女教养问题,发现台湾的父母仍倾向于期望子女具有传统的美德——负责、勤劳、孝顺、忍耐、节俭、规矩、谦虚、用功、合群,而认为好奇与独立特质不重要。

台湾《张老师月刊》曾访问了66位母亲,对台湾地区幼儿父母的人才观进行研究,发现不论是传统的还是现代的人才观,学前儿童父母希望孩子"乖"是不变的,关于对男孩与女孩的期望,也

---

①　Bigner,J.,Jacobson,B.,Turner,J.,Bush-Rossnagel,N.(1982). The Development of Social Competence in Children, Paper presented at the 5th National Symposium on Building Family Strengths, Lincoln, Nebraska.

几乎没什么改变,仍要求男孩子像男孩子,要活泼、勇敢、独立,但也不能太野,不可以像女孩一样爱哭,要像大丈夫,胆子要大,顽皮一点没关系;对女孩子的期待也如传统,要温柔、贤慧、文静、端庄。因此,一个社会或文化的人才观深深地打上了这一社会或文化的烙印。

时代在进步,社会在发展,人的观念必须适应时代的步伐,同样,学前儿童家长的教育观念也必须更新,既保持中国传统文化中的精华部分又要吸收西方现代文明,树立正确的、科学的、现代的家庭教育观念。

第二节 学前儿童家长的教育观念对教育行为的影响

在学前儿童家庭教育中,学前儿童家长的教育行为自觉或不自觉地受其教育观念的影响和支配,学前儿童家长自身的教育观念,通过他们的教育行为作"中介",对学前儿童的身心发展产生重要影响。当前,在改革开放形势下,市场经济的发展,西方文化的侵入,社会政治、经济、文化的变迁,必然引起学前儿童家长观念的变化。在学前儿童家长头脑里,几千年来传统观念的沉淀正在不同程度地被新观念所取代。因此,现今学前儿童家长的教育观念,既带有时代的气息,又保留有传统的意识。沿海开放城市和经济发达地区,新旧教育观念的交替更加鲜明和迅速,从而在教育行为上也表现出不同的特征。

一、不同的儿童观对其教育行为的影响

传统的家庭教育观与现代的家庭教育观在如何看待子女的儿童观上是迥然不同的。传统的儿童观将子女视为小大人,谓之"从小看大,三岁看老",认为幼小不成器,长大难成才,从而放弃对子女的教育培养。

第五章 学前儿童家长的教育观念

在经济、文化高度发达的城市和地区,儿童观有了根本性的变化。许多学前儿童家长树立了现代的儿童观,既看到子女迅速成长的一面,又看到子女存在身心幼稚的一面,对子女不作不切实际的要求;同时,他们既将子女视为自然人,又理解到他们是社会人,并由此全面满足孩子生理、心理及社会的各种合理需求。具有现代儿童观的学前儿童家长还能理解到子女不仅具有极大的可塑性,而且还具有主观能动性,因此,着眼于启发诱导,培养孩子的独立自主性,这种现代的儿童观,使学前儿童家长注意到培养孩子的独立思考能力、耐挫折能力、自信心、合群性、善于与人交往等优良品质。

学前儿童家长具备不同的儿童观,将会形成不同的家庭教育模式,从而决定了不同的教育行为,并将产生不同的教育效果。因此,我们提倡学前儿童家长应树立现代的儿童观,从而具备相应的良好的教育行为促进学前儿童的发展。为此,在沿海开放地区的家庭教育中,由于家长树立了现代的儿童观,对儿童实行"六解放",即,一要解放其"脑",让孩子活泼敏捷地思考,启发创造型思维;二要解放其"眼睛",让孩子多看书、多观察,扩大视野;三要解放其"耳朵",让孩子广泛地听,听大自然里的虫声鸟鸣、听优美音乐、听动人故事;四要解放其"嘴",让孩子有更多的口头表达机会,朗读、讲故事,发表自己的想法和看法;五要解放其"手",让孩子练习自己操作,将来有一双灵巧的手;六要解放其"脚",让孩子走向自然、走向社会,与小朋友交往、与社会交往,勇于实践,锻炼才干。只有这样,才能使儿童适应未来社会的需要。[①]

所以,作为学前儿童家长,应顺应时代、历史发展的潮流,树立现代的儿童观,并确立相应的科学有效的教育行为,促进孩子良好、健康地发展。

---

① 关颖,《社会学视野中的家庭教育》,天津社会科学院出版社,2000年2月版。

二、不同的教育观对其教育行为的影响

学前儿童家长的教育观主要反映在家庭教育目标上,即价值导向上,同时还表现在不同的教育内容、教育方式和态度及教育方法上。据研究发现,目前不少学前儿童家长由于受民主法制观念、平等效益观念的影响,反映在家庭教育中,不少学前儿童家长既接受了对子女要讲民主平等的思想,又保留了"没有规矩不成方圆"的传统教育观念,在教育行为上表现为将父母的意志强加在孩子身上,让孩子绕"大太阳"转,不从实际情况出发,不顾孩子实际,一味追求所谓的智力开发,要孩子背唐诗、学弹琴……,把孩子当成了容器,出现了许多令人心寒的事件。① 如3岁幼儿胡丹丹因忘一字,被父脚踢致死。其父胡庆炎,1992年夏天与妻子离婚,便把希望和苦恼都倾注在年仅3岁的儿子胡丹丹身上,对儿子要求十分严厉、苛刻,稍不顺心便拳脚相加。11月27日中午,胡庆炎在家中辅导小丹丹背诵唐诗,小丹丹背诵不出"曲项向天歌"中的"项"字。其父先打他一个耳光,紧接着用穿着皮鞋的脚狠踢过去,小丹丹摔倒在地,后脑部重重地撞在橱柜上。小丹丹当晚终因伤势过重,挽救不及时死去。②

上述事件虽不经常发生,却有着较强的代表性、典型性。它反映出我国当代有相当一部分学前儿童家长在传统教育观念的影响下,采取了不正确的教育行为。因此,我们急需实施一种在现代教育观念影响下的正确的教育行为。

每位家长都希望自己的孩子能成才。孩子的成才不是靠运气,而是由家长平时对孩子所进行的教育如何、所尽的责任多大、所作的努力怎样来决定的。华盛顿幼年时非常顽皮,而且顽皮成

---

① 李洪曾,《上海地区幼儿家庭教育的特点与问题》,《上海教育科研》,1995年第12期。

② 《人民日报》,1992年12月12日第3版。

第五章 学前儿童家长的教育观念

性,不知悔改。有一次,他为试验斧头的锋利,竟将他父亲一株最心爱的樱桃树砍断了,当他父亲发现以后非常生气,查问家里的人是哪一个把那棵树砍断的。然而,当华盛顿坦白地承认是自己砍断的时候,他父亲不但没有责骂他,而且还非常和气地抚摸着他的头发说:"好孩子,只要你能够坦白和诚实,我虽然失去了那株我最爱的樱桃树,但也不会觉得可惜的。"华盛顿自从受了那一次教训以后,为父亲对他的态度而感动了,总是以诚待人,终于成为美国的开国元勋,这乃是家庭教育成功的一大例证。[①]

可见,对孩子的教育,如果仅是让孩子死记书本是万万行不通的,也是没有效果的,应是引导孩子去追求真理,启发他的智慧,指示给他人生的正确目的和意义,防止和纠正他们的恶劣习惯和行为,引导他们向上和进取,使孩子们的精神和身体都能够充分合理地成长。

三、不同的人才观对其教育行为的影响

学前儿童家长的人才观,主要集中体现在学前儿童家长对孩子的期望上,家长不同的期望会产生不同的教育行为。

当前,我国学前儿童家长在对孩子的期望上存在期望过高和过低两种倾向。期望过高,主要是指学前儿童家长不能从孩子的天资、学习基础、年龄特点、有无特长等实际情况出发,为了实现其望子成龙的愿望,脱离实际地只凭主观愿望对孩子提出不能实现或难以实现的要求。如胡庆炎要求3岁儿童背唐诗,对孩子的期望值就太高。在一项研究中发现,上海地区幼儿家长对子女未来的受教育程度和职业期望过高。[②] 对800名上海市市区幼儿家长进行的调查结果表明,95.73%的家长期望自己的子女将来的受教

[①] (台)张振宇,《家庭教育》,三民书局股份有限公司,1984年9月12版。
[②] 李洪曾,《上海地区幼儿家庭教育的特点与问题》,《上海教育科研》,1995年第12期。

育程度能达到或超过大学水平。而上海市全体就业人口中,达到这一程度的只有3.87%,接受调查的幼儿父母中,达到这一程度的仅为2.38%。同一调查的结果表明,98.12%的幼儿父母期望子女未来的职业是脑力劳动类,而期望是体力劳动类的仅为1.88%。如果按照国家统计局社会统计司对"脑力劳动类"与"体力劳动类"的统计,上海市全体就业人口中,脑力劳动类仅为20.33%,接受调查的幼儿父母中,脑力劳动类也仅为22.36%。因此,幼儿父母的期望与现实的反差也是非常显著的。

学前儿童家长对子女未来受教育程度和职业的高期望、高期待固然是家长重视对子女的教育、热情接受家庭教育指导的动力,能促进家长在精力、时间和经济上对子女教育进行投资,同时,这种高期望、高期待超过了孩子的天资及其他主客观条件,再加上教育内容、教育方式、教育方法欠恰当或有问题,良好的愿望就难以实现,反而又容易导致家庭教育的新问题,甚至还会出现意想不到的恶果。如高期望和高期待容易导致望子成龙心切,不顾儿童身心发展规律和年龄特点,不考虑儿童自己的需求,拔苗助长,压抑个性,损害儿童身心健康。在目前国内的升学制度和就业制度下,这种高期望和高期待容易导致家长对子女重智轻德、重智轻体、忽视心理素质培养的倾向。不切实际的过高期望和期待,制约着一部分学前儿童家长对子女的整个教育历程。

学前儿童家长的另一种倾向是期望过低,对子女很少提出教育要求。这类家长要么对子女娇惯溺爱,亲子关系超越了适宜的限度,对子女经常性地盲目称赞、过度保护或过分迁就,正如宋代朱熹所说:"溺爱者不明",家长溺爱子女,不仅促使子女形成幼稚、反抗、神经质、依赖、懒惰、懦弱等个性特征,有的甚至纵子从恶,造成悲剧;要么经常贬斥孩子,认为孩子这也不行、那也不行,可能使孩子自信心下降,最后终于与父母表达出来的期望一致,变成毫无上进心,这也不成、那也不就的人。

第五章 学前儿童家长的教育观念

学前儿童家长对子女的期望适当、合理,可以转化为子女的自身需求。在古希腊曾流传过这样一个神话故事:有一个叫皮格玛利翁的塞浦路斯国王非常喜欢雕刻,一次他雕刻了一座美女头像,雕成后,他对自己的作品喜爱、欣赏至极,幻想美女雕像能成为一个真正的美女。国王每天都这样向往着,企盼着……后来,那美女雕像有了灵感,果然变成了一个活生生的美女。这则爱与期望使人变化的故事在全世界传为佳话。后来,在教学中,人们把教师对学生的态度能影响学生学习的现象,称之为"皮格玛利翁效应"。

"皮格玛利翁效应"(期望效应)需要父母真诚的爱、耐心的爱、信任和合理的期望,始终相信孩子会达到希望的目标,不管他当前遇到多少失败和挫折,这时最重要的是安慰和指导。因此,在气氛民主的家庭中,父母对孩子的期望合理,则对孩子表现为一种信任的态度,在教育行为上也较为合理、较为切合孩子的发展水平,往往在无形中促成孩子的积极成长,促成孩子安定、孜孜不倦、力求上进的性格,使孩子成为对社会有用的人。

第三节 影响学前儿童家长教育观念的因素

学前儿童家长的教育观念受家长所处时代的政治、经济、文化等因素的影响。在传统社会,家长的教育观念较多地受那个时代的影响,"万般皆下品,唯有读书高"、"传宗接代"、"养儿防老"等被认为是天经地义的;在现代社会,随着时代政治、经济、文化的发展,特别是改革开放的深入,家长的新旧观念发生着碰撞,现代的教育观念在逐步树立。另外,学前儿童家长的教育观念也受家庭内部特征及家长自身条件等各方面因素的影响。因此,学前儿童家长的教育观念是一个受综合因素影响的产物。

一、学前儿童家长不同的辈分对其教育观念的影响

学前儿童家长的辈分是影响其教育观念的一个重要的因素。

近年来,不少年轻的父母,因出国、下海经商或为自己的事业奔忙无暇照管自己的孩子,于是把孩子托给祖父母或外祖父母照管,形成了隔代家庭的结构。据悉,这种隔代家庭目前有增多的趋势,由此也产生了隔代教育。另外,虽然近年来我国的家庭结构正在发生变化,已趋向小型化、简单化的两代人同居的核心家庭,但由于倡导一对夫妇只生一个孩子的国策,独生子女大量增加,因而祖父母或外祖父母、父母和子女三代人组成的多级家庭,特别是在我国广大的农村地区仍占相当数量。这种家庭结构的存在与发展,必然造成祖辈参与家庭教育活动。

祖辈参与家庭教育是中华民族重视家教的传统。祖辈作为家庭中的长者,在家庭中具有至高无上的地位与权威,成为家庭中当然的教育者。

祖辈参与学前儿童的家庭教育,具有以下心理状态:

1. 慈幼心理。"幼吾幼,以及人之幼"。长期以来,这一传统观念成为我国社会的传统公德。深受慈幼美德熏陶的老一辈,普遍怀有对幼辈诞生与成长而发自内心的爱抚之情。

2. 义务心理。家庭是生养和教育子女的一个社会单位,抚育子女是家庭的职责与义务。祖辈一般能充分认识抚育幼辈是社会赋予的天经地义的职责,一般均乐于潜心于孙辈的抚养与教育活动,积极支持子女集中精力干一番大事业,自己当好"后勤部长",再现人生的价值。

3. 补偿心理。祖辈年轻时,有的为人民驰骋沙场,有的为事业而日夜奔忙,往往没有精力对子女施行足够的教育。如今步入晚年,歉疚之心油然而生,他们渴望在孙子(女)身上作补偿,精力上不辞辛劳,物质上不吝投资,表现出极大的热忱。

4. 享福心理。为社会和家庭操劳大半生的祖辈,退居在家,过起清闲生活,心理上易产生一种失落感和孤寂感。与天真活泼的孙辈相伴,享受中国式的"儿孙满堂"的天伦之乐,以获得心理上

第五章 学前儿童家长的教育观念

的平衡、精神上的慰藉。

5.返童心理。童心是孩童心理世界的凝聚体,它表现出天真、纯洁、稚气、坦率、诚实、热情、好奇、好玩等,当祖辈进入老年期,不仅不服老,反而变得孩童似的好说、好乐、好玩。祖孙隔代间有许多共通的语言、情趣,使得"老伙伴"与"小伙伴"建立起融洽、和谐、亲密的关系,各自都从中获得丰富而良好的精神满足与心理刺激。

正是由于具有以上心理状态,致使祖辈家长在抚育孙辈的过程中,感情多于理智。具体表现为老年人对待孙辈往往较多地以感情代替理智,疼爱过度。他们对孩子的弱点不能客观地认识,甚至面对他人公正的评价还要大力反驳,从而使孩子的弱点不能得到及时的矫正,导致孩子"童化心理"延长,延缓自立自主精神的树立和"老成"心态的养成。

祖辈家长因受历史条件、自身年龄特点和文化素质等因素的局限,其教育观念往往趋向于保守封闭和过多的迁就与宽容。父辈家长较之祖辈家长文化程度高,思维活跃,易接受外界的新思想、新观念,在教育孩子时比较理智,而且也能把培养孩子成才与祖国未来的前途命运更紧密地结合起来。据一项研究表明,在"从孩子3岁时的表现就可能看到他的将来吗"这个观点上,有70%的祖辈家长表示同意,而父辈家长同意此观点的只有21%。在"您向孩子提出恰当的要求后,能否坚持到底不改变"的问题上,"能不改变"的祖辈家长只有27%,父辈家长则达46%,可见祖辈家长对孩子的溺爱远胜于父辈家长。不能经常发现孩子缺点的祖辈家长有33%,父辈家长只有3%,显然祖辈家长对孩子的了解、观察远不如父辈家长。学前儿童祖辈家长和父辈家长在教育观念上存在很大的差异。家长的教育观念对教育的走向影响极大,这种潜意识的不同导致教育结果也必然不一样。

调查还发现,在"您是否鼓励孩子在户外奔跑、跳跃、尽情玩耍"的问题上,祖辈家长与父辈家长差异极大,经常鼓励的祖辈只有12%,而父辈却有55%。由于祖辈家长对孩子采取限制多于引导的"看管方式",所以孩子的主动交往意识弱,隔代家庭中的孩子主动找小朋友玩耍的只有9%,非隔代家庭的孩子则达24%,这样,将来孩子适应社会的程度就会不一样。

可见,学前儿童祖辈家长教育观念亟待更新。

二、学前儿童家长不同的受教育程度对其教育观念的影响

学前儿童家长的受教育程度是影响其教育观念的重要因素之一。所谓学前儿童家长的受教育程度,主要是指学前儿童家长受教育的年限、状况。父母掌握知识的深度与广度、父母的文化水平直接关系到其在教育子女过程中所具有的教育观念。因为学前儿童家长的文化程度高,则文化科学素养好,有广泛的学习兴趣,就会不断进取,有主动追求新知识和探究真理的精神,重视自身对文化知识的学习,吸收信息时代新观念、新思想,也较为重视子女的教育,并不断用新的教育观念指导自己的教育行为,从而增强自身的教育能力,能使用正确的、科学的教育方法指导子女学习,启发子女的学习兴趣,端正子女的学习态度,关心子女的成长,能投入更多的时间、更大的精力和财力去教育子女,这样教育效果也好,从而也更有助于促进家长转变家庭教育观念,更好地进行家庭教育,使家庭教育进入良性循环。反之,如果学前儿童家长受教育程度低、文化科学素养差,一方面由于没有受过较系统的文化科学知识的训练,另一方面又缺乏通过文字接受和交流文化科学信息的能力,他们往往不容易接受新的观念、新的思想,也不容易接受新的家庭教育观念,往往也不重视对子女的教育,更谈不上用新的家庭教育观念指导自己的教育行为了,往往比较多的是沿袭老一辈人的做法,自己小时候父母是怎么教育自己的,那么现在也怎么去教育自己的孩子。因此,往往要么对孩子溺爱程度较高,要么对孩子放任自流,造成家庭教育的恶性循环。

第五章 学前儿童家长的教育观念

运用"中国城市独生子女人格发展状况与教育"调查资料对父母的文化程度与学习有关教育孩子知识的相关分析表明,父母的文化程度与学习各类知识的情况均呈显著相关。即父母的文化程度越高,学习各类家庭教育知识越多。[①]

表5-2 父母文化程度与各类知识学习情况的相关分析

各类知识	生理发展	卫生保健	心理发展	儿童教育	性教育	文化知识
相关系数(r)	.1771	.1150	.2156	.1591	.1283	.1660
显著度(p)	.000	.000	.000	.000	.000	.000

学前儿童家长的受教育程度影响其对教育子女知识的学习情况,进而影响其家庭教育观念。据对上海市市区幼儿家长教育观念的调查发现,受教育程度高的家长知识面广,眼界开阔,更容易接触新生事物,因此,他们接受新的家庭教育观念往往要比受教育程度低的家长快,他们的教育观念更富有时代气息。[②] 如:

1. 不同受教育程度幼儿父母的儿童观不同。在对"孩子是否能教育好"的看法上,受教育程度高的幼儿家长相对受教育程度低的幼儿家长更倾向于"没有教不好的孩子,只有不会教的父母"的看法,这说明受教育程度高的幼儿父母,对孩子更充满信心和自信,更重视教育的作用。对"孩子在家长心目中的价值"的看法,受教育程度低的幼儿家长相对于受教育程度高的幼儿家长更倾向于"只要孩子快乐,父母即使作出一切牺牲也要满足孩子的要求"的看法。这说明受教育程度低的幼儿家长比受教育程度高的幼儿家长更溺爱孩子。

---

① 关颖,《社会学视野中的家庭教育》,天津社会科学院出版社,2002年2月版。
② 吴玉琦,《上海市市区幼儿家长教育观念调查》,《上海教育科研》,1992年第5期。

由此可见，上海市市区大多数幼儿家长有关儿童的看法是：孩子是可以教育好的，关键是家长要会教育；家长没有必要为孩子作出一切牺牲。持这些观点的人数比例在文化程度高的学前儿童家长中更高。

2. 不同受教育程度幼儿父母的人才观不同。受教育程度高的幼儿家长比受教育程度低的幼儿家长更希望孩子将来接受大学教育，更希望孩子将来有显著成就。经 X^2 检验，均有显著性差异。

上海市市区幼儿家长对孩子要求普遍较高，望子成龙、望女成凤要求强烈，希望孩子能受高等教育，有一技之长。其中，受教育程度高的家长对孩子的期望更高。

可见，学前儿童家长受教育程度对其教育观念产生了很大影响。

三、学前儿童家长不同的职业对其教育观念的影响

学前儿童家长的职业也会影响其教育观念。这是由于不同的职业往往具有与其职业相对应的团体文化，如医生有医生的文化，教师有教师的文化，工人有工人的文化，农民有农民的文化，个体户有个体户的文化……观念是属于意识形态范畴的，与每一职业文化相对应，就有相应的观念。观念本身是多元化的系统，家长教育观念只是其中一个子系统，受家长职业的影响。在我国这种经济体制、用人机制下，家长的职业又受家长文化程度的制约，相对而言，文化程度高的家长，大多是脑力劳动者；文化程度低的家长，大多是体力劳动者。

据对上海市市区幼儿家长教育观念的调查发现，从事脑力劳动的家长汲取信息渠道多而畅，更容易接触新思想、新知识、新事物，博采众长，知识面广，因此，他们接受新观念往往要比从事非脑

第五章 学前儿童家长的教育观念

力劳动的家长快,他们的教育观念更富有时代特征。① 如:

1. 不同职业幼儿父母的儿童观不同。对"孩子是否能教育好"的看法上,从事脑力劳动的幼儿家长相对于从事非脑力劳动的幼儿家长更倾向于"没有教不好的孩子,只有不会教的父母"的看法,这说明从事脑力劳动的幼儿家长对孩子更充满信心,对自身更充满自信,更重视教育的作用。对"孩子在家长心目中的价值"的看法,从事非脑力劳动的幼儿家长相对于从事脑力劳动的幼儿家长更倾向于"只要孩子快乐,父母即使作出一切牺牲也要满足孩子的要求"的看法,说明非脑力劳动幼儿家长比脑力劳动幼儿家长更无原则地爱孩子。

由此可见,从事脑力劳动的学前儿童家长比从事非脑力劳动的学前儿童家长在儿童观上更倾向于认为:孩子是可以教育好的,关键是家长要会教育;家长没有必要为孩子作出一切牺牲。

2. 不同职业幼儿父母的教育观不同。从事脑力劳动的幼儿家长持"严厉管教会使孩子失去活泼的天性"的看法的比率要高于从事非脑力劳动的幼儿家长,经 X^2 检验有显著性差异,说明从事脑力劳动的父母更倾向于民主型教育方式。从事非脑力劳动的幼儿家长持"爱孩子应爱在心里,不应表露在脸上"的看法的比率极其显著地高于从事脑力劳动的幼儿家长,说明从事脑力劳动的幼儿家长相对于从事非脑力劳动的幼儿家长教育态度更为亲切。

3. 不同职业幼儿父母的人才观不同。从事脑力劳动的幼儿家长比从事非脑力劳动的幼儿家长更希望孩子将来接受大学教育,经 X^2 检验,有显著性差异,说明从事脑力劳动的学前儿童家长对孩子的期望更高,希望孩子成才的要求更强烈。

可见,学前儿童家长的职业是影响学前儿童家长教育观念的

---

① 吴玉琦,《上海市市区幼儿家长教育观念调查》,《上海教育科研》,1992 年第 5 期。

一个很重要的因素。

[思考题]

1. 何谓学前儿童家长教育观念？它对幼儿发展有何重要作用？

2. 学前儿童家长怎样树立科学的儿童观、教育观、人才观？

3. 不同的儿童观、教育观、人才观各有怎样的教育行为？对幼儿发展会产生怎样的影响？

4. 学前儿童家长的不同辈分、受教育程度和职业影响其哪些观念？是如何影响的？

5. 分析自己班上孩子家长具有哪些教育观念？为什么？

[参考资料]

1. 〔台〕张振宇，《家庭教育》，三民书局股份有限公司，1984年9月12版。

2. 〔台〕张老师月刊编辑部，《中国人的父母经》，台北张老师出版社，1987年版。

3. 吴玉琦，《上海市市区幼儿家长教育观念调查》，《上海教育科研》，1992年第5期。

4. 李洪曾，《上海地区幼儿家庭教育的特点与问题》，《上海教育科研》，1995年第12期。

5. 陈一筠、陆士桢主编，《家庭与下一代——国际学术研讨会文集》，社会科学文献出版社，1996年2月版。

6. 关颖，《社会学视野中的家庭教育》，天津社会科学院出版社，2000年2月版。

7. 国家基础教育实验中心社区与家庭教育研究所、台湾地区家庭教育学会编，《中国家庭子女教育——海峡两岸家庭教育研究文集》，吉林教育出版社，2000年10月版。

第六章 学前儿童家长的教养方式

学前儿童家长的教养方式是家庭内外众多因素中影响儿童发展的重要中介,因为学前儿童家长通过具体的教养方式,传达着教育观念、行为模式、社会规则和道德规范等,构成了儿童社会化的第一课堂。所以学前儿童家长的教养方式对孩子的影响是深刻的、长远的,我们有必要对学前儿童家长的教养方式进行比较深入的探讨。

第一节 学前儿童家长教养方式的含义与类型

自20世纪40年代以来,国内外众多学者对父母教养方式作了大量的研究,提出了许多不同类型的教养方式。为使我们对学前儿童家长的教养方式有更好的把握,我们首先应对学前儿童家长的教养方式作一理论探讨。

一、学前儿童家长教养方式的含义

方式是人们说话做事所采取的方法和形式。由于说话做事的对象不同,就形成了各种不同的方式,如工作中采取的方法和形式,就叫工作方式;生活上采取的方法和形式,就称之为生活方式;家长在教养孩子的过程中所采取的方法和形式,就可称为家长教养方式。台湾朱瑞玲认为:"所谓教养方式,即是父母给予子女行为的奖罚;而子女透过对这种行为奖罚力量的判断,形成内外控信念,进而影响其行为。"①家庭教育方式,一般是指父母在对子女实施教育和抚养中通常运用的方法和形式,是教育观念和教育行为的综合体现。

我们认为学前儿童家长的教养方式是指学前儿童家长在教育、抚养子女的日常活动中表现出的一种行为倾向,它是对父母各种教养行为的特征概括,是一种具有相对稳定性的行为风格。

二、学前儿童家长教养方式类型的划分

心理学家和教育学家从各自研究的领域、角度对家长教养方式进行了比较深入的、系统的研究,由此形成了许多有关家长教养方式类型的划分标准,相应地得出了很多学前儿童家长教养方式的类型。

(一)以教养方式的基本向度(因素)划分家长教养方式类型

从20世纪40年代以来,类型性的研究一直占据着对父母教养方式研究的主体。这种研究模式大多以因素分析法为依据,首先建立评估父母教育方式的维度体系,再由各维度的高低组合形成不同的教育方式类型。

1. 以接受——拒绝和支配——服从二个向度划分家长教养方式类型

美国学者西蒙兹(P. M. Symonds)指出,双亲教养子女的方式基本上可以用两个独立的轴来表示,一是接受——拒绝(不是给孩子以爱,就是拒绝孩子的爱),二是支配——服从(不是随心所欲地支配孩子,就一味地服从孩子),它们是制约家长教养方式的两个基本要素,它们的结合会派生出许多不同的教养方式,如用坐标表示的话,可得到如图6-1所示的教养方式。②

---

① 〔台湾〕朱瑞玲,《父母教养方式之变迁》,《教育资料文摘》,1984年11月号。
② 叶奕乾、杨治良等,《图解心理学》,江西人民出版社,1982年版。

第六章 学前儿童家长的教养方式

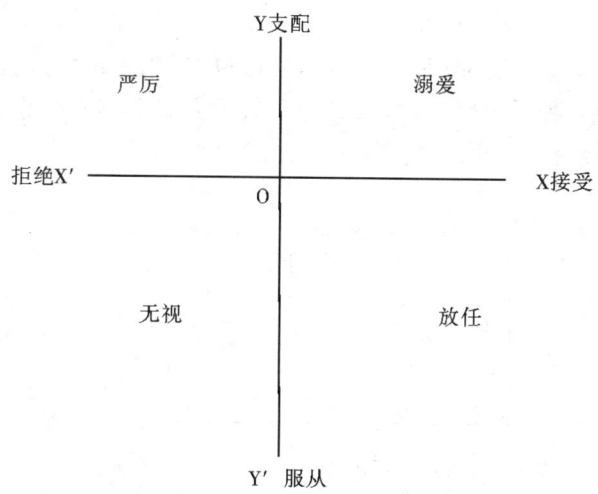

图6-1 心理学家西蒙兹(P. M. Symonds)划分的父母教养方式

父母对待子女的教养方式可以从这个图上显示出来。X轴上的"接受"即是父母给孩子以爱,如走向极端就是对孩子娇生惯养,屈从于孩子,满足孩子的任何要求。在X′轴上的"拒绝"即是父母不给孩子以爱,如走至极端就是对孩子要求过高,严厉处罚孩子。在Y轴上的"支配"即是父母对孩子非常严格,如走至极端就是随心所欲地指挥孩子,丝毫不考虑孩子的特点,动不动就处罚孩子。在Y′轴上的"服从"即是父母给孩子很大的自由,如走向极端就是对孩子百依百顺,任凭孩子摆布。坐标上的O点所代表的是最为理想的家长教养方式。这样的父母既不特别娇惯子女,也不过于严厉;既不随心所欲地支配子女,也不完全听凭子女的支配。父母对子女倾注着非常适当的爱,只为孩子提供必要的环境和照顾,使孩子的情绪、社会性、自主性健康发展。在X轴和Y轴、X轴和Y′轴、X′轴和Y轴、X′轴和Y′轴的区间里还分别存在着"溺爱"、"放任"、"严厉"、"无视"等教养方式。

2. 以接受——拒绝和限制——允许二个向度划分家长教养方式类型

心理学家施艾弗(E. S. Schaefer,1959)运用直接的观察、调查与访问等多种手段研究发现,父母在教养方式上有两个重要的行为维度:接受——拒绝和限制——允许。①

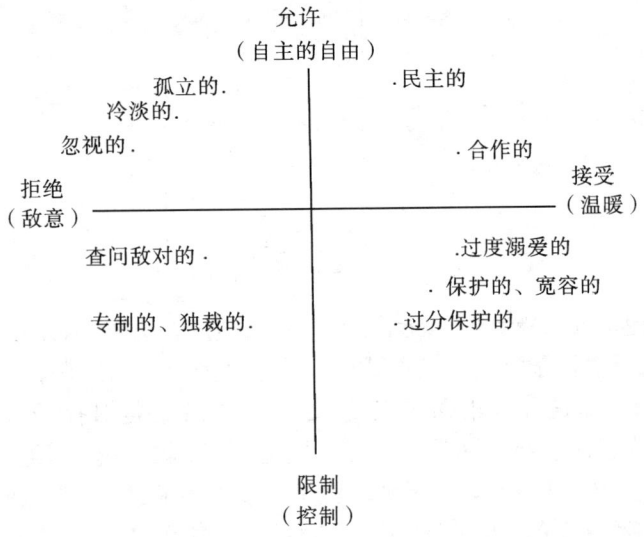

图 6-2 心理学家施艾弗(E. S. Sohaefer)划分的父母教养方式

图 6-2 描绘了接受——拒绝和限制——允许两个维度以不同方式结合而呈现的几种不同的教养方式,如既接受又限制的可以称为保护的和宽容的教养方式;拒绝而又限制的可以称做查问的和敌对的教养方式;允许而又拒绝的可以称做冷淡的教养方式;允许而又接受的可称为民主的教养方式;等等。

---

① 李丹主编,《儿童发展心理学》,华东师范大学出版社,1987 年版。

第六章 学前儿童家长的教养方式

3. 以接纳——拒绝和要求与控制——宽容二个向度划分家长教养方式类型

马丁(Martin,1983)与麦考伯(Maccoby,1983)依据接纳——拒绝和要求与控制——宽容两个维度,将父母的教养方式分为如下表的四种类型。如表6-1。

表6-1 马丁(Martin)与麦考伯(Maccoby,1983)的父母教养类型[①]

	接 纳	拒 绝
要求与控制	民主权威型	绝对权威型
宽容	宽松溺爱型	忽视冷漠型

国外众多学者以教养方式的基本向度(因素)划分家长教养方式类型,这些研究结论是否适合我国的学前儿童家长,能否直接运用到我国的学前儿童家庭教育指导中去,上海市教科所利用国际教育评价协会(IEA)学前项目中国地区第一阶段调查中的上海市区的资料,采用聚类分析方法进行了定量研究,发现上海市区学前儿童家长确实有一种理智型教养方式,其位置在"关爱"和"权威"维度上均取中间值,即在坐标轴的原点上,另外在坐标轴的四个象限内分别还有四种教养方式,它们分别是溺爱型、冷漠型、严厉型、关爱型。[②] 理智型教养方式父母给予孩子中等的关爱与一定的允许或限制;溺爱型教养方式父母给予孩子较多的关爱,但很少进行限制;冷漠型教养方式父母给予孩子很少的关爱并较少进行限制;严厉型教养方式父母给予孩子很少关爱且给予最大限制;

---

① 〔台湾〕朱瑞玲,《父母教养方式之变迁》,《教育资料文摘》,1984年11月号。
② 程华山、李洪曾等,《上海市区幼儿父母教养方式及其对子女发展影响的研究》,《家庭教育研究动态》,1991年第1期。

关爱型教养方式父母给予孩子最多关爱且给予一定限制。

(二)以家长人格特点划分家长教养方式类型

鲍尔特温(A. L. Baldwin)认为,由于家长的人格不同,家长在帮助子女实现社会化过程中所采用的教养方式也有重大差别。为此,他将家长对子女的教养方式概括为四类:1. 专制型。家长的道德责任感十分强烈,大有"恨铁不成钢"之心,但家长却不理睬子女的需要,常用命令和责难来强迫子女顺从自己的意志;2. 溺爱型。这是"情感型"人格家长的必然方式。父母不是从社会关系角度履行自己的教育职责,而是把子女视为纯粹私人的财产,把子女教育视为个人的私事,用过分的生物本能的感情去满足子女的要求,对子女百依百顺;3. 放任型。即家长在对子女采用专制式教育方法不奏效后,滋生了"朽木不可雕"之类的失望情绪,常常缺乏耐心,讨厌子女,撒手不管;4. 民主型。父母能够充分理解子女的兴趣和要求,经常向子女提供足够而有效的信息,并言传身教,引导子女自己作出选择和决定,而家长则表现出冷静的热情和有克制的疼爱。①

日本的森重敏根据母亲的不同性格,列出对幼儿个性形成有不同影响的四种育儿方式:1. "细致的干预"型教养方式的母亲。其性格一般带有阴郁性、易变性和神经质的倾向,往往过于沉溺于冥思、反省;2. "垂直的亲爱"型教养方式的母亲。其阴郁性的倾向一般很少,其易受性和主观性的倾向(空想、敏感、不能客观地待人处世)也很少,而其适应性的倾向较强;3. "情动型"教养方式的母亲。其感情表现强烈,心情浮躁,情绪很不稳定,或喜或忧;4. "水平的亲和"型教养方式的母亲。由于母亲对孩子的亲爱不是自上而下的"垂直型"关系,而是和孩子在一起,和孩子处于平等地位

---

① 李丹主编,《儿童发展心理学》,华东师范大学出版社,1987年版。

第六章 学前儿童家长的教养方式

的亲和关系,所以具有这种亲和态度的母亲是孩子最喜欢的。①

(三)以父母教养行为与儿童个性的相关研究结果划分家长教养方式类型

鲍姆令特(D - Baumrind,1967)专门对父母的教养方式与儿童个性特点的关系作了系统的研究,被试者是146名幼儿园儿童,她通过调查与访问,把儿童分成三个组。第一组儿童是最成熟的,他们有能力、有独立性、自信、知足、爱探索、能控制自己、喜欢交往、自我肯定;第二组儿童有中等程度的能力,有自信和自我控制力,相对说来,不太知足、不安全、忧虑、退缩、怀疑、不喜欢与同伴交往;第三组儿童是最不成熟的,有高度的依赖性,自我控制力比前两组儿童差,遇到新奇事物或紧张的事情会退缩。然后研究者又通过家访,与父母谈话,在特定设计的情景下观察父母与儿童在一起活动的方式。从四个方面评定三组儿童父母的教养行为:1. 控制——指父母为影响儿童行为所使用的各种方式,包括奖励和强化;2. 成熟的要求——要求儿童按照他们的智力水平、社会性水平和情绪水平来行动;3. 父母与儿童的交往的清晰性——如通过说理使儿童服从,征求孩子的意见等;4. 父母的教养——不只是爱儿童、同情儿童,还对儿童的成就表示高兴、赞许。研究结果显示:第一组儿童的父母在四个方面的分数都很高。这类父母十分温和,对待儿童真心实意,亲子间有良好的交往。同时,父母对孩子又有严格的要求,要求儿童有符合他们年龄的成熟行为。他们既尊重儿童的独立性,又坚持自己的合理要求。这种既高度控制,又积极鼓励儿童独立自主的方式是有权威父母的一种控制,这类父母可称为权威父母。第二组儿童的父母在使用理性的控制方面要差一些,强制性多了点,对孩子的慈爱、温暖少了些。有些滥用家长的权利,不鼓励儿童提出与父母不同的看法,这类父母可称为

---

① 〔日〕森重敏著,《孩子和家庭环境》,人民教育出版社,1984年版。

专制的父母。第三组儿童的父母是随随便便的父母,他们对孩子没有要求,奖惩不明,不训练儿童的独立性和自力更生精神,家庭管理也不好,这类父母是不负责任的父母。①

三、学前儿童家长教养方式类型

根据学前儿童家长教养方式类型的不同划分方法,学前儿童家长教养方式就有多种类型。我们采纳西蒙兹(Symonds)、施艾弗(Schaefer)、马丁(Martin)和麦考伯(Maccoby)等学者对不同的父母教养方式的阐释,利用"关爱"与"权威"两个向度可以交互组合成四种主要的教养类型。

1. 民主权威型

民主权威型的学前儿童家长对孩子给予中等程度的关爱和中等程度的允许或限制,对孩子保持温和的态度,能合理接纳孩子的意见和想法,亲子间采取开放的态度和方式进行沟通。在进行家庭教育时,采取民主平等的态度对待孩子,尊重、爱护孩子,鼓励孩子独立和树立个人特质。

2. 绝对权威型

绝对权威型的学前儿童家长对孩子给予很少关爱且给予最大限制。父母往往按照一套硬性的规范,命令、要求、控制孩子的行为,强调权威,要求孩子绝对服从和尊崇。在进行家庭教育时,父母往往订立明确的规则标准,要求子女遵照执行,过分严厉地对待孩子,全然不考虑孩子的意志,不尊重孩子的意见和想法。对孩子的要求过高过严,态度极其粗暴,要求孩子服从家长权威。

3. 娇惯溺爱型

娇惯溺爱型学前儿童家长对孩子的接纳程度很高,将感情、物质无限制地给予孩子,对孩子给予较多的关爱,迁就孩子,但很少进行限制,对孩子的言行举止具有很大程度的容忍和接受,具有过

---

① 李丹主编,《儿童发展心理学》,华东师范大学出版社,1987年版。

第六章　学前儿童家长的教养方式

度保护的倾向。在进行家庭教育时,对孩子过分宠爱,百依百顺,以幼儿为"中心",无原则地满足幼儿的一切要求,处处袒护、事事包办。

4. 忽视冷漠型

忽视冷漠型学前儿童家长对孩子给予很少的关爱并较少进行限制,具有放纵的意味。在进行家庭教育时,对孩子缺乏关心,采取不管不问、放任自流、任其发展的态度,鲜有干预子女的言行,无视孩子的情况和需要,与孩子的交流缺乏感情,对孩子的优点、缺点也都不予关注。

第二节　学前儿童家长教养方式对其教育行为及幼儿发展的影响

学前儿童家长对孩子进行什么样的家庭教育,主要是在其家庭教育观念的影响和支配下采取相应的教养方式,表现为一定的教养行为,最终作用于幼儿的发展,对幼儿的发展产生直接的影响。因此学前儿童家长不同的教养方式,会产生不同的教育行为,并对幼儿的发展产生不同的影响。下面主要从中外不同研究者的研究结果中探讨不同教养方式下学前儿童家长的教育行为及其对幼儿发展的影响。

一、民主权威型教养方式对家长的教育行为及幼儿发展的影响

日本心理学家广泛研究了双亲教养方式与儿童个性的关系。研究结果表明,双亲如果采取非干涉性的、合理的、民主宽容的教养方式,儿童就显得有独立性、积极性、态度友好、情绪安定等性格特征。[1]

---

[1] 叶奕乾、杨治良等,《图解心理学》,江西人民出版社,1982年版。

美国心理学家鲍德温(A. L. Baldwin)等人进行的母亲养育方式与儿童个性关系的研究和日本学者的结论非常吻合。①

拉德克—耶罗(Radke – Yarrow,1983)等人的研究发现,家长富有情感的、民主的教育方式可以诱发儿童对他人的友好倾向,其子女表现出较多的亲社会行为,在与同伴的交往中多为受欢迎的儿童。②

上海市教科所程华山、李洪曾等同志利用国际教育评价协会(IEA)学前项目中国地区第一阶段调查中的上海市区的资料,采用聚类分析方法进行分析研究后发现,理智型教养方式的家长,在其教育行为上肯定孩子的行为多、方法多,与子女在家一起玩耍和一起外出游玩多。理智型教养方式对幼儿的发展产生全面促进性影响,它最有利于幼儿独立能力和交往能力的培养,对智力的促进作用略低于关爱型(无显著意义),对动作发展的促进作用也在中等水准之上。③

北京师范大学发展心理研究所林磊等以849名学前儿童及其母亲为研究对象,探讨了母亲教育方式与学前儿童心理发展的关系。首先,采用聚类分析方法对被试母亲的教育方式类型进行划分,发现采用积极型教养方式的母亲给孩子创造了一个良好的家庭氛围,在与孩子的交往中具有较高的民主意识。她们尊重孩子的个性和独立性,接纳孩子的意见和想法,但不迁就、溺爱孩子;对孩子有约束和控制,但又不是过于严厉,很少对孩子采取冷漠的态度,对孩子有较恰当的成就威力和学业希望。所以孩子有较好的心理状态,具有开朗、积极的交往特点,独立性较强,对事物的兴趣

---

① 同前。

② 林磊等,《母亲教育方式与学龄前儿童心理发展的关系研究》,《心理发展与教育》,1996年第4期。

③ 程华山、李洪曾等,《上海市区幼儿父母教养方式及其对子女发展影响的研究》,《家庭教育动态》,1991年第1期。

第六章 学前儿童家长的教养方式

和探索性、学习能力也较高,其智力表现也优于其他教养方式中的儿童。另外,母亲友好、民主的行为也使得这类儿童表现出较多的亲社会行为。①

研究者在研究过程中从各自研究领域、研究角度对父母亲教养方式对其教育行为和幼儿发展影响进行了研究。虽然他们所命名的教养方式类型的名称各不相同,但研究的结论是基本一致的。因此,总的说来,民主权威型教养方式的家长在其教育行为上注意给孩子创设理解、民主、平等、宽松的家庭环境,给孩子的发展提供了广阔的心理空间,给孩子自我发展的自由。他们了解孩子的兴趣与需要,尊重孩子的兴趣爱好,尊重孩子的自由与独立,接纳孩子的行为,并以平等的身份与孩子交流,鼓励孩子按照自己的意愿去尝试。因此,在这种教养方式下培养出来的孩子情绪稳定、乐观向上、自信、独立、爱探索、能积极、主动地解决问题、直爽、亲切、宽容、忍让、大方,能和同伴友好相处,在人格等各方面均得到较好发展。

二、绝对权威型教养方式对家长的教育行为及幼儿发展的影响

日本心理学家广泛研究了双亲教养方式与儿童个性的关系,研究结果表明,双亲如果采取拒绝的、干涉的、支配的、独裁的、压迫的教养方式,儿童就显示出适应性差、神经质、依赖性强、反抗性强、情绪不稳定等性格特征。②

---

① 林磊等,《母亲教育方式与学龄前儿童心理发展的关系研究》,《心理发展与教育》,1996年第4期。

② 叶奕乾、杨治良等,《图解心理学》,江西人民出版社,1982年版。

表6-2 双亲的教养方式与儿童的个性（日 诧摩武俊原）

父母亲教养方式	儿童个性
1. 支配的	服从、无主动性、消极、依赖、温和
2. 残酷的	执拗、冷酷、神经质、逃避、独立
3. 专制的	依赖、反抗、情绪不安、自我中心、大胆
4. 拒绝的	神经质、反抗、粗暴、企图引人注意、冷淡

美国心理学家鲍德温（A. L. Baldwin）等人进行的母亲教养方式与儿童个性关系的研究,和日本学者的结论非常一致。[①]

表6-3 母亲的教养方式与儿童的个性（美 鲍德温）

母亲教养方式	儿童个性
1. 支配性的	消极、缺乏主动性、依赖性、顺从
2. 干涉性的	幼稚、癔病、神经质、被动
3. 否定性的	反抗、暴乱、自高自大、冷漠
4. 专制性的	反抗、情绪不安、依赖性、服从

上海市教科所利用国际教育评价协会（IEA）学前项目中国地区第一阶段调查中的上海市区的资料,采用聚类分析法进行分析研究后发现,严厉型教养方式的家长在其教育行为上认为孩子没有优点。打孩子次数多,与孩子一起外出游玩少,重视教孩子识字。严厉型教养方式对幼儿社会性行为发展有最大促进作用,但不利于幼儿智力发展。[②]

北京师范大学发展心理研究所林磊等的研究发现,严厉型教

[①] 叶奕乾、杨治良等,《图解心理学》,江西人民出版社,1982年版。
[②] 程华山、李洪曾等,《上海市区幼儿父母教养方式及其对子女发展影响的研究》,《家庭教育研究动态》,1991年第1期。

第六章 学前儿童家长的教养方式

养方式的家长在其教育行为上表现为要求孩子对自己绝对服从，以维护自己的权威和威严，而且对孩子缺乏积极的情感，较多地采用体罚、指责或不管不问的消极做法，在处理有关事件时很少跟孩子讲述道理，不太尊重孩子的意见和想法。因此，严厉型教养方式的严加管教并没有产生最优的效果，生活在这种偏于强调绝对服从和多采用体罚、训斥的教育方式中的儿童其心理发展属于中等水平；其学习能力不强，注意力不易集中，对事物的兴趣和探索也属一般。这说明随着孩子年龄的增长，父母对儿童的要求和限制会越来越高，而孩子因自身能力的增长，也会越来越多地表现出对抗意识。如此而来的恶性循环有可能会造成亲子双方的关系、情感疏远，使孩子丧失进取精神，拒绝父母、家庭的引导，甚至向不良的方向发展。大量的关于青少年犯罪的研究都表明，在他们的家庭中，父母都采用专制的、打骂的、训斥的方式或方法。因此，对孩子的约束和限制应有一个度的把握，过多或过少都不会有好的结果。①

因此，研究者在研究过程中从各自的研究角度出发，对绝对权威型教养方式的研究各不相同，但研究的结论是基本一致的。总之，绝对权威型教养方式的家长在教育行为上对孩子实行高压政策，要求过分严厉，过多限制，缺少宽容，奉行棍棒教育，孩子稍有不妥之处就严加惩罚。父母经常批评、责怪、打骂孩子，对孩子的否定多于肯定，管教过于严厉，要求孩子服从，造成幼儿独立性和自主性较差，自我依赖程度也较低，往往不能接纳自我，情绪不安定，极易产生恐惧和逆反心理，表现为逃避或反抗、胆怯或粗暴。他们既依赖、顺从别人，又常常对别人反抗、凶残。气质弱的幼儿可能变得更加依赖、无主见，而气质强的儿童可能变得更加反抗、

---

① 林磊等，《母亲教育方式与学龄前儿童心理发展的关系研究》，《心理发展与教育》，1996年第4期。

暴烈。

三、娇惯溺爱型教养方式对家长的教育行为及幼儿发展的影响

日本心理学家广泛研究了双亲教养方式与儿童个性的关系，研究结果表明，双亲如果采取照管过甚的溺爱的教养方式，儿童就显示出幼稚、神经质、依赖性乃至等性格特征。[①]

表6-4 双亲的教养方式与儿童的个性（日 诧摩武俊原）

父母亲教养方式	儿童个性
1. 照管过甚的	幼稚、依赖、神经质、被动、胆怯
2. 溺爱的	任性、反抗、幼稚、神经质

美国心理学家鲍德温（A. L. Baldwin）等人研究母亲的教养方式与儿童个性的关系，发现母亲养育方式是娇宠性的，其孩子的个性则表现为任性、幼稚、神经质、温和等性格特征。[②]

上海市教科所程华山、李洪曾等同志的研究认为，溺爱型教养方式的家长其教育投入最多，对孩子要求最少，认为孩子没有需要改进的地方，对孩子性格喜欢且很少有不喜欢的，奖励孩子的方法是给较好的东西。这种教养方式对幼儿发展产生全面阻碍性影响，表现为娇惯溺爱型教养方式下的幼儿在动作发展、智力发展、独立能力发展、交往能力发展及对人对事关心方面发展水平均最低，因此是一种最差的教养方式。[③]

北师大发展心理研究所林磊等同志的研究认为，溺爱型的母亲偏于迁就孩子，有过分保护的倾向，对孩子富于情感，接纳程度

[①] 叶奕乾、杨治良等，《图解心理学》，江西人民出版社，1982年版。
[②] 叶奕乾、杨治良等，《图解心理学》，江西人民出版社，1982年版。
[③] 程华山、李洪曾等，《上海市区幼儿父母教养方式及其对子女发展影响的研究》，《家庭教育研究动态》，1991年第1期。

第六章 学前儿童家长的教养方式

极高,较少表现出冷漠、训斥、体罚等消极行为。处于溺爱型教养方式中的儿童的特点是焦虑表现较多,对事物的兴趣最为缺乏,具有中等水平的亲社会行为、认知发展水平和学习能力,有一定的社会退缩表现。①

总之,娇惯溺爱型教养方式的父母在家庭中把孩子摆在高于父母的不恰当的位置上,倾注给孩子的爱抚程度很强,超过了一般的限度。过多地满足孩子的各种愿望,对孩子过分照顾、保护,事事包办代替,不肯放手让孩子自己活动、做事,又往往对孩子有求必应。这种教养方式下的幼儿依赖性强、骄纵、神经质、缺乏独立性、懒惰、自私、以自我为中心、目空一切、任性、为所欲为,缺乏责任感和忍耐心,不适应集体生活,遇事优柔寡断,形成一系列不适应社会要求的行为习惯和性格特征。这种教养方式下培养出来的孩子对父母没有感情,只知道索取。如一位幼儿园的小朋友,平时父母亲非常宠爱她,家里不管有什么好吃的,父母亲宁愿自己不吃,首先想到的是给她吃,逐渐地孩子习惯于在家庭中的地位,把父母亲对自己的照顾和保护看成理所当然。结果,有一次母亲因劳累过度生病了,躺在床上,亲戚朋友送来了许多好吃的,这孩子见到这些东西非常高兴,说:"我妈妈不爱吃这些东西,这些东西都归我了。"这时,做妈妈的潸然泪下,方意识到自己教育中的失误。

四、忽视冷漠型教养方式对家长的教育行为及幼儿发展的影响

日本心理学家广泛研究双亲教养方式与儿童个性的关系,发现父母亲教养方式若是忽视型的,则儿童的个性表现为冷酷、攻击、情绪不安、社会性和创造力强。②

---

① 林磊等,《母亲教育方式与学龄前儿童心理发展的关系研究》,《心理发展与教育》,1996 年第 4 期。

② 叶奕乾、杨治良等,《图解心理学》,江西人民出版社,1982 年版。

美国心理学家鲍德温(A. L. Baldwin)等人进行的母亲教养方式与儿童个性关系的研究,也发现母亲教养方式若是不关心的,则孩子的个性表现为攻击、情绪不安、冷酷、自立。①

西蒙兹(P. M. Symonds)把双亲是接受性的儿童与双亲是拒绝性的儿童相比,后者表现为情绪不稳定、冷漠以及反抗社会的倾向。②

上海市教科所程华山、李洪曾同志的研究发现,冷漠型教养方式的家长最少肯定孩子,最少打孩子,最少与孩子一起外出游玩,认为孩子最需改进的是娇气。③ 冷漠型是一种消极的教养方式,对幼儿发展产生全面阻碍性影响,使儿童除对人对事关心处于中等水平之上外,其余在动作发展、智力发展、独立能力发展、交往能力发展等方面的水平仅略高于溺爱型。

忽视冷漠型教养方式的家长对孩子不闻不问,由于父母和孩子接触的机会少,彼此不了解,容易产生"代沟"和许多分歧。这种教养方式下的幼儿情绪不稳定,富有攻击性,对人冷酷,自我控制力很差。有些人自信心、探索性很差,也有些人有较强的自立精神和创造性。

学前儿童家长的教养方式对学前儿童家长的教育行为产生直接的影响,进而又影响幼儿的发展。不少研究者认为,积极性的父母教养方式有助于孩子自我成长与适应良好,而消极性的父母教养方式可能导致孩子自我认同困难,偏差行为增加。因此,学前儿童家长应注意树立正确的、积极的教养方式,摒弃错误的、消极的教养方式,化不利因素为有利因素。如学前儿童家长把对孩子的

---

① 同前。
② 同上。
③ 程华山、李洪曾等,《上海市区幼儿父母教养方式及其对子女发展影响的研究》,《家庭教育研究动态》,1991年第1期。

溺爱削减为适度的爱,再加上适度的限制,为孩子自身成长提供所必需的"精神乳汁",从而促进孩子人格等各方面良好、健康的发展。

第三节 影响学前儿童家长教养方式的因素

影响学前儿童家长教养方式的因素,对于一个人而言,是一个复杂的社会综合体,对学前儿童家长而言,也是如此。其作用于学前儿童发展的教育行为受其教养态度的影响,教养态度又受其教育观念的影响。而家长的教育观念又受其自身的条件,如文化程度、职业等因素的影响,进而也影响其教养方式。它们之间是相互依存、互为因果,这犹如相互交织的网,环环紧扣。另外,学前儿童家长教养方式还受到来自孩子各方面因素的影响,因为孩子与父母之间存在着天然的相互依存关系,即父母对孩子的影响和孩子对父母的影响。这种相互影响的进程是相当微妙的,是逐步渗透、逐步深入的。母亲逗婴儿笑,母子双方从中都得到乐趣。父母对顽皮孩子的惩罚以及对他的轻视态度,会使孩子更加顽皮。父母一旦离开,其行为会更加放纵。这种相互依存关系是如此密不可分,以致我们经常陷入类似"先有蛋还是先有鸡"的困境中。下面,我们将着重讨论家长本身的特点及孩子的特点对学前儿童家长教养方式的影响。

一、家长本身特点对其教养方式的影响

(一)夫妻关系对其教养方式的影响

教育下一代是家庭的基本职能之一。父母,尤其是母亲,作为学前儿童的主要抚养者,常常承担着儿童教育的主要职责,她们的教养方式和行为对儿童的身心发展具有十分重要的意义。而母亲对儿童的教养受来自家庭各个方面因素的制约,在这些因素中,夫妻关系作为家庭关系的核心,其影响最为重要。国外许多研究已

经证明,夫妻之间的交往状态、角色分工、彼此支持、对对方及婚姻的满意度等等,都会对他们和子女的交往、对子女发展的指导等产生明显的影响,其中夫妻冲突经常被作为一个重要侧面被考察。[1]

北京师范大学教育系庞丽娟等对1056名2~6岁儿童母亲的夫妻冲突与其儿童教养的关系进行了研究。研究发现,夫妻冲突的强度(频率和激烈程度)与2~6岁儿童母亲的教养方式有显著的相关。夫妻冲突越多、越激烈,则母亲教养方式中的不良倾向越严重,对孩子或采取溺爱、放任不管的方式,或采取专制、排斥、非民主的方式,自身教育要求和夫妻教育要求间常有严重的不一致性。

夫妻冲突平息的时间与2~6岁儿童母亲的教养方式有非常显著的正相关,冲突平息需要的时间越长,则母亲教育方式的不良倾向也越多。具体见下表:

表6-5 夫妻冲突与母亲教养方式的相关分析[2]

	溺爱	专制	放任	高期望	自身要求矛盾	夫妻要求矛盾	拒绝	非民主	方式总分
冲突强度	.1331**	.1902**	.1977**	.0830	.2335**	.2691**	.2287**	.1076*	.2736**
冲突持续	.0408	.1036*	.1221**	.0083	.1281**	.1659**	.0635	.0733	.1327**

---

[1] Hinde, R. D. & Hinde, J. S. (eds·)(1998)·Relationships within Families:Mutual Influence · Clarendon Press. Oxford.
Roopnarine, J. L. & Mounts, N. S. (1986)·Perception of their children's Supplemental Care Experience:Correlation with Spousal Relationship:Amer. J. Orthopsychiat, October Vol. 56, No. 4.

[2] 易进、庞丽娟,《夫妻冲突与母亲儿童教养关系的研究》,《心理发展与教育》, 1995年第4期。

第六章 学前儿童家长的教养方式

研究还发现,冲突强度高、持续时间长的高冲突型和与此相反的低冲突型的两类家庭的母亲在教养子女方式上存在非常显著的差异。由于夫妻之间频繁、激烈、长时间的冲突,使高冲突型家庭的母亲在子女教育的各方面都表现出明显的不良倾向,不良教养方式明显突出,与相关分析结果一致。①

由此研究可看到,冲突频繁、激烈的母亲消极情绪多,心情抑郁、烦闷,而这必然会影响到她们对子女的态度,影响其教育子女的积极性和子女的交往。另外,经常和配偶发生争执的人很可能缺乏积极接纳对方、友好协商的技能,或以适当方式表达自己意见、解决冲突的技能和策略,这样的父母很容易以此方式对待子女,从而导致不适当的教养方式。还有,夫妻冲突作为家庭中的客观事实,不但可能被孩子观察学习并使用,而且可能使孩子因父母冲突导致压抑、紧张、恐惧、烦闷,进而产生抱怨、逆反,出现许多行为与适应上的问题。这些不良行为方式与障碍反过来又会增加母亲教育上的困难,影响母亲的教养方式,从而造成恶性循环。

因此,我们在家庭中要倡导一种恩爱、和谐的夫妻关系。父母志同道合、相敬如宾、相亲相爱,家庭生活民主、平等、开放,会使孩子感觉到家庭的温暖。那么,无论是父母对幼儿有心有意的教育教养,还是无声无息的潜移默化,都是积极的、健康的。

(二)家长的受教育程度与职业对其教养方式的影响

运用"中国城市独生子女人格发展状况与教育"调查资料,对父母的文化程度与教育方式的相关分析说明,文化程度与溺爱型、否定型、放任型和干涉型呈显著负相关,如表6-6:

---

① 同前。

表6-6　父母文化程度与家庭教育方式的相关分析①

教育方式类型	溺爱型	否定型	放任型	干涉型
相关系数(r)	-.1408	-.1168	-.0645	-.1288
显著度(p)	.000	.000	.000	.000

即父母文化程度越低的家庭,越容易采用溺爱型、否定型、放任型和干涉型教育方式。

陶沙等同志对440名3~6岁儿童的母亲教养方式进行了全面考察,结果发现,母亲的受教育程度与职业是影响母亲教养方式的两个重要因素。母亲的受教育程度与职业在母亲教育方式的总分上均有显著的主效应,而且母亲的受教育程度对其在溺爱、忽视、专制、民主、惩罚、成就要求和教育的不一致七个维度的得分上也都有显著的主效应,母亲的职业对溺爱、专制、民主、忽视四个维度上的得分也存在显著的主效应。②

母亲的职业影响其教育方式的途径主要在两方面:一是观念层次的,即不同的职业对人的素质有不同的要求,不同职业给个体规定的工作中人际交往原则不同,由此使个体形成关于"理想人的品质"及人际关系的不同认识与观念,从而影响母亲对儿童应有品质的设想与对母子交往中母亲与孩子应有地位、权力、关系的认识与观念;二是行为层次的,即由于不同职业对个体有不同的行为规范,个体因而养成不同的职业行为体系,必然影响到个体为人处世的策略和方法,对子女的教育方式也不例外。如职业为工人或商业服务人员的母亲由于在日常工作中更多地在执行管理者的

---

① 关颖,《社会学视野中的家庭教育》,天津社会科学院出版社,2000年2月版。
② 陶沙等,《3~6岁儿童母亲的教育方式及影响因素的研究》,《心理发展与教育》,1994年第3期。

第六章 学前儿童家长的教养方式

要求,自主的权力与机会较少。因此,她们在对待子女时,可能更倾向于认定子女应服从父母,具有更多的专制、不民主等行为表现。总之,不同的职业使个体形成了不同的观念与行为体系,从而影响个体对子女的教养方式。

母亲的职业还可能作为中介反映母亲的受教育程度对母亲教育方式的影响。陶沙等同志在研究中考察了不同职业母亲的受教育程度,发现职业为工人或商业服务人员的母亲受教育程度非常显著地低于其他职业母亲的受教育程度($P<0.001$)。这一结果表明,母亲的受教育程度影响了母亲的职业选择,不同职业的母亲的文化素养存在差别。[1] 与受教育程度低(高中及以下)的母亲相比,受教育程度高(大专及以上)的母亲所懂得的知识多一些,对人、对事的看法可能更客观、更理智,对他人的地位与权利更尊重,更注重他人的内心感受。因此,受教育程度高的母亲在教育孩子的过程中较少表现出溺爱、专制、忽视、惩罚、过高成就要求等行为,而更多地表现为多说理,给予孩子一定自由和权利,教育中的不一致较少。这与国内其他研究者的结论相似。[2]

另外,陶沙等同志在研究中对被试者丈夫的受教育程度也进行了考察,发现受教育程度为高中及以下的被试者,其丈夫的受教育程度为高中及以下的占76.9%。[3] 这说明,母亲的受教育程度不仅影响了母亲的职业选择,而且还在一定程度上限定其构建家庭的选择范围。由此看来,母亲的受教育程度通过影响母亲的职业选择与其社会关系网络的构成,造成特定的家庭社会背景、家庭文化氛围、家庭教育理想,进而强化了母亲受教育程度的影响力。

---

[1] 陶沙等,《3~6岁儿童母亲的教育方式及影响因素的研究》,《心理发展与教育》,1994年第3期。

[2] 佟焕哲等,《4~7岁儿童性格与父母文化素质、家庭教育关系的调查研究》,《江西教育科研》,1989年第2期。

[3] 同上。

从这个角度看,对母亲的教育方式来说,其受教育程度是更深层次的影响因素。

二、孩子本身的特点对家长教养方式的影响

(一)孩子的性格对家长教养方式的影响

米歇尔在他的个性社会学习理论中曾谈到,"一个人可能集中下面一切特征于一身:难于相处、桀骜不驯、顺从、依赖、纤弱、咄咄逼人、温和、冷漠等。当然,她在某一时刻表现出哪一种行为特性,决不是任意的或变幻莫测的,而是取决于当时的各不相同的刺激——她跟谁相处,在什么时候,以什么方式等等和许多其他因素。但她的这些品质的任何一方面都可能是她整个为人的一个真实方面。"①

米歇尔这种注重影响行为的环境条件的理论,不仅可以用来解释为什么父母不同的养育会形成孩子不同的性格特征,而且也能很好地解释父母对不同性格的孩子所表现出的教养方式上的差异。

孩子性格中对父母教养方式的影响最突出的一个方面是孩子的自我态度——自信或自卑,特别是自卑。自卑的孩子不能肯定和赞扬自己,却要父母和他人看重和肯定,这便造成心理上的误区。他们无法解决这个矛盾并走出这个误区,便往往以性情烦躁、不耐烦、不友善或一种侵犯挑衅的态度来对待父母,以保持内心平衡。这类孩子的性格常常支配着他们的父母,父母对他们顺从、宽宏——"这孩子就是这样,我们也不对他抱太多的希望。"这种宽宏暗含着父母许多失望和无奈的放弃,到最后还掺杂着多多少少的冷漠,父母孩子间的感情也会越来越冷漠。这样听之任之,父母在孩子面前便会变得毫无权威和约束力,这对孩子的成长十分不利。如果父母能够清醒地认识到造成这种局面的缘由,便可帮助

---

① 吕建国主编,《家庭生态与教育》,山西教育出版社,1992年7月版。

第六章 学前儿童家长的教养方式

孩子重新认识和评价自己,重新树立自信心。从根本上改变他们为人处世的态度,接受自己,养成自信乐观的良好性格。如果不考虑孩子自身的因素,仅仅改变父母的教养方式,对孩子的不良性格一味容忍,进行消极适应,是不可能收到满意的效果的。

孩子性格中对父母教养方式的影响最突出的第二个方面是孩子的情绪特征。有的孩子很爱激动,有的孩子则完全不同,常常表现出一种静悄悄的、沉稳的、安详的状态,文文静静是他们的特点。这种表现的差异将引起父母不同的教养方式。

首先,最明显的差异便是父母关注和关心的程度不同。小孩子的哭闹等强烈情绪的表现,给父母提供的是一个很强的信息:"这孩子不舒服,快去看看,否则不会这样闹的。"于是,又是抱又是哄。相反,情绪表现不突出、不强烈的孩子,则常被父母误认为他们并不需要关照,被抚摸、被拥抱、被安慰的程度大大不及前一种孩子。这表面看上去并没什么,但实际上,在这个短暂的婴儿阶段中,孩子性格形成中最需要的安全、信任、抚慰等可贵的东西,所给予每个孩子在数量和质量上就很不相同。得到愈多的孩子,性格发展就趋向乐观、完善、友好、活泼和开朗;相反,孩子的性格则趋向冷漠、不信任和忧郁。

其次,孩子的情绪特征将决定他们是否得到父母的喜爱和逗弄。如果孩子情绪表现强烈,对周围事物感觉敏锐,就会显得伶俐聪明,表情丰富。对父母和周围人的喜爱和逗弄,作出各种各样讨人喜爱的反应,或是一个悦人的笑容,或是一个惟妙惟肖的摹仿,或是一个很生动形象的鬼脸,这都将增进孩子与父母间的亲密与亲近,并给父母带来极大的乐趣和信心,从而在养育上采取更积极的态度。但有些孩子经常一言不发,父母或周围人与他嬉笑逗弄,其反应总不是那么活泼可爱。这样,父母的教养方式较之前一种孩子的父母要消极得多了。这些现象所隐藏的一个问题是:父母如何才能做到不受孩子这些因素的影响,全面自然而真正地去爱一个孩子,不让他们受冷漠和冷遇,不遭受讥讽和责难,充满欢乐地生活在世上呢?

综上所述,孩子的性格对父母教养方式的影响是以各种各样的方式表现出来的。在孩子性格与父母教养方式之间,存在着双向制约和强有力的相互作用,不承认、不注重这一点,父母的教养方式就很难做到既全面又科学。

(二) 孩子的年龄对家长教养方式的影响

陶沙等同志对3~6岁儿童母亲的教养方式进行研究发现,3~6岁各年龄组儿童母亲在教养方式各维度上的得分具有相似的模式,儿童的年龄对母亲教养方式的总得分没有明显的主效应,不同年龄儿童的母亲仅在惩罚和成就要求两个维度上表现出显著差异。[①] 也就是说,3~6岁儿童母亲的教养方式在多数方面尚未出现明显分化。其根本原因在于母亲教养方式的分化是以儿童当前的特点、发展任务及社会的要求为转移的。由于在不同年龄阶段儿童的发展重点不同,而且社会对儿童发展成就的要求也有轻重之分,因此,母亲教养方式的分化程度及发生分化的侧面不同。对3~6岁儿童而言,保障生存与身体健康一直是他们的基本任务,而且幼儿期的教育是以愉快轻松的游戏为主。因此,总的来看,3~6岁儿童母亲的教养方式因儿童年龄发生的分化不明显。

另外,不同年龄儿童的母亲仅在惩罚和成就要求两个维度上表现出显著差异。即随儿童年龄增长,母亲对儿童的惩罚与成就要求有增加的趋势。5岁儿童的母亲对儿童的惩罚与成就要求显著地高于3岁组与4岁组儿童的母亲,而与6岁组儿童的母亲无显著差异。这一结果是与幼儿家庭教育现状基本吻合的。近年来,随着市场竞争的激烈,家长对幼儿已有较高的成就要求,对幼

---

① 陶沙等,《3~6岁儿童的教育方式及影响因素的研究》,《心理发展与教育》,1994年第3期。

第六章 学前儿童家长的教养方式

儿各方面能力的培养呈现出超前的趋势,所以当5岁儿童刚刚开始为进入小学作准备时,母亲就可能会加强对儿童能力的培养,明显提高对儿童各方面的要求,但儿童却因自身的身心发展水平有限,不一定能立刻适应新的要求。而且,5岁儿童与3、4岁儿童相比,体力、精力更充沛,但对纪律或规则的遵守又比6岁儿童差一些。因此,无论在家还是在幼儿园都显得比较"淘气",母亲的心理压力难免增大,这样就导致母亲对5岁儿童有更多惩罚。

(三)孩子性别对家长教养方式的影响

考安(Cowan,1993)对不同性别学前儿童的父母教养方式进行研究后指出,男女儿童母亲的教养方式无显著差异,这与陶沙等的研究结果相似。[①] 陶沙等研究发现,不同性别儿童的母亲在教养方式的总分及除忽视外的其余六个维度上的得分差异不显著。促使母亲对男女儿童在教育上采取不同的策略和方法,形成不同教养方式的关键在于社会对男女个体不同的性别角色要求。但是,对小年龄的儿童而言,不论是男孩还是女孩,其中心任务均为维持生命与保障身体健康,社会对他们的性别角色并没有严格地划分。因此性别角色分化的发展任务暂时居次要地位,其母亲的教养方式也无显著差异。儿童的性别对母亲教养方式影响不显著的另一原因在于,一对夫妇只有一个孩子,无论孩子是男是女,母亲都对自己惟一的孩子倍加钟爱。因此,无论在满足儿童的需要、给予儿童一定自由、多说理而少惩罚上,还是对儿童发展寄予的厚望上都有较为一致的取向。

[思考题]

1. 什么叫学前儿童家长教养方式?
2. 学前儿童家长教养方式有哪几种划分方法?具体叙述各种

[①] 陶沙等,《3~6岁儿童母亲的教育方式及影响因素的研究》,《心理发展与教育》,1994年第3期。

划分方法。

3. 学前儿童家长教养方式主要有哪些类型？比较各种类型的特点。

4. 不同类型的教养方式对家长的教育行为及幼儿发展各有什么影响？

5. 举例说明本班幼儿家长所具有的教养方式、相应的教育行为及幼儿的发展状况。

6. 影响学前儿童家长教养方式的因素有哪些？分别是如何影响的？

[参考资料]

1. 叶奕乾、杨治良等，《图解心理学》，江西人民出版社，1982年版。

2. 〔台湾〕朱瑞玲，《父母教养方式之变迁》，《教育资料文摘》，1984年11月号。

3. 〔日〕森重敏，《孩子和家庭环境》，人民教育出版社，1984年版。

4. 李丹主编，《儿童发展心理学》，华东师范大学出版社，1987年版。

5. 佟焕哲等，《4～7岁儿童性格与父母文化素质、家庭教育关系的调查研究》，《江西教育科研》，1989年第2期。

6. 程华山、李洪曾等，《上海市区幼儿父母教养方式及其对子女发展影响的研究》，《家庭教育动态》，1991年第1期。

7. 吕建国主编，《家庭生态与教育》，山西教育出版社，1992年7月版。

8. 陶沙等，《3～6岁儿童母亲的教育方式及影响因素的研究》，《心理发展与教育》，1994年第3期。

9. 侯锁生主编，《幼儿家庭教育》，上海教育出版社，1995年1月版。

第六章 学前儿童家长的教养方式

10. 易进、庞丽娟,《夫妻冲突与母亲儿童教养关系的研究》,《心理发展与教育》,1995年第4期。

11. 林磊等,《母亲教育方式与学龄前儿童心理发展的关系研究》,《心理发展与教育》,1996年第4期。

12. 关颖,《社会学视野中的家庭教育》,天津社会科学院出版社,2000年2月版。

13. 赵忠心,《家庭教育学》,人民教育出版社,2000年3月版。

第七章　学前儿童家长的教育能力

家庭教育作为一门科学,具有一整套理论知识和实践经验。学前儿童家长对家庭教育知识的学习、掌握程度是其教育能力的基础。对家庭教育知识运用得如何反映了学前儿童家长教育能力的高低。作为学前儿童家长,不仅要有良好、丰富、扎实的家庭教育知识,还需要具有良好的教育能力才能很好地进行家庭教育。

第一节　学前儿童家长教育能力的概念、类别

一、学前儿童家长教育能力的概念

家长教育能力是家长在一定的教育观念指导下,运用教育子女的科学知识,解决在家庭教育实践中遇到的种种问题,培养使子女身心健康发展的机智、策略、技能和技巧。父母的教育能力通常是在自身学习和运用家庭教育知识的实践中提高的。因此,家长要具备家庭教育的能力,不具备家庭教育方面的知识是不行的。家庭教育知识是家长在教育子女的实践中,所获得的关于子女教育方面的认识和经验的总和。教育子女的科学知识,作为家长必须要掌握,但是家长仅仅具有教育孩子的一般知识是不够的,知识并不等于能力。我们经常听家长谈到:"要说道理我也懂,孩子的缺点我也清楚,但就是没有能力去改变孩子,道理讲了千百遍,缺点依然是缺点。"可能许多家长都存在这种困惑和无能为力之感。实际上,这种情况是由于家长没有具备某种教育能力造成的,要解

第七章　学前儿童家长的教育能力

决好家庭教育中遇到的种种实际问题,要把子女培养教育成人,还必须具备教育子女的能力。

家长教育子女的能力是解决具体怎样教的问题,是解决教育实践的问题。因此,家长必须把家庭教育知识与家庭教育实践紧密结合起来。假如家长能将家庭教育知识运用于家庭教育实践,能够富有成效地解决子女教育工作中的实际问题,这就表示家长在理论向实践的转化中前进了一步。而如果解决子女教育工作中的实际问题不顺利,没有成效,那么家长就要分析原因,总结经验教训,然后再实践。在这样一个循环往复的实践过程中,就可以逐步实现从家庭教育知识向家庭教育能力的转化。当然,这个过程可能是相当长、相当艰辛的。

现在的学前儿童家长大多重视对孩子的教育和培养。不少学前儿童家长为了教育、培养好孩子,经常翻阅有关教育子女的杂志、书籍,有的家长还通过现代化的手段——电视、网络等学习有关家庭教育的知识,并能讲出许多家庭教育的道理。这固然不错,但学前儿童家长的教育能力是在实践中锻炼出来的,需努力将家庭教育的理论知识转化为家庭教育的实际能力。有的学前儿童家长认为虽然自己缺乏教育孩子的知识及实践经验,但我有接受父母教育自己的实际体验,我的爸爸妈妈是这样教育我的,我现在很有出息,我也这样来教育我的孩子,也肯定能教育好我的孩子。应当说,有家庭教育的体验对掌握教育孩子的能力是极其有利的。但必须认识到,孩子的身心发展、教育孩子的实践,都是相当复杂的。特别是今天的孩子,他们所处的时代背景和今天做父母的少儿时代已大不相同了。时代的发展,社会生活的变化,使孩子的身心发展出现了许多过去从未有过的新情况和新问题。因此,家庭教育工作也较过去复杂、困难多了。只是依赖自己接受父母教育的体验还不能轻易地提高自己的家庭教育能力。学前儿童家长还必须重视自己教育孩子的实践。在教育孩子的实践中通过体会、通过比较反复琢磨,再加上一定的学习,才能逐渐提高自己的家庭教育能力。学前儿童家长的教育能力是在家庭教育的实践过程中不断得到提高和发展的。

作为学前儿童家长,在教育孩子过程中,必须具备的教育能力有了解儿童需求的能力、评价儿童发展的能力、协调亲子关系的能力和处理儿童问题的能力。

学前儿童家长的教育能力直接作用于幼儿,对幼儿发展起着十分重要的作用,因此直接关系到学前儿童家庭教育的成效。

二、学前儿童家长教育能力的类别

(一)了解儿童需求的能力

从学前儿童家庭教育的角度讲,了解孩子是学前儿童家长必须具备的能力,因为它是家长教育孩子的前提条件。假如家长不了解孩子,就无从关心孩子,也无从教育孩子。家长只有全面深入地了解自己的孩子,才能选择适当的教育内容,运用恰当的教育方法,对孩子进行有针对性的教育,提高家庭教育效率。

了解孩子的能力包括了解孩子发展的各个方面,还包括学前儿童家长应知道如何去了解。从目前学前儿童家庭教育的发展状况来看,不少学前儿童家长对孩子的了解还停留在孩子的物质需求和身体一般状况这个层次,即只了解孩子的生理发展需要,对孩子的饱暖、疾病、卫生等很关注,但很多家长忽视的是了解孩子的精神需要。对如何了解孩子,也存在主观、随意、缺乏沟通、专制、轻信等毛病。

了解孩子的精神需要是学前儿童家长教育孩子的基本条件,缺乏这个条件,家长就会陷于极大的困难之中,恐怕无论怎样努力也是事倍功半。孩子的精神需要一般包括:安全感需要、交往的需要、被信任的需要、创造探索的需要、成功的需要。

家长要了解孩子的需求,提高自己了解孩子需求的能力,可通过家庭的日常生活活动、游戏活动、劳动活动、交往活动等各种各

第七章 学前儿童家长的教育能力

样的活动进行。

1. 在日常生活中了解孩子

父母和孩子无可取代的血缘关系和密切接触的日常生活提供给家长不少有利的条件。日常生活是父母了解孩子的最基本的途径,父母要主动接近孩子、关心孩子、和孩子一起阅读,听听孩子的心声,了解孩子的所思所想。因为孩子的内心常常会无意识地流露出来,比如孩子对今天老师给他的小五角星会喜形于色,到家后恭恭敬敬地贴在家里最显眼的位置,说明孩子有成功的需求,对此,家长应充分肯定孩子,让孩子有成功的体验。

家长要善于倾听孩子叙说,不要孩子说什么都要指导评价几句,而是倾听,专心地听。听孩子叙说幼儿园的、班里的或孩子感兴趣的事。高兴的事,不高兴的事都听,这样对孩子就比较了解。当然,主要在听,少些评价或教育。这样,孩子得到了宣泄,以后也愿意与家长进一步沟通,家长也可更进一步、更深入地了解孩子。

2. 在游戏活动中了解孩子

游戏是孩子最喜欢的活动,孩子在游戏中无拘无束,其个性特点在游戏中暴露无遗,游戏是父母了解孩子的最重要的途径。在孩子游戏的过程中,父母可以观察到孩子是喜欢独自一人游戏,还是喜欢和邻居小朋友一起游戏,或是和爸爸妈妈一起游戏,从而反映其交往的需要。孩子喜欢扮演什么样的角色,是主角,还是配角,是"娃娃家的爸爸",还是"娃娃家的儿子",这些角色游戏的内容可反映孩子对安全需要的情况。孩子在游戏中经常使用哪些材料,是用买来的现成玩具做材料,还是利用废旧物品做材料,从而反映孩子创造的需要……通过了解到的情况,家长就可进行及时的教育,使教育更具有针对性,从而提高自己的教育能力。

3. 在劳动活动中了解孩子

在家庭劳动活动中,父母可要求孩子自己的事情自己做。比如,让孩子自己洗脸刷牙、穿脱衣服,从而根据孩子的反映来了解孩子成功的需要。让孩子自己整理玩具,在孩子整理玩具的过程中,父母可以了解到孩子是如何整理玩具的,是从大到小、从高到低、从宽到窄排列,还是杂乱无章随机排列,从中可反映孩子探索的需要。此外,父母也可给孩子分配一点力所能及的劳动任务,比如,要求孩子每天傍晚给阳台上的盆花浇水,看看孩子是否能按时去完成,有无责任心,从而反映孩子被信任的需要。

4. 在学习活动中了解孩子

在数数、识字、绘画、弹琴、讲故事、朗诵儿歌等多种家庭学习活动中,父母可了解到孩子创造的需要、探索的需要、成功的需要等。如孩子画画,是临摹还是发挥自己的想像力、创造力等。

此外,家长还可借助孩子幼儿园老师的评价和孩子同伴的反映来了解孩子。父母不能只相信自己的眼睛,不相信别人的反映,也不能偏听偏信,而要注意从多方面来了解孩子,"兼听则明,偏听则暗"。

家长通过这几种途径了解孩子,就可根据孩子的特点、需求进行有针对性的教育,从而提高自己教育孩子的能力,进一步提高家庭教育的有效性。

(二)评价儿童发展的能力

评价儿童发展的能力主要指在家庭教育中,学前儿童家长对孩子的发展水平进行评价的能力。在家庭教育中,学前儿童家长通过对孩子的发展进行评价,可对孩子发展的各方面进行各种具体的指导,孩子也可通过家长的评价逐渐适应各种社会要求,促进孩子的发展成长,所以缺乏评价是不利于孩子成长的。

学前儿童家长评价儿童发展的能力表现在以下两个方面。

1. 评价幼儿发展的趋向

学前儿童家长在评价孩子发展时,始终都应注意以孩子的不同发展阶段为参照物,进行纵向比较,而不要把孩子与同伴相比,这样才能更准确地对孩子的发展状况作出科学的分析和推断。

第七章　学前儿童家长的教育能力

在孩子发展的不同年龄,学前儿童家长可向孩子提供同一类材料,看其如何使用材料,凭此可评估孩子的发展水平。比如,父母给孩子一块橡皮泥,3岁时,孩子能搓出"圆子"、"烧饼";4岁时,孩子能捏出"包子"、"水饺"、"蛋糕"、"饼干"。这不论是从数量上,还是从质量上,孩子的搓捏技能都有提高。

在孩子发展的同一年龄的不同时期,学前儿童家长可为孩子提供同一类物体,看其对物体的反映,也可借此来判断孩子的发展水平。例如,玩亲子"魔盒"游戏时,父母在一只小盒里放上若干种玩具、文具,先让孩子观察1分钟,然后关上盒子,要求孩子说出看到的物品,看孩子能说出几种;几个月以后,父母再和孩子玩这类游戏,看孩子能说出几种物品。如果孩子说出的物品比以前多,则表明孩子的观察力和记忆力都有了提高,反之,则表明孩子的观察力和记忆力都在下降。

2. 评价幼儿各方面的发展水平

学前儿童家长在评价孩子时,要从整体的观点出发,对孩子进行全面地分析,不偏向某一方面或忽视某一方面。在对孩子发展的某一方面进行评估时,要注意全面性。比如,父母在评估孩子的社会性时,不仅要考察孩子的社会认知,而且还要考察孩子的社会情感和社会行为。

(1)评价幼儿的社会认知水平

学前儿童家长在考察孩子社会认知的发展水平时,可用游戏规则法和故事难题法来进行。

游戏规则法是学前儿童家长利用游戏的规则,向孩子提出问题,要求孩子回答的一种方法。比如,玩丢手绢游戏时,父母问孩子:"这个游戏的规则是什么?""这个游戏的规则是不是总是这样的?""它能不能改变?"等等。如果孩子认为游戏的规则能变,则说明孩子社会认知的水平较高。

故事难题法是学前儿童家长在给孩子讲述故事时,向孩子提

出有关道德的难题,要求孩子作答的一种方法。例如,父母利用图片对幼儿编讲下面一组故事:

故事1:妈妈洗衣服时,小红帮妈妈一起洗衣服,一不小心,把自己的衣服弄湿了。

故事2:妈妈洗衣服时,洪洪吵着要吃巧克力,妈妈说:"妈妈现在正忙着哪!等一会儿。"洪洪听了,生气了,故意把自己的衣服放在水里。

当把故事讲完后,父母可问孩子:"刚才讲的这两个故事,你听懂了吗?""第一个故事里的小红做了什么?""第二个故事里的洪洪做了什么?""如果你是妈妈,你觉得应该怎么做?应该批评小红还是洪洪?"父母从孩子的回答中可判断出其道德评价水平是处于客观性阶段,还是处于主观性阶段,是属于他律阶段,还是属于自律阶段。如果孩子认为妈妈应该批评洪洪,则说明孩子的社会认知水平较高。

(2)评价幼儿的社会情感水平

学前儿童家长在考察孩子社会情感的发展水平时,可用投射测验法、移情测验法来进行。

投射测验法,又称故事续讲法,是学前儿童家长在给孩子讲故事时,当讲到主人公的行为以后,让孩子接着讲故事的结局的一种方法。例如,为了评价孩子的内疚感和责任心的发展水平,父母为孩子编讲了这样一个故事:妈妈规定每天由儿子冲冲负责给阳台上的花浇水,可是他忘记了,后来小花枯死了……父母可要求孩子讲下去,冲冲会怎样想、怎样做,以此来推断孩子内疚感和责任心的发展状况。

移情测验法是学前儿童家长设计能够引起孩子移情的情景,来测量孩子对他人情感的各种体验的一种方法。比如,为了测验幼儿的同情心,父母可先给孩子放一段录像,如介绍"贫困山区孩子的生活"的录像,放完后向孩子提出问题:"你心里觉得怎

第七章 学前儿童家长的教育能力

样?"最后按照孩子的答案作出评价。如果孩子回答的情感体验是对录像片中主人公比较同情,表明孩子具有同情心。

(3)评价幼儿的社会行为水平

学前儿童家长在考察孩子社会行为的发展水平时,可用自然测验法、情景测验法、等级评定法等来进行。

自然测验法是学前儿童家长在自然环境中测量孩子自然发生的社会行为的一种方法。它可以在日常生活中随时随地进行,例如,夏天,爸爸买来了一个西瓜,洗净后切成八块,放在桌上的盘子里,看看孩子是否能给爷爷、奶奶、爸爸、妈妈每人都递上一块西瓜,然后再自己吃。以此来考察孩子的分享行为。

情景测验法是学前儿童家长在预先设计好的情景中对所要评价的孩子的某种行为加以诱导,并进行观察、记录与分析的一种方法。比如,为了考查孩子是否能谦让,吃早餐时,妈妈在桌上放了三个煮鸡蛋,两个小、壳破;一个大、壳未破,妈妈边对女儿说"我要一个小鸡蛋、壳破的",边拿了一个小鸡蛋,带着上班去了。妈妈下班回家后,可问孩子的父亲,女儿早上吃了一个什么样的鸡蛋,可由此判断出孩子是否能谦让。

等级评定法是父母等人对孩子的社会行为进行概括性的等级评定的一种方法。例如,父母把孩子的爱劳动行为分为五个等级:非常爱劳动、比较爱劳动、一般、不爱劳动、很不爱劳动,如表7-1所示。

表7-1说明,该孩子还未形成爱劳动的习惯,他的劳动行为不稳定,在不同的亲人面前有不同的表现。

科学评价幼儿是学前儿童家长教育幼儿的有效手段,学前儿童家长在评价幼儿时,首先要检查已收集到的信息是否全面、是否具有代表性;然后对记录材料进行分析、综合、抽象、概括,作出切合实际、恰如其分的判断,再以此为基础,选择适当的教育方法方式,及时对孩子进行补缺补差,以取得更好的家庭教育效果。

表 7-1 孩子爱劳动行为评价表

（在符合孩子情况的等级上打"√"）

评价者	非常爱劳动	比较爱劳动	一般	不爱劳动	很不爱劳动
父亲			√		
母亲		√			
爷爷					√
奶奶				√	

（三）协调亲子关系的能力

父母与子女之间的关系即亲子关系。协调亲子关系的能力即协调父母与子女之间的关系的能力。良好协调的亲子关系能显示出一种和谐的美、真诚的美、善意的美，使家庭教育充满了协调艺术的美。

学前儿童家长要提高协调亲子关系的能力，还应力求提高自己的表达艺术。在和孩子进行沟通时，要委婉、真诚地表达希望、失望、异议，这样可提高学前儿童家长协调亲子关系的能力。

1. 委婉真诚

人际交往的全部美好之处、成功之处，在于真诚和委婉。因为委婉中包含着善意，更容易被人接受。学前儿童家长与孩子之间的沟通，又何尝不是如此呢？一般说来，学前儿童家长爱子之"诚"无可挑剔，然而，家长爱之至诚，却并不那么容易做到"委婉"，好多时候家庭教育效果不佳，亲子之间缺乏很好的协调，不是因为家长缺乏爱，而是因为家长缺乏艺术的表达形式。因此，家长应该把"怎样表达诚意"作为教育艺术来追求。

2. 表达希望

有一个孩子，一会儿要学画画，一会儿要学钢琴，一会儿要学舞蹈……对学什么都是二三天的热情，热情过后，就把它丢在一

第七章 学前儿童家长的教育能力

边,对它再也没有学习的兴趣。父母为培养其学习的坚持性,就给他讲了一个故事:有一只小猴子,来到西瓜地,看见地里长满了又大又圆的西瓜,它想,西瓜一定很好吃,于是摘下一个西瓜抱着往前走。来到玉米地,看见地里长满了金黄色的玉米,小猴想,这玉米一定很好吃,于是丢下手中的西瓜又去掰玉米。小猴捧着玉米往前走,看见一只兔子,小猴想,兔子一定很好吃,就丢下手中的玉米去捉兔子,兔子躲来躲去,结果小猴没抓到兔子,又丢了西瓜和玉米,只能两手空空地回家。通过这个故事,让孩子得到启发,受到教育。

学前儿童家长对孩子的希望可通过讲故事的形式表达出来,一定要避免生硬,避免伤害孩子的自尊和自信。有的家长已是几十岁的人了,说话伤害了孩子,还自我夸耀:"我就是个炮筒子,怎么样?"与人相处,"炮筒子"的局限性就很大,教育子女更不能以"直言"为原则,应力求委婉真诚。

3. 表达失望

孩子使家长失望了,家长的滋味不好受,孩子心里同样不是滋味。此时,家长尤其要注意如何表达。

国外一则幽默故事也很有趣:一位老奶奶对孙子9岁才能朗读很失望,但是她说:"我的孙子比林肯总统强多了,他9岁就能念完林肯的就职讲演词,而林肯到50岁才能念。"

这些幽默艺术都是家长可以借鉴的。不讲究表达艺术的人,往往"好心无好报",弄得自己不痛快,效果也差。

表达对孩子的失望最忌讳的是恶意。比如:"你真丢我的脸。""你把我们一家的面子都扫光了!""我看你就这么一点出息。"等等。这类表达就是最糟糕的,家长应对此"打上封条"。

4. 表达异议

家长怎样表达自己不同的看法和意见,也是很讲究方法的。一般来说,在孩子小的时候,独立性尚未发展起来,对家长多是顺从和依赖。随着孩子的长大，特别是 3 岁以后，独立见解也逐渐多了起来，喜欢坚持己见，或说，"这是我们老师说的。"根本不把父母的意见放在眼里，父母的异议常常引起孩子反感，引起亲子之间的冲突，惹得家长恼怒。这一时期家长表达自己的不同意见，说服孩子，往往特别困难，也就特别需要家长的耐心，讲究表达艺术。依我之见，家长首先应允许孩子持有不同看法，这是孩子独立性发展的需要。其次，家长说出自己的不同看法，用词要委婉，不能专横，更不能恶语伤人。古人有言：君子交绝也不说恶语。再次，话不要说尽，要留有余地。另外，一定要注意选择说话的时间，常言道"言贵时"就是强调应在恰当的时候说话，不要在孩子吃饭前、睡觉前说些引起冲突的话，影响孩子的吃饭、睡眠。

（四）处理儿童问题的能力

孩子身上出现的情况和问题是多种多样的，有优点、成绩、进步，也有缺点、过失和退步。要能发挥孩子身上积极因素的作用，克服消极因素的作用，化消极因素为积极因素，这就要求家长有较强的处理和解决问题的能力。

处理和解决问题的能力是指学前儿童家长针对孩子的具体情况，实施一定的教育方式和方法，采取一定的教育措施和手段，促使孩子的思想转化，发扬成绩，克服缺点、错误，不断进步。要达到这样的目的，学前儿童家长必须具备一定的技能、技巧。

首先，要弄清情况、情节，分清是非，作出恰当的判断，分析情况和问题的原因。然后，再着手去处理、解决。不能一发现好的情况，就盲目乐观；也不能一发现不好的情况和问题，就头脑发热。在激情和冲动状态下处理和解决问题，很容易把事情搞糟，把简单的问题复杂化，以至于最后无法收场。

对待子女的进步或过失，要抓好"第一次"。对于进步，哪怕仅是一点点的进步，也要及时给予适当的肯定、赞许、表扬，使之受到激励，取得再进步的动力。如果孩子原来一直要父母给他洗脸，

第七章　学前儿童家长的教育能力

现在他能自己洗脸了,那父母就要及时肯定、表扬他,使他以后一直自己洗脸,养成自己的事情自己做的良好习惯。如果家长对子女的进步漠不关心,不以为然,或是忽略了,没有给予及时的、必要的肯定,就不能促使其进步得到巩固,也会丧失继续进步的动力。同样,对于子女的过失,也要及时抓、处理好。比如,孩子第一次撒谎,就要体验撒谎能不能掩盖过失、错误,能不能逃避家长的批评、惩罚。如果家长大意了,轻易放过了这"第一次",使之尝到了"甜头",那么,紧接着还会有第二次、第三次撒谎。家长要特别重视对孩子第一次错误和过失的处理,抓住不放,谨慎处理,严加管教。孩子承认了错误和过失后,要原谅他;若是以撒谎掩盖,是错上加错,绝不允许。这样态度明朗地严肃处理"第一次",会给孩子一个正确的行为规范,印象极深。当然,对"第一次"处理不当,也会造成很不好的后果。因此,对"第一次"的处理,尤其要慎重。

处理孩子的问题,家长有时也难免有不当之处。处理错了,要向孩子承认错误,以挽回不良影响,千万不能将错就错。

家长处理和解决问题的能力,不是先天就具备的,而是在实践中逐步形成的。家长应在教育子女的实践中,不断积累总结经验,使自己处理和解决问题的能力逐步得到提高。

第二节　学前儿童家长教育能力对教育行为的影响

一、了解幼儿需求的能力对教育行为的影响

(一)了解儿童安全感需要的能力对教育行为的影响

一位心理学家为了弄清孩子对父母的要求,在全世界范围进行了调查,抽查十万人次,共归纳出四百余条要求,居前十位的要求是:

孩子在场不要吵架;

平等给予孩子的爱;

任何时候不要对孩子撒谎；
父母之间相互谦让、谅解；
父母要与孩子亲密无间；
孩子的朋友来，要表示欢迎；
孩子提的问题，要给予全面回答；
在小朋友面前，不要讲孩子的过错；
不要过分强调缺点；
对孩子的爱要稳定，不要喜怒无常，动不动就发脾气。

  我们可以看出，这项调查的结果，突出反映了孩子的精神需要首先是安全感。在温饱获得基本满足的情况下，孩子心理的安全感需要就显得最为突出。当然，不少家长并不是有意不满足孩子的需要，而是不了解孩子的"安全感需要"包括哪些具体内容，不了解孩子失去安全感，心理会遭到什么损伤，更不知道孩子怎样才能有安全感。那么孩子的安全感从何而来呢？

  首先，孩子的安全感来自父母的和睦。父母不和、父母吵架是孩子最恐惧的事情，孩子在父母的敌对、争吵中，会感到极度不安，感到严重的威胁。很多成年人忘掉了童年大部分事情，可很难忘掉父母吵架的场面和自己当时的感受。孩子由于害怕失去父母，却又无能为力，因而如惊弓之鸟，提心吊胆，小心谨慎，生怕自己有什么过失招惹起父母的冲突，更害怕哪一天会突然失去父母，心境非常可怜。

  学前儿童家长间不会没有矛盾，但无论如何，了解儿童安全感需要能力强的学前儿童家长，首先想到的是要保护孩子，不能当着孩子的面吵架，因为他们深知家长要对孩子提出上进的要求，必须首先给孩子一个安全的家庭感受。了解儿童安全感需要能力弱的学前儿童家长，完全顾不上孩子，而是只顾自己，在家庭中争吵不休，想决出一个输赢是非。这样，孩子生活在不和睦的家庭，使孩子失去了安全感，内心紧张不安，很难接受家长的教育和期望。其

第七章 学前儿童家长的教育能力

实,使孩子失去安全感,家长自己就已输了一大半、错了一大半,还有什么可争执的呢?

其次,孩子的安全感来自伙伴和团体的肯定和容纳。了解儿童安全感需要能力强的家长很注意这一点。因为这是一种需要,同辈人和团体的肯定评价能带给孩子牢固的安全感。因此,孩子虽小,即使在幼儿园小班,若班上的某一孩子是他(她)的好朋友,他(她)会对好朋友"无话不说",从而使他(她)心理上得到安慰,有一种安全感。一个孩子若被排斥在伙伴圈之外,就会失去安全感,伤心沮丧。因此,了解儿童安全感需要能力强的学前儿童家长,会鼓励孩子与同伴交往,满足孩子获得同伴认可的需要。而了解儿童安全感需要能力弱的学前儿童家长,往往阻止孩子和同龄伙伴交往,阻止孩子获得同伴认可的需要,这样不利于孩子安全感需要的满足。

最后,孩子的安全感来自对自己的信心,自信心能够使孩子获得内心的稳定和安全感。从孩子一生的发展来看,相信自己充满着力量也是内心稳定的主要特征。了解儿童安全感需要能力强的学前儿童家长重视对孩子自信心的培养,能提供各种机会,创造各种条件锻炼、培养孩子的自信,让孩子看到自己的力量,逐步树立起孩子的自信心。而了解儿童安全感需要能力弱的学前儿童家长,根本不知道孩子具有自信心有利于孩子获得安全感。因此,疏于对孩子自信心的培养,使孩子缺乏自信心,也缺乏安全感。

在世界文化里,不少民族、国家都很重视让一个人在家庭里获得安全感,让孩子的安全感根植于家庭内的人与人之间的亲密关系之中,以此获得面对整个人生的基础。中华民族文化这方面的优势在世界家庭文化中是很突出的。因此,作为学前儿童家长,应努力提高自己了解儿童安全感需要的能力,使孩子获得很好的发展。

(二)了解儿童交往需要的能力对教育行为的影响

了解儿童交往需要能力强的学前儿童家长深知孩子需要与伙伴一起玩耍。因此，他们千方百计为孩子创造交往条件，往往无条件地鼓励孩子呼朋唤友，无条件地欢迎孩子的小伙伴到家里来玩。如有孩子的小伙伴来家玩，他们都马上迎出来并且非常热情地说："进来，进来！"然后指导孩子拿出各种各样的玩具和小伙伴一起玩。孩子在玩的过程中，家长在一旁观察，当孩子发生争执时，鼓励孩子自己解决；当孩子出现不爱惜玩具行为时，及时教育孩子……使孩子在与同伴交往中学到如何与人相处、如何解决彼此间的矛盾、如何协调彼此间的关系等，为孩子以后顺利进入社会奠定良好的基础。

　　了解儿童交往需要能力弱的学前儿童家长，常陪着孩子玩，却忽视了孩子需要与伙伴一起玩耍。我们常常可以看见一些傍晚的家庭活动总是两个成人甚至几个成人陪着一个孩子。粗略一看似乎没什么不好，然而其中就可能包含了父母对孩子交往需要的忽视。还有很多家庭把房间装修一新，美观舒适，但家长不允许其他孩子到家里来玩，因为没有时间和精力收拾被孩子们弄乱的屋子。一旦孩子的小伙伴来家里玩，有的家长比较勉强，交待一些限制条件："不要……不要……"使孩子十分拘束，还有的家长干脆拒绝，找借口："该回家了。""我们有事，以后来玩。"把房间变成了孩子与伙伴交往的禁区。久而久之，孩子由于失掉了与人交往的条件和环境，孩子交往的需要也就被淡化、压抑掉了。造成孩子性格乖戾，内心单调，人际适应差。

　　（三）了解儿童被信任需要的能力对教育行为的影响

　　古人云"士为知己者死"，意指一个人愿为信任自己的人去出生入死，赴汤蹈火。所谓"知己"就是对自己的信任、了解和肯定。信任是一种激励，人由于自我价值得到肯定而获得的精神满足，会使一个人无往不前。人们常常为了不辜负自己得到的信任而竭尽全力，甚至不惜牺牲宝贵的一切，因为被信任是人的需要，对学前

第七章 学前儿童家长的教育能力

儿童而言,更是如此。因为与成人相比,孩子更需要在温暖可靠的信任中去学习和探索,在信任中去克服幼稚和错误。

了解儿童被信任需要能力强的学前儿童家长,不但在孩子顺利和成功时给予信任,当孩子在遭到失败和挫折时更给予信任。信任是一种激励,信任中包含有允许失败、允许冒险、允许错误的宽容,从而使孩子积极探索,勇于上进。

了解儿童被信任需要能力弱的学前儿童家长,一见孩子有退步、有起伏,就赶快收回对孩子的信任,这对孩子打击太大。由于孩子得不到信任,因此,激励的力量孩子得不到,允许失败的宽容孩子得不到,那么,要求孩子积极探索,勇于上进,同样也很难办到。

有位教育家曾说过:善于相信孩子的父母是高明的父母。因此,作为学前儿童家长,在任何条件、任何情况下,都应相信孩子、信任孩子。

(四)了解儿童创造需要的能力对教育行为的影响

万物之中,人类最具创造的需要,也最具创造的天赋。现在我们的教育极力主张培养孩子的创造力。确实,从孩子接触世界的第一天起,我们成人只要不去限制他们的创造活动,不把他们单单引向读书求生计的狭窄胡同,那么孩子发展起来的创造力是惊人的。

了解儿童创造需要能力强的学前儿童家长,认识到每一个孩子都有创造的需要,尽可能地为他们创造条件,鼓励他们去创造。

一位家长同意她的孩子在家里"搭帐篷",并要求设计独特,"让妈妈大吃一惊"。孩子像接受了设计世界型宏大工程任务似的,整个神采都焕发了,动用了全部桌椅,五六床被单。帐篷严严实实,外观还进行了色彩搭配,里面垫上了被子,放上枕头、台灯,还设计了一个"望风口",以观察"敌情",唤来邻居小伙伴,几个孩子在里面躺着读故事、说笑,派一个人"望风"。家长只听见里面传来一阵阵咯咯的笑声——多么欢乐！因此,孩子的创造可以是很简单的活动,然而它对孩子的意义非同一般。

有一位家长给孩子买的木制玩具有几大盒,又买了几十个各式人物的泥人,经常帮孩子擦净地板,让孩子在地上设计修筑他的"天宫"、"兵营"。泥人各归其位,"宫殿"气势宏伟,方圆占了半间屋。孩子在地上爬过去、蹲过来,专心致志,一摆弄就是半天,其乐无穷。我认为这类创造活动就比几百元一套的电动火车更能使孩子获得创造的满足。孩子创造的需要得到满足,他们会获得真正的快乐,充满积极的、蓬勃的情绪,这对孩子的心理健康、对孩子的学习、对孩子一生的发展都益处无穷。

了解儿童创造需要能力弱的学前儿童家长,虽然爱子如命,却不知道满足孩子的创造的需要。如他们在为孩子选购玩具时,只要经济许可,总是尽可能地挑选华贵的、自动的玩具,似乎越昂贵的玩具对孩子就越有价值。造成孩子在玩这些电动玩具时,只是按一下开关,然后被动地看着它一圈一圈跑,造成孩子玩几天就没兴趣了。于是家长往往就责怪孩子"好玩具只玩几天就丢在一边又要买新的",责怪孩子浪费,不知节约,其实此乃父母之过。因为买的玩具不能满足孩子创造的需要。有一项国际性的调查研究发现,世界各国儿童最喜欢玩的东西是什么,结论是"沙",这出乎很多人的意料,这主要是因为玩沙最能满足孩子的创造需要,孩子当然最喜欢。

其实,家长挑玩具不能以价格为标准,尤其对孩子创造需要的满足更是如此。家长购买玩具应注重满足孩子创造的欲望,如组装玩具就比自动玩具强,可以拆卸,可以重新组合造型。孩子可以完全发挥自己的想像去创造。

(五)了解儿童成功需要的能力对教育行为的影响

成功的体验对孩子来说太重要了,它是孩子建立自信必不可少的条件。了解儿童成功需要能力强的学前儿童家长,当孩子得

第七章 学前儿童家长的教育能力

到成功时,如孩子从幼儿园回家对爸爸妈妈说"今天老师表扬我了",父母则由衷地赞赏孩子,由衷地为孩子的每一点进步高兴,他们会拥抱一下孩子、抚摸一下孩子,并从眼神中流露出发自内心的喜悦,让孩子充分地体验成功。因为这种体验是孩子的需要,它包含了一种自信,证明"我能行"。这种积极的情绪会促使孩子去获得更多的成功。

了解儿童成功需要能力弱的学前儿童家长,当孩子兴奋地向父母报告成功的喜讯时,孩子的眼里洋溢着无比的自豪和喜悦,可是家长大多都"演奏"三部曲,像舞台戏曲的程式化表演一样。

"嗯,好!不错不错。"

"注意不要骄傲呀!"

"下一次你该争取……"

这是由于了解儿童成功需要能力弱的学前儿童家长,没有把孩子的成功看成是孩子心理发展的一种需要,没有把孩子的成功看成是使孩子获得自信的一种方式,因此对待孩子的成功常常因果颠倒,把成功看成目的。孩子由于没有得到父母由衷的赞赏而无法充分地体验成功。这不利于孩子积极情绪的培养、发展,也不利于孩子获得更多、更大的成功。

(六)了解儿童探索需要的能力对教育行为的影响

孩子总是在想了解世界,什么事对于他们来说都是新奇的。因此,了解儿童探索需要能力强的学前儿童家长,对孩子的一个幼稚的动作,如用手掏墙角的沙泥,也给予极大的关注,并允许孩子进行这样的探索;对孩子提的上至天文、下至地理的各种各样问题,耐心解答,有的实在回答不出,或查阅字典、或亲身实践,直至孩子满意为止。有一位父亲,当儿子问他:"小轿车的发动机在汽车的前面,那卡车的发动机在哪?"家长一时回答不上来,就钻到卡车底下探个究竟。孩子看到爸爸钻到卡车底下,也一起钻下去,和爸爸一起对卡车发动机的部位进行探索。

孩子的探索活动往往是极其简单的,正是由于家长满足了孩子这种探索的需求,培养了孩子敢于冒险、敢于尝试的精神。

了解儿童探索需要能力弱的学前儿童家长,往往对孩子的探索举动不以为然,更谈不上赞赏和支持。一个2岁的孩子,抓住墙纸,"哗啦"一下撕出几尺的大口。他发现了这种破坏的乐趣,高兴得笑个不停,却被母亲瞪眼训了一顿,并说:"以后不准这样!"

两个孩子爬到床下去,黑黑的另一个天地,新鲜极了,用手电筒到处晃,突然看见几粒老鼠屎,吓得连忙爬出来,而后咯咯笑谈床下的世界。家长又把孩子训一通,说:"床底下有什么好看的?要看,该看书。"

从中我们可以看出,孩子具有探索一切的愿望,有的甚至超过了爱迪生之好奇的探索活动。不同的是我们家长不及爱迪生的母亲,没能把孩子探索世界的欲望保存下来,而且好多家长一点一点地、在不经意中把孩子探索的天赋削减一空,用无数现成的知识符号去代替探索。时间一长,孩子也就习惯于没有探索的学习,甚至怯于探索,不敢冒险,不敢尝试,只知道学习各种答案"是什么",而很少去想"可能是什么"、"为什么"。

我国著名教育家陈鹤琴先生在《家庭教育》一书中指出:"家庭教育必须根据儿童的心理,始能行之得当。若不明儿童的心理妄施以教育,那教育必定没有成效可言。"他将儿童的心理特点归纳为以下七点:1. 小孩子好游戏的;2. 小孩子好模仿的;3. 小孩子好奇的;4. 小孩子喜欢成功的;5. 小孩子喜欢野外生活的;6. 小孩子喜欢合群的;7. 小孩子喜欢称赞的。这七点也都是幼儿的心理需要。家长教育幼儿必须了解幼儿的心理需要,并满足孩子合理的心理需求,才能有利于孩子的身心健康发展。

二、评价儿童发展的能力对教育行为的影响

凡是家长都得评价孩子,只是多少、正误不同而已。从孩子牙牙学语时,母亲疼爱地夸奖"乖孩子",到长大成人后,父亲称赞

第七章　学前儿童家长的教育能力

"是条男子汉",从父母一个不满的眼神到只字不语的沉默,都包含着评价。评价是家长对孩子的一种关注,也是孩子的一种需要。正确的评价能促进孩子的发展,促进孩子认识世界、认识自己。

　　评价儿童发展能力强的学前儿童家长,能用家庭教育的基本知识和基本观点对孩子作出纵向的发展性评价,用发展的眼光看待孩子,并及时鼓励、表扬孩子,为孩子的进一步发展提供充足的精神储备;评价儿童发展能力强的学前儿童家长,对孩子进行评价时不是随心所欲,而是有依有据,因为这种家长深知,评价并非对孩子没作用,而是一种指导和暗示。因此,他们不轻易说出"我敢肯定,你……"、"你怎么也学着……"等有伤孩子自尊心的评价;评价儿童发展能力强的学前儿童家长,评价孩子时就事论事,孩子做错事的原因是什么就评价什么,而不是借题发挥得不着边际,对"笨"、"没出息"这一类词决不使用;评价儿童发展能力强的学前儿童家长,对孩子进行评价时坚决不感情用事,而是非常客观和理智。孩子好,好在哪儿,为什么好,鼓励孩子继续保持下去,如果孩子在发展中出现问题,那么家长就和孩子一起分析原因,找出问题的症结,帮助孩子跨过这一"坎";评价儿童发展能力强的学前儿童家长,对孩子发展过程中存在的问题,经常从主动的、内部的方向去找原因,即善于从自身找原因,如自己是否尽了最大努力,是否能力不够,是否积累不够,等等。指导孩子找到一种正确的努力方向,使孩子的不足成为通过努力可以改变的不足。这样,孩子会得到更多的表现机会、更多的培养、更多的发展。

　　评价儿童发展能力弱的学前儿童家长,缺乏家庭教育的基本知识和幼儿身心发展的基本知识,不能把握评价儿童发展的大方向,导致错误的评价。如评价3岁的孩子"坐不住",而且把它当成缺点进行评价,这是缺乏起码的家庭教育知识和幼儿身心发展特点的知识,其实,对3岁孩子而言,意志品质发展极不成熟,还不能按成人的要求有目的地控制自己的行动,只有那些使他们感兴趣的事才会吸引他们去注意、去行动,但最终遭殃的是孩子;评价儿童发展能力弱的学前儿童家长,容易犯的毛病之一是对孩子随心所欲,对孩子有什么看法,不经考虑就随随便便说出来了,经常信口开河,想当然地评价孩子。如有的家长在从幼儿园把孩子接回家的路上,总是很随便地问孩子:"你有没有惹老师生气?""有没有惹老师不喜欢?"这种评价是贬低孩子,对孩子起到一种暗示,使孩子胆小、唯唯诺诺;评价儿童发展能力弱的学前儿童家长,评价孩子容易带上感情色彩,"癞痢头儿子,自己的好",使家长偏离客观,评价孩子"走样",有许多幼儿园老师这样说:"现在的家长个个自我感觉都那么好,口口声声说他(她)的孩子聪明、有灵性,在家里学什么都一学就会。还有的说自己的孩子是天才。"这样造成了家长评价与教师评价间的巨大差距,很难取得家园教育的一致性;评价儿童发展能力弱的学前儿童家长,习惯于将成败归于外部因素,强调客观,如运气太坏、别人太强、条件太差、教师不公平等,而不习惯从自身找原因。如2岁的小孩子学走路,不小心碰到书桌,碰痛了头哭起来,母亲赶紧跑过去用手拍打桌子说:"桌子不乖!怎么碰着我们宝贝了!"孩子不哭了,也用小手打着桌子说:"不乖!"这就是一种错误归因教育。小孩子走路不稳就是不稳,并不是坏事,教小孩子以后小心就是了,却归罪于桌凳。看起来极小的一件事情,却反映了家长的错误归因导向。孩子成长以后,学习工作的成败也可能沿袭这种归因,习惯于将成败归于外部的因素,而不习惯从自身找原因,影响其一生的发展。

三、协调亲子关系的能力对教育行为的影响

父母与子女之间的关系即亲子关系。两代人之间要求与被要求的冲突,评价与被评价的冲突,观念、信仰、习俗、见解,甚至习惯的冲突,伴随着家庭的整个历程,使家长和子女的冲突频繁地发生。只是这些冲突或隐或显、或持久或短暂、或激烈或平缓,因内容不同、阶段不同、成员个性不同、表达方式不同而各具特色罢了。

第七章 学前儿童家长的教育能力

常言道:"怨仇宜解不宜积",亲子冲突往往谈不上"仇",但同样宜解不宜积。家长对冲突矛盾是"解"还是"积",也是教育能力高低的表现。

协调亲子关系能力强的学前儿童家长,给孩子时间、空间上的自由,注意亲子之间保持适当的距离,让孩子有自己做主处理事情的自由。如在家中为孩子开辟一个属于孩子自己的小天地,可以是一张写字台,也可以是一个抽屉等,这儿专门存放孩子的东西,放什么、如何放都由孩子自己决定,这样就可避免亲子之间因东西存放、收拾、整理引发的冲突,也从小培养孩子"自己的事情自己做"的坚持性、责任心。协调亲子关系能力强的学前儿童家长和孩子之间有一些共同制定的约定和规定,孩子做到,父母也做到。父母讲道理,孩子也慢慢学着做人讲道理,解决矛盾也就有矩可循。孩子无论有什么要求都可以提出来,好好地说,说错了也没关系,家长若不答应,也好好讲明原因,家长自己错了,就放弃错误主张。比如在孩子小时候就告诉他(她),爸爸、妈妈和你都要讲道理,不管什么事谁对就服从谁,而且说到做到。如果孩子不讲道理,不论怎么哭闹都没用。如家长答应星期天带孩子上公园,可星期天早晨起床一看,雨下个不停。由于家长与孩子之间形成讲道理的约定,于是家长给孩子讲清楚雨太大,不能去公园,淋湿了会生病,去公园只能以后补上。这样处理,家长和孩子之间才可能获得协调和"常法",用通俗的话说,才有长期过日子的"章法",也才能使教育取得事半功倍的效果。

协调亲子关系能力弱的学前儿童家长,由于父母子女相处的时间相当长,家庭关系又没有相当的宽容和松弛度,造成孩子极为被动,失去行为空间和心理空间,亲子冲突必然频繁。如有的家长把孩子从幼儿园接回家后,要求孩子画画、弹钢琴、学英语等,把孩子的作息时间全捏在自己手里,不给孩子一点自主权,弄得孩子只能与家长作对,讨价还价,少玩一分钟也要大吵大闹。有一个孩子弹钢琴中途休息,家长让他看 30 分钟电视,孩子赶紧打开电视机,坐在沙发里放松地看电视,看了一会儿,家长说时间到了,赶快练琴,顺手把电视机关了,孩子走到钟前一看,还有 2 分钟才满 30 分钟,于是孩子借此坚决不依,非得把电视机打开重新补看这些时间。家长气得不行,说这孩子太贪玩了,2 分钟电视也不愿少看,差点又是一顿打。

其实,这种冲突是家长逼出来的,家长不允许孩子多玩 2 分钟,孩子才会不愿少玩 2 分钟。弹钢琴不是一两天的事,而是要持续多年。孩子弹钢琴关键在效率,家长死抠时间,也容易使孩子在时间上做表面文章,应付家长,这就失去了规定孩子学习时间的实际意义,也是家长自找的冲突烦恼。

协调亲子关系能力弱的学前儿童家长,家庭教育没有规约,家长和孩子之间没有讲道理的约定,因此,家长和孩子之间的冲突不堪设想。如天气很冷,可孩子吵着要买冷饮吃。由于家长和孩子间没有讲道理的约定,因此不管家长如何讲,孩子依然随心所欲,不依他便大哭大闹,于是又是一场冲突,最后要么依从孩子,买冷饮给他吃,平息冲突,要么家长火冒三丈,打孩子一顿,平息冲突。可又已经为下一次冲突埋下了起因。

假如亲子之间冲突过于频繁,会产生很多副作用,损害家庭正常气氛、损伤孩子心理健康、破坏孩子积极的智力活动,因而家长不能等闲视之。另外,亲子关系冲突引起的紧张体验过多、过于持久,会从根本上伤害孩子,在孩子的一生中都留下阴影。

四、处理儿童问题的能力对教育行为的影响

处理儿童问题能力强的学前儿童家长具备一定的技能、技巧,在处理儿童问题时采取慎重态度。当面对儿童问题时,第一步是冷静地分析问题,就是对了解到的孩子的情况进行分析、综合和抽象、概括,作出切合实际、恰如其分的判断,明确是非,弄清原因。在此基础上,第二步是选择运用恰当的教育方式和方法。如对孩

第七章　学前儿童家长的教育能力

子挑食这一问题,原因是多种多样的,可能是孩子对这一食物过敏,也有可能是家长本身挑食、不喜欢吃这一食物,还有可能是家长在饭桌上议论这菜味道不好,等等。在具体分析原因基础上,把问题弄清楚了,作出准确的判断,采取相应的教育方式方法,孩子能接受,也能真正解决问题。假如是孩子对这一食物过敏,那就不能给孩子吃;假如是由于家长的原因,那么家长应以身作则,为孩子作出表率作用;如果确是孩子挑食,家长可通过讲道理,把这种食物切碎了拌在孩子爱吃的菜里,让孩子在不知不觉中吃下去,以后逐渐养成不挑食的毛病。

处理儿童问题能力弱的学前儿童家长,往往面对儿童出现的问题,要么在激情和冲动状态下处理和解决问题,把简单问题复杂化,很容易把事情搞糟;要么在片面了解情况的基础上进行分析、判断。由于判断有误,因此教育方式和方法肯定选择得不恰当,效果肯定也不会好,甚至事与愿违。如遇到孩子不听话这一问题,处理儿童问题能力弱的学前儿童家长,往往不分析原因或是片面地认为是孩子的问题,于是就火冒三丈,大发雷霆。由于家长主观臆断,往往把问题处理错。

第三节　影响学前儿童家长教育能力的因素

一、影响学前儿童家长了解儿童需求能力的因素

了解孩子需求并不是一桩容易的事,往往需要家长经过一定的努力才能去真正了解孩子的需求。为提高学前儿童家长了解孩子需求的能力,下面谈一下影响学前儿童家长了解儿童需求能力的因素,以提高家长了解儿童需求的自觉性。

1. 家长的主观随意性

有的家长自以为最了解孩子,"知其子莫如其父,知其女莫如其母。"总以为看着长大的孩子岂有不了解的? 其实不一定。孩子小的时候,可能对家长、对任何人都毫无掩饰,而且活动范围也在家长身边,心理活动也较为简单,因而基本上可以一目了然。

孩子稍稍大一点,进入幼儿园中、大班以后,家长了解孩子就不是一目可以了然的。孩子长大了,独立意识逐渐强烈起来,而且离开父母的活动时间大大增加,所以家长了解孩子的指导思想、方法途径都必须随这种变化而改变。然而有不少家长非常主观,常常凭自己"想当然"去推测孩子,应该信任的不信任,随便怀疑孩子,使孩子被信任的需要没有得到满足;应该引起警惕的又主观臆断:"还不至于吧?"造成家庭内部及家庭教育的不一致。

随意性强,也是妨碍家长了解孩子的一大原因。随意性表现在家长不是依照孩子的发展情况去了解孩子,而是自己随心所欲、兴之所致地随便问问。这就可能遗漏掉许多重要的"情报",孩子的需求情况怎样,家长就不了解。有的需求当时得不到满足,过后发现还可以补救,但效果也会受些影响,如交往的需要,家长还可创造条件,让孩子去与小伙伴交往,进行一定的补救工作,而有的需求如果得不到满足,就会引起一连串恶性循环。如安全感需要得不到满足,不仅影响孩子的性格发展,而且可能影响到孩子今后的社会化及对人生、家庭、社会的看法等。

2. 忽视沟通,拒绝沟通

家庭教育民主提倡父母、子女两代人之间的沟通,这是实现家庭民主很必要的沟通。现在有的家长比较忽视这个问题,甚至拒绝沟通,也就直接妨碍了家长了解孩子的需求。

这类家长认为孩子吃饱穿暖就行了,还有什么不满足的?孩子家哪有那么啰嗦?好好读书也就是了,因而除了孩子的吃穿和读书成绩外,家长一概不问。还有的家长忙于自己玩乐,每天扔几元钱给孩子吃饭,自己整天泡在牌局里不动弹。孩子告诉家长什么心事,或高兴之事或苦恼之事,家长一律支开:"去去去,我知道了。"拒绝与孩子沟通,使孩子安全的需要、被信任的需要、成功的

第七章 学前儿童家长的教育能力

需要等得不到满足,家长也不了解孩子这些需求是否得到满足、到底如何进一步发展等。

3. 轻信、胡猜

家长不能很好地了解孩子的需求还因为许多家长轻信。大部分孩子都倾向于向家长报喜不报忧,致使家长对孩子了解的情况要打一点折扣。孩子报喜不报忧的心理比较复杂,其中有很合理的因素,是他们有安全的需要、成功的需要等,因为他们惧怕家长的惩罚,对此,家长应该有所了解,注意孩子没有告诉你的一面。

与之相反,有的家长又太不相信孩子,对孩子任何一句话都要表示怀疑,继而胡乱猜测。表面看来家长对孩子绝不轻信、认真了解,实际上从另一个角度堵塞了了解孩子的渠道。同时,使孩子被信任的需要得不到满足,导致孩子将来也怀疑一切,不利于孩子社会性的发展。

二、影响学前儿童家长评价儿童发展能力的因素

平常不少家长都很喜欢评价孩子,这是很正常的。学前儿童家长要做到提高自己评价儿童发展的能力,正确评价孩子,必须防止以下影响因素。

1. 评价缺乏家庭教育的基本知识及幼儿身心发展规律、特点的知识

学前儿童家长评价孩子正确与否、效果如何,首先依赖于家长掌握家庭教育知识及幼儿身心发展规律、特点的知识如何。如果家长不仅缺乏家庭教育基本知识,而且缺乏幼儿身心发展规律、特点的知识,那么就有碍于学前儿童家长对孩子作出科学、合理的评价。我们经常可听到家长这样说:"人家红红弹得一手好钢琴,钢琴已通过六级了,我家那孩子跟红红同时学弹钢琴,到现在四级还没通过。"这位家长对孩子进行评价时就缺乏家庭教育知识及幼儿身心发展规律、特点的知识。评价时不是将孩子进行纵向比较,如自己的孩子原先不会弹钢琴,现已达到了一个什么水平,而是将

自己的孩子与他人的孩子进行横向比较,不利于孩子学习兴趣的激发,不利于孩子学习积极性的调动。家长应知道,由于每个孩子的遗传、教育不同,因此,发展肯定不一样,世界上没有两个孩子是完全一样的,即使是同卵双生子,也不可能完全一样,孩子们在发展速度上也很不相同,有的发展快些,有的发展慢些;孩子们在兴趣爱好和需求方面更是各不相同,有的爱文艺,有的爱科学。每个幼儿的发展是有个体差异的。

2. 评价缺乏依据,贬低孩子

影响学前儿童家长对孩子评价的另一个因素是评价缺乏依据,随心所欲地贬低孩子,对孩子有什么看法,不经考虑就随随便便说出来。我们经常可听到家长在责怪孩子:"你怎么这么笨!没人喜欢你。"家长可能是随心所欲的一句话,可对孩子具有暗示作用,使孩子感到自己不聪明,不讨人喜欢,孩子受到的伤害很沉重。造成孩子发展为两种情况:一种情况是破罐子破摔,调皮捣蛋;另一情况是使孩子感到自卑,有损孩子的自尊心和自信心,出现退缩行为等。所以,作为家长,评价应有依据,如果没有依据,就暂不评价。

3. 带有过重的感情色彩

一次智力测验测试一个男孩子,6岁,由他妈妈带来。测试前,孩子妈妈忍不住激动地把孩子已经识得的一千多个字指给我看,一页又一页,其中有不少僻字、难字,妈妈激动得翻页的手在发抖。妈妈说:"我们认为这孩子至少是读科技大少年班的,然后争取18岁大学毕业,留学哈佛、剑桥一类的大学。我们最了解他,他现在就能识这么多字,我们还没见过比他聪明的孩子。"现在家长只有一个孩子,可谓是掌上明珠,加上孩子聪明过人,他们的爱之深切,我见状也不禁为之感动。但是测智力是客观的、严格的。测试结果,孩子智力水平的确属于"最优秀"的一类,但还没有达到

第七章 学前儿童家长的教育能力

"天才"(超常)的智力水平,[①]孩子语言能力、记忆力都很强,但操作能力很弱,因而,总体智力水平在这个年龄阶段不算拔尖。

即使孩子是绝顶聪明,大有"龙驹凤雏"之质,家长这种毫不掩饰的溢美之辞、不留余地的评价、带有浓厚情感色彩的评价,对孩子也毫无益处。因为孩子一生的路很长,成才的因素很多,仅仅聪明是不够的,家长评价要瞻前顾后、留有余地,这才是教育之常法,也是做人之常法。

家长的情绪变化起伏,往往也影响对孩子的评价的正确性。因为人在气恼的时候总是恨不得把脑子里所有的刻薄挖苦话都集中起来发泄心中的积怨,所以在这个时候说出来的话会伤害孩子很深。做家长的就得修炼自己理智的力量,不能够让情绪任意摆布。

4. 错误归因评价

"归因"是教育心理学中的一个用语,意思是把一件事或态度行为归为某个原因。如孩子性格孤僻,原因是什么?错误归因的家长往往在对孩子发展进行评价时,将孩子发展过程中某一方面的不足归于外部的因素,将孩子置于无能为力的境地。如有的家长不根据孩子的兴趣、爱好,硬逼着孩子学画画、学英语、学钢琴等,孩子迫于父母之命,为了应付不得不学,但学习时不专心,因此效果不是很理想。这时,家长不找具体原因,而是归为"朽木不可雕"。既是不可雕,努力也没用,孩子的学习主动性又从何说起?因此只能造成恶性循环。

三、影响学前儿童家长协调亲子关系能力的因素

一个家庭若亲子冲突频繁而失去家庭正常生活气氛,那么这位家长是缺乏协调亲子关系能力的。影响学前儿童家长协调亲子

[①] 根据吴天敏著《中国比内测验指导书》划分,智商由低到高分别为:"弱智"、"次弱"、"正常"、"优秀"、"最优秀"、"超常"。

关系能力的因素有:

1. 亲子关系没有一定的宽容和松弛度

在学前阶段,父母和孩子相处的时间相当长,如果亲子关系没有一定的宽容和松弛度,所有事情都控制在家长手里,不给孩子一点自主,那么亲子关系冲突必然频繁。因为孩子虽小,他也是一个独立的人,他有他的喜怒哀乐,他需要有他自己的空间、自己的时间,他可以自己做主处理自己的事情,即有他自己的自由。这样,既可以消除孩子的逆反心理,又可以消除依附心理,给孩子相当多的宽松余地,他可以宣泄心中的不快,使心理达到一种平衡。否则,在亲子关系紧张的状态下,怨恨、紧张和不满一次次地堆积起来,日积月累,孩子得到一个机会总要发泄,使亲子关系越来越紧张。

2. 家庭教育没有规约

孩子的许多要求是随心所欲的、好奇的、不能控制自己的,这不是孩子的错,这是由于孩子发展过程中缺乏一定的自控能力所致。如果家庭教育有规约,家庭民主意识强,作为家庭一员,人人都要讲道理,那么就可以培养孩子遇事讲道理,也可逐渐培养孩子的自控能力,亲子关系的冲突就会减少一大半。而假如家庭教育没有规约,遇到家庭成员间的意见不统一,要么依靠家长的权威将孩子的怨恨、不满等压下去,但压了下去也就积了起来,成为以后冲突的根源;要么以揍孩子一顿为解决冲突的结局。这样势必影响亲子关系和谐、协调地发展。

四、影响学前儿童家长处理儿童问题能力的因素

家庭教育过程,实际上是针对孩子发展过程中的各种各样问题,采取适当的教育方式方法,促进孩子身心健康发展的过程。因此,作为学前儿童家长,处理孩子成长过程中的问题是很关键的。但是,以下因素会影响学前儿童家长处理儿童问题的能力。

1. 片面了解、掌握情况

第七章　学前儿童家长的教育能力

了解、掌握孩子情况是家庭教育过程的第一步,如果家长对某一问题的情况了解、掌握得全面,那么就能对情况进行全面分析,得出准确的判断。因为孩子身上某一情况的出现、某一问题的发生,并不单单是一种因素起作用而造成的,而是有主观原因、客观原因、直接原因和间接原因的,这样就使家长看问题不简单化,不犯主观主义的错误。而片面地了解、掌握情况,只能使家长主观地进行分析、片面地作出判断,那么在处理问题时就一定不客观、不全面,带有很大的主观随意性。

2. 未掌握家庭教育知识和幼儿身心发展规律、特点的知识

只要结婚生子,就自然而然地成为家长,但要真正做一位称职的家长并不是那么容易的事。它要求家长具备一定的家庭教育知识和幼儿身心发展规律的知识等,才能使家长一旦遇到孩子的各种各样问题,在了解、掌握情况的基础上,运用这些知识对情况进行正确无误的分析判断,采取相应的教育方式和方法,取得理想的教育效果。假如家长没有掌握有关家庭教育和孩子身心发展特点、规律的知识,即使是掌握了全面的情况,也不能对问题作出准确无误的分析、判断,就不能很好地处理儿童发展过程中的问题。

有调查表明,从总体上看,儿童父母在孩子出生前后认真学过有关教育孩子知识的比例并不高。

父母学习有关抚育孩子知识的情况,反映出父母对子女关注的重点。排在第一位的是孩子的身体健康,第二位是孩子的学习,第三位是对孩子的教育(主要是教孩子如何做人和教育方法方面的知识)。

知识与能力有区别但又密切相关,具备某方面的知识,未必具有运用这一知识的能力,但要有某方面的能力,不能不具备这方面的知识。学前儿童家长要具备处理儿童问题的能力,不具备有关家庭教育及幼儿身心发展特点、规律的知识是绝对不行的。

表7-2 被访者及其配偶学习有关知识的情况(%)

所学知识类别	被访父母本人	被访父母配偶
儿童生理发展方面的知识	43.1	28.2
儿童卫生保健知识	58.9	50.0
儿童心理发展方面的知识	24.4	19.2
儿童教育知识	52.1	42.8
儿童性教育方面的知识	12.7	10.7
与孩子学习有关的文化知识	53.3	43.5

[思考题]

1. 什么叫学前儿童家长教育能力？它具体包括哪些能力？
2. 如何提高学前儿童家长了解儿童需求的能力？
3. 学前儿童家长评价儿童发展的能力具体表现在哪两方面？请具体阐述。
4. 如何提高学前儿童家长协调亲子关系的能力？
5. 学前儿童家长教育能力的强弱如何影响其教育行为？
6. 影响学前儿童家长教育能力的因素有哪些？

[参考资料]

1. 关颖，《社会学视野中的家庭教育》，天津社会科学院出版社，2000年2月版。
2. 赵石屏，《家教》，北京师范大学出版社，2000年4月第2版。
3. 李生兰，《学前儿童家庭教育》，华东师范大学出版社，2000年11月版。
4. 〔美〕克劳蒂亚，《美国人的家庭教育——自信陪伴孩子成长》，知识产权出版社，2001年2月第3版。

第八章 学前儿童家庭教育的目的、任务与原则

学前儿童家庭教育的目的制约着学前儿童家庭教育的任务、原则、内容和方法,影响着学前儿童家庭教育的过程和活动,决定着学前儿童家庭教育的方向和效果。如果没有学前儿童家庭教育的目的,学前儿童家庭教育的任务、原则、内容就会陷入盲目状态,学前儿童家庭教育的方法就更没有章法;同理,如果没有学前儿童家庭教育的任务、原则和内容、方法,学前儿童家庭教育的目的就无法实现。它们是相互影响、相互制约的。

第一节 学前儿童家庭教育的目的

一、家庭教育的目的
(一)家庭教育的目的——人的社会化

家庭教育虽然不像学校教育那样是有组织、有领导、有周密计划、有完整体系的正规教育,它是一种非正规教育,但家庭教育同学校教育一样,也是有一定的教育目的的。家庭教育的目的,就是培养社会化的人。

人的社会化,已成为人类学、社会学、心理学等不同学科通用的术语。但对其含义的解释却依本学科关注的侧重点不同而有所不同。在人类学家看来,社会化是使个体适应社会现存文化类型的过程,强调文化传播和个体对社会文化的适应。心理学的社会

化着眼于社会对个体发展的影响,提供个体获得个性特征、动机、价值、观念和信念等的全部过程。与人类学、心理学不同的是,社会学的社会化重视社会角色学习,偏重于人与社会的相互作用,以及这种相互作用与解决实际社会问题的关系。美国社会学家 I·罗伯逊给社会化下的定义是:"社会化是使人们获得个性并学习其所在社会的生活方式的社会相互作用过程。"①尽管对社会化含义的解释因学科而异,但其基本点都强调个体与社会的相互关系。

人刚刚来到世上,对社会一无所知,只是一个自然人,即是生物性的个体。但是要作为一个真正的、独立的、自觉参与社会生活的社会人,即具有人的语言、思想、感情、习惯和行为,要成为适应社会生活的社会成员,就必须学习社会生活知识、社会规范,了解社会对他的期待,逐渐掌握参与所在社会与群体生活所应具备的技能。使自己有能力介入社会生活,在动机、行为、态度等方面遵从普遍的社会秩序,即发展人的社会性。与此同时,社会或群体又将现存的文化、经验、知识以各种方式对来到世上的新人施加各种影响,使之成为社会或群体所需要的合格的成员。这个过程就是人的社会化。

人的社会化是在现实社会中进行的,社会和人是构成社会化过程的两个基本方面,社会教化、个体内化和个人与社会的互动是社会化的基本途径。社会教化一般是指通过家庭、学校、社会团体、大众传媒等社会化机构及其执行者对个体实施社会化的过程。个体内化是指社会化的主体经过一定方式的社会学习,接受社会教化,将社会目标、价值观念、行为规范和行为方式等转化为自身稳定的个人意识和内在素质的过程。人与社会的互动是个人与个人之间、个人与群体之间由于直接或间接的接触、相互影响而发生的交互作用的方式和过程。

---

① 〔美〕I·罗伯逊著,黄育馥译,《社会学》(上),商务印书馆,1990年版。

第八章 学前儿童家庭教育的目的、任务与原则

家庭教育的目的,就是通过家庭教育活动和家庭教育的全过程实现人的社会化。美国社会学家埃什尔曼援引艾拉·L·赖斯的话说:"社会化,特别是幼儿的社会化,是家庭最独特、最一般性的职能。"他进一步指出:"家庭也许还有其他功能,如能反映人在社会中的位置,但每个社会都像是用婚姻和血缘的纽带把人同培育人成长的社会化联系起来……"我们的基本观点是:"在任何社会中,家庭最基本的功能是对人起培育作用的社会化。"①

(二)家庭——儿童社会化的首要场所

自从家庭产生以来,每个人都降生于家庭之中。家庭既是人的诞生地,也是人自幼接受抚养和教育,实现其社会化的摇篮。

1. 未成年人通过家庭教育最早获得最基础的生活技能和知识

新生儿呱呱坠地来到世间时,对生活知识、生活技能一无所知。父母遗传给新生儿的,只是父母的基本生物特点,并不能将自己的知识、技能遗传给后代。因此,新生儿只是一个具有生物性的生命个体,其身体十分幼嫩,头脑犹如一张白纸。严格地说,这时的人还不能算是一个完善的人,还是一个缺乏社会性的人。新生儿向着完善的社会性的人转化,一般首先靠家人,特别是父母的教育和抚养。因为如此,才逐步学会吃奶、喝水、吃饭、说话、走路、穿衣等一些最基础的生活技能和知识,才逐步认识了自己、自己的父母及其周围其他的人,才逐步认识自己同周围一些人的人际关系,才逐步认识周围的世界,逐步知道衣、食、住、行的来源,等等。这些最基本的生活技能和知识一般都是通过家庭教育获得的,它为新生儿逐步实现社会化奠定了最初的、也是最基本的基础。

2. 未成年人通过家庭教育获得对社会的最初认识

---

① 〔美〕罗斯·埃什尔曼著,潘允康等译,《家庭导论》,中国社会科学出版社,1991年版。

新生儿来到世间时,对其来到的这个社会一无所知,正是首先依靠着家庭教育,才逐步认识了人生、认识了其来到的这个人类社会和整个世界的。开始,逐步认识父母和其他家人,渐次,逐步认识与自己一起玩耍的小朋友。再次,逐步认识家庭的邻居和亲友,逐步理解这些人际关系。随着年龄的增长,活动范围的扩大,直接知识和间接知识的增多,便逐步认识了自己生活在其中的社会和世界。人们对社会的认识和了解,一般也是最主要地得益于家庭教育,因此,家庭教育是人对社会获得认识的起始和基础。

3. 未成年人通过家庭教育逐步懂得一些最基本的社会规范

社会规范,是根据社会生活的需要,人们所制定的、制约人与人之间关系的规定。道德、法律、制度、纪律、政策等都是社会规范。人们要在社会中自由地生活,就要懂得并遵守与己有关的社会规范,违反社会规范就会受到一定的约束或制裁。

刚刚来到世间的新生婴儿,对社会规范一无所知。人们开始对社会规范的认识,也是首先得益于家庭教育。比如,在幼小时,父母就教育自己的孩子不能打人、骂人,对人要讲礼貌,不能说谎话等等;再大一些,就教育自己的孩子不能偷或强要别人的东西,要尊重老人,走路要遵守交通规则,在学校要遵守学校纪律等。这些,都是最早在家庭中受到的社会规范教育。正是这些最初的社会规范教育,为其一生掌握更多的社会规范奠定了基础。

因此,良好的家庭教育,是人实现社会化的基础,是儿童社会化的首要场所。离开了家庭,离开了家庭教育,就无从谈起人的社会化。1938 年,美国宾夕法尼亚州政府在该州一个农民家庭中发现一个 5 岁女孩安娜,因其母患有精神障碍,安娜出生即被其母单独关在里屋内,每天仅供得以维持生命的牛奶,家人从不与之接触。当政府发现该女孩时,安娜已成为又聋又瞎、不会说话、不会

第八章 学前儿童家庭教育的目的、任务与原则

笑、不会走,甚至不会咀嚼的孩子。① 社会化心理和行为受到严重摧残。前苏联社会学家协会副主席 A·哈尔切夫认为,家庭、父母是儿童社会化不可缺少、具有深刻的独特意义的因素。他指出,在社会发展的现阶段,家庭、父母对子女的社会化过程具有特别重要的意义。②

(三) 反向社会化——后喻文化

美国耶鲁大学心理学教授 E·齐格勒等人合著的《社会化与个性发展》一书指出,在最初几十年的社会化研究中,美国心理学界普遍把社会化过程看做一个单向过程——父母影响子女、教师影响学生的过程,却很少有人认识到儿童在成长发展过程中并不是完全消极的,他也可以影响父母和教师的行为。近 20 年来,心理学家们的看法发生了一些重要的变化,其中最重要的是认识到社会化过程是双向的。也就是说,儿童不仅被社会化,也在社会化着他人;既是被社会化着,又是使他人社会化的因素。③

美国著名的人类学家玛格丽特·米德从文化传喻方式的角度研究年轻一代对年长一代的影响,提出了前喻文化、并喻文化和后喻文化三个概念,并指出第二次世界大战之后,后工业化国家已经产生了后喻文化的影响。④ 她所说的后喻文化是指年轻一代将知识文化传递给与他们生活在一起的长辈的过程。虽然米德在研究中没有对年轻一代作出具体的年龄限定,但她已经肯定了 20 岁左右的青年有能力把他们的文化传递给自己的父辈。尽管这些青年人采用的是一种反叛的形式让长辈接受他们的影响,实际上这是

---

① M·S 贝锡斯、R·T 盖勒斯和 A·莱文,《社会学入门》,纽约 1980 年版。
② A·哈尔切夫,《家庭是社会的社会文化发展因素》,载原苏联《社会科学》,1982 年第 4 期。
③ 〔美〕E·齐格勒等著,李凌等译,《社会化与个性发展》,北京航空航天大学出版社,1988 年版。
④ M·米德著,《文化的承诺》,河北人民出版社,1987 年版。

青年文化对老年文化的挑战。

有学者把孩子对成年人的影响称之为"反向社会化",即指受教育者对施教者反过来施加影响,向他们传授社会文化知识、价值观念和行为规范的社会化过程。①

当前,我国正处于现代化进程中,新旧体制的交替、东西方文化的撞击、道德取向多元化、知识和信息"爆炸",以及由此产生的生活方式的变革、思想观念的更新等等,在很大程度上改变了少年儿童社会化的环境。今天的孩子和上一代孩子最大的不同是他们对生活有自己的理解,并且能够表达自己不同于成年人的看法。事实证明,他们已经有能力影响成年人的世界。作为成年人应该意识到,在社会文化的急剧变迁中,原先的知识和生活方式的过时和被淘汰是历史的必然。而孩子们没有旧观念、旧模式的束缚,凭着对新文化的敏感,以及接受能力的优势,获得的对成年人进行反向影响的能力亦在情理之中。也就是说,社会在变,成年人在与孩子相处中单纯地扮演"教育者"的观念也要改变。

二、学前儿童家庭教育的目的

(一) 学前儿童家庭教育目的的概念、内涵

学前儿童家庭教育目的是指家庭对所要培养的孩子的质量规格的总的设想或规定。学前儿童家长对于要把孩子培养成为什么样的人,早在孩子刚出生、甚至还在娘胎里的时候,就已经在自己的思想上有了某种理想的想像或预期的设想。因此,每个孩子一来到人世,就面对着一个发展潜能的空间,因为父母按照自己的想像或设想,都要为自己的孩子选择某种发展的方向,并按照一定的期望和要求加以塑造,使其获得成长和发展。

学前儿童家庭教育的目的由两部分构成:一是对家庭教育所要培养的幼儿的身心素质作出规定,即指幼儿在体力、智力、品德、

---

① 时蓉华,《现代社会心理学》,华东师范大学出版社,1995年版。

第八章 学前儿童家庭教育的目的、任务与原则

审美诸方面发展的方向及其程度,以形成某种预想的个性结构;二是对家庭教育所要培养的幼儿的社会价值作出规定,使幼儿符合一定社会的需要。

学前儿童家庭教育的目的是家庭教育中的核心问题,已引起了国际社会的广泛关注。国际21世纪教育委员会提出新世纪教育的宗旨是使儿童"学会认知",善于学习;"学会做事",具有较强的动手能力、解决问题能力、人际交往能力和冒险精神;"学会共同生活",能够了解别人,尊重别人,参与别人的活动,与别人进行合作;"学会生存",发展体力、记忆力、判断推理能力,增强自主性和责任感,提高审美能力,充分展现自己的人格特征。①

我国政府也十分重视学前儿童家庭教育的目的这一根本性问题。1996年9月全国妇联、原国家教委还制定了《全国家庭教育工作"九五"计划》,指出,"家庭教育是社会主义教育的组成部分",家长要"面向新的世纪","促进儿童身心健康发展,培养有理想、有道德、有文化、有纪律的社会主义事业的建设者和接班人"。1997年3月,原国家教委、全国妇联在颁发的《家长教育行为规范》中指出,家庭教育要"重视教子做人,提高子女思想道德水平,培养子女遵守社会公德习惯,增强子女法律意识和社会责任感";"关心子女的智力开发和科学文化学习,培养良好的学习习惯,要求要适当,方法要正确";"培养和训练子女的良好生活习惯,鼓励子女参加文娱、体育和社会交往活动,促进子女身心的健康发展";"培养子女参加力所能及的家务活动,支持子女参加社会公益劳动,培养子女的自理能力及劳动习惯"。

学前儿童的家庭教育是我国家庭教育事业的有机组成部分,它的目的是使孩子在体、智、德、美等方面健全发展的基础上,个性

---

① 联合国教科文组织总部中文科译,《教育——财富蕴藏其中》(联合国教科文组织教育丛书),教育科学出版社,1996年版。

得到发展,将来能成为有益于国家和社会的合格人才。即要促进学前儿童的社会化和个性化。

家庭教育目的具体表现为两个方面:一方面表现为家庭教育要保证学前儿童的全面发展,这是一种多层次多因素的发展,第一层次是个体的发展,包括生理和心理两方面。第二层次是每一方面(体、智、德、美)的发展,这由各种因素组成。学前儿童家长在对学前儿童进行家庭教育时,应全盘考虑这些因素及其相互关系,明确学前儿童素质的组合规律和最佳结构,进一步提高家庭教育的质量;另一方面还表现为学前儿童家庭教育要保证学前儿童的个性发展,家长在家庭教育中,要注意培养孩子独特的个性,增强孩子的自主意识,形成孩子的创造才能。

(二)学前儿童家庭教育目的的作用

学前儿童家庭教育目的是学前儿童家庭教育活动的出发点和归宿,制约着学前儿童家庭教育的任务、原则、内容和方法。因此,学前儿童家庭教育目的对学前儿童的家庭教育具有十分重要的作用。

1. 学前儿童家庭教育的目的控制、促进着学前儿童的发展方向和水平

在学前儿童家庭教育中,父母按照既定的学前儿童家庭教育目的对孩子进行教育培养,从本质上讲,就是为了掌握影响孩子发展诸因素的主动权,控制孩子成长的过程,以防这一过程可能出现的盲目性和随意性,排除不必要的干扰,使孩子能朝着预定的目标发展。

学前儿童家长明确了教育对象的发展方向,它有助于学前儿童家长更好地掌握家庭教育的客观规律,更好地理解教育与孩子发展之间的因果关系,使家庭教育过程更加科学化,为社会培养合格的公民。

2. 学前儿童家庭教育目的指导着父母进行家庭教育的原则、

第八章 学前儿童家庭教育的目的、任务与原则

任务、内容和方法

学前儿童家庭教育的目的是学前儿童家庭教育实践活动的起点,父母按照一定的家庭教育目的去确立家庭教育原则,选择家庭教育内容和方法,组织、开展家庭教育活动以保证家庭教育目标的实施。例如,为了培养孩子的社会交往能力,父母必然会注意到在日常生活中,把一些交往技能通过言传身教教给孩子,并创设机会、条件进行运用,对运用不恰当的及时反馈,使孩子得以及时调整。一切教育过程都是实现一定教育目的的过程,学前儿童家庭教育的过程在学前儿童家庭教育的目的支配和指导下进行,学前儿童家庭教育的目的在学前儿童家庭教育的过程中实现。父母总是按照自己设计的教育目的的理想蓝图去从事家庭教育的各种活动。

第二节 学前儿童家庭教育的任务

学前儿童家庭教育的任务主要包括健康教育、认知教育、品行教育和审美教育四个方面。为完成每一方面的任务必须要有与之相配套的要求。

一、健康教育的任务与要求

(一)健康教育的任务

英国教育家洛克在论述家庭教育的任务和内容时,把家庭体育放在第一位。在《教育漫话》一书中,开宗明义第一句话便指出:"健康之精神寓于健康之身体","我们要能工作,要有幸福,必须先有健康"。[1]

在学前儿童个体的发展中,生命的健康是保证其发展的物质条件。学前儿童各方面的发展,都必须建立在身心健康的基础上,

---

[1] 《教育漫话》,人民教育出版社,1963年版。

否则,学前儿童的发展就会中断或结束。因此,健康教育是学前儿童全面发展教育的重要组成部分,是学前儿童全面发展的前提和基础。学前儿童只有有了良好的身体、健康的体魄,才能进行智力活动、交往活动和审美活动等。

1996年,国家教育委员会颁布的《幼儿园工作规程》中提出,幼儿园保育和教育的主要目标之一是"促进幼儿身体正常发育和机能的协调发展,增强体质,培养良好的生活习惯、卫生习惯和参加体育活动的兴趣"。

学前儿童家庭健康教育的任务是教给孩子一些简单的生活常识和卫生常识,培养孩子良好的生活习惯和卫生习惯,激发孩子参加户外锻炼的兴趣和愿望,培养孩子独立生活的能力和自我保护的能力,促进孩子身心的健康发展。

(二)健康教育的要求

孩子的生存是孩子发展的前提,学前儿童家长在对孩子进行健康教育的时候,要特别注意孩子的人身安全。

首先,应关注孩子饮食的安全。不要给孩子吃不洁食物或变质食物,防止病从口入。

其次,应注意孩子游玩的安全。父母在带领孩子外出游玩时,不要让孩子独自靠近危险物,如一人过马路、一人到河边玩等,以免对孩子的身体造成危害;另外,孩子在家里玩耍时,应为孩子创设一个安全的家庭环境,避免电线暴露在外等,否则,有可能造成不堪设想的后果。

第三,应关注孩子大脑的安全。学前儿童大脑发育较快,脑的功能不断趋向成熟,大脑皮层的分层、细胞的分化、神经纤维外层髓鞘的形成以及大脑皮层对外界刺激的反应和调节都日趋完善,但神经细胞的工作能力较弱,神经过程的兴奋和抑制不平衡,兴奋占优势、易扩散,抑制过程不完善,尤其是分化抑制能力较差,所以表现出好动、注意力不集中、动作不准确等,长时间的单调活动易

第八章 学前儿童家庭教育的目的、任务与原则

使孩子疲劳。因此,必须要有科学的作息制度、充足的睡眠时间、合理的营养和适宜的体育活动,以加强神经过程的灵活性和均衡性,改善和提高神经系统的工作能力。

第四,应关注孩子看电视的安全。学前儿童家长不要让孩子收看恐怖电视剧、录像带,应适当控制看电视的内容及时间,以免使孩子啼哭不止、情绪不定、睡眠紊乱、产生焦虑感和恐惧症。

二、认知教育的任务及要求

（一）认知教育的任务

人的脑神经细胞有 140 亿个左右,其中 70% 已在 3 岁前形成,这说明,对学前儿童进行智育方面的教育培养的生理基础已经具备了。前苏联心理学家维果茨基经过多年研究,提出了"最近发展区"的观点。他认为,人现有的发展水平与潜在的发展水平愈接近,表明一个人发展的水平愈高,所以教育可以适度超前进行,缩短与最近发展区的教育,略为超前的早期教育是可行的。

美国学者本杰明·S·布卢姆认为,4 岁前是智力发展最快的时期,约占 50%,其余的 30% 是在 4~8 岁时获得,20% 是在 8~17 岁时获得。许多研究者提出了智力发展的关键期,如 2~6 岁是儿童学习口头语言的关键期,4~5 岁是开始学习书面语言丰富词汇的关键期,4 岁前是形象视觉发展的关键期,5 岁左右是掌握数概念的关键期,等等。因此,抓住这一时期对学前儿童进行认知教育,能有效地拓宽学前儿童的知识面,提高学前儿童的智力水平。

学前儿童家庭认知教育的主要任务是丰富孩子的知识经验,激发孩子的学习兴趣,培养孩子的动手、动口、动脑习惯,促进孩子智力、能力的发展。

（二）认知教育的要求

语言是思维的外衣和交往的工具,家长在对孩子进行认知教育的时候,要格外重视语言能力的培养。

首先,应发展孩子倾听语言的能力。面对怀抱中的婴孩,家长

就可边做面部表情,边和孩子说话,日积月累,孩子就能在情感和语言之间建立牢固的神经联系,较早进入牙牙学语阶段,吸收更多词汇,更易掌握语言表达的技巧。

其次,应发展孩子理解语言的能力。家长们的国籍、省籍可能不同,在日常生活中,可用自己的语种或方言和孩子交流。例如,在一个大家庭里,爷爷是山西人,奶奶是东北人,妈妈是四川人,如果成人经常用不同的方言和孩子交谈,就能使孩子轻而易举地学会这三种方言,提高对语言的理解能力。

第三,应发展孩子运用语言的能力。家长不仅要让孩子记忆、背诵一些词汇和句子,更重要的是要让孩子能够在适当的场合加以运用。比如,在节假日带领孩子到北京游览,可启发孩子讲一讲"人民大会堂"、"故宫"有什么特点,引导孩子说一说"故宫"和"天坛"有什么相同点等。

第四,应发展孩子识字的能力。家长带领孩子走在马路上,可有意识地教孩子马路上的路名、商店门口的店名,家长还可通过和孩子一起玩字谜,来激发孩子的识字兴趣,提高孩子的识字能力。比如,家长和孩子一起说"我上幼儿园",孩子认识了"我"、"幼儿园"后,家长可出示"我"、"幼儿园"的识字卡片,然后再和孩子一起在生字卡片里找"上",这找的过程一方面可复习已学过的汉字,另一方面可加深孩子对所学生字的理解,有助于记忆。待找到后,把"上"字放在"我"和"幼儿园"中间。这样,一句话完整了,孩子感到很高兴,有一种成功感,又学会了生字。

三、品行教育的任务及要求

(一)品行教育的任务

在孩子还处在学前期就进行道德品质方面的教育,完全符合人的道德品质形成的客观规律。从心理学角度看,人的品德即道德品质,其心理结构包括道德认识、道德情感、道德意志、道德行为等方面,这些方面在品德形成中起着不同的作用,同时又相互促

第八章 学前儿童家庭教育的目的、任务与原则

进。指导学前儿童道德品质发展的主要途径是家长通过生活琐事来养成孩子良好的行为习惯和品德规范。这阶段虽然对孩子们的品德要求一般都不高,但这些基本的要求,往往是今后具有高尚思想品质的基础。

《幼儿园工作规程》中将幼儿德育目标规定为:"萌发儿童爱家乡、爱祖国、爱集体、爱劳动、爱科学的情感,培养诚实、自信、好问、友爱、勇敢、爱护公物、克服困难、讲礼貌、守纪律等良好的品德行为和习惯,以及活泼、开朗的性格。"

据此,学前儿童家庭品行教育的主要任务是培养孩子良好的品德,塑造孩子文明的行为,陶冶孩子积极的情操,提高孩子社会交往的能力,形成孩子活泼开朗的性格。

(二)品行教育的要求

孩子与人交流和合作的能力对其今后的发展至关重要,家长在对孩子进行品行教育的时候,应给予特别的重视。

首先,应培养孩子的同情心。使孩子学会关心别人,站在别人的角度考虑问题,已成为我国幼儿家庭教育的一个十分紧迫的现实问题。北京东方之星幼儿教育研究所1999年对北京、上海、广州、重庆四大城市5000名3~7岁儿童所做的调查表明,当大人生病或有困难时,35.6%的孩子能主动关心并给予帮助;29.7%的孩子知道后有较多关心;其余孩子知道后能有"一点关心"或"没什么表示"。这就为我们做家长的敲响了警钟,再也不能一味地满足孩子、有求必应了。否则,孩子感到一切来得太易了,就不会站在别人的角度设身处地地为别人着想。一个人缺乏了同情心,是很可怕的!

其次,应培养孩子的合群性。据调查,在3~7岁儿童中,约有35%的儿童"只和一两个孩子玩或喜欢独处",孩子缺乏与人合作的意识、交往能力薄弱,应引起家长的高度重视。社会交往能力是指与人发生联系,进行人际间信息交流、沟通与理解、协调相互行

为,处理人与人相互关系的能力。

学前儿童与他人的交往有两种类型,一种是与成人的交往关系,一种是儿童之间的相互交往,这是儿童社会交往能力的主要表现。因为通过同伴间的交往,可促进学前儿童社交经验与技能的获得,促进社交行为的目的性,促进认知的发展。巴西心理学家马加·雷斯认为,孩子的交往能力对今后的发展非常重要。否则,即使"孩子具有非凡的智力但不知道如何同别人交往,也是无济于事的"。

最后,应培养孩子的抗挫能力。"曲折和磨难是人生宝贵的财富",孩子在成长的过程中不可能一帆风顺,总会遇到这样或那样的困难甚至挫折,家长应舍得让孩子经风雨、见世面,使孩子既能在顺境中也能在逆境中得到发展,以顽强的意志和坚韧不拔的毅力去面对人生和社会。

四、审美教育的任务及要求

(一)审美教育的任务

审美教育是人类文明发展的必然结果。审美教育可以陶冶性情、开发智力、培养意志、增进健美。

0~2岁为婴幼儿智力发展的感觉运动阶段,婴幼儿是通过视、听、动的协调活动,直观地、表面地感知美的。婴儿出生后,已显示出审美感知的最初萌芽。新生儿在10天左右开始出现明显的视觉,五六个月起不仅会注视远距离的物体,并能进行追视,而且会用双手去抱、抓眼前较醒目或能够发出声音的东西,一旦目的达到,就会流露出愉悦、欢快的表情,体验到人生最初级的审美乐趣。2~6岁属于直觉感受完整的审美形象时期,儿童不仅对审美形式的个别成分作出反应,而且产生审美知觉,表现为根据已有的经验、知识对对象进行整体感知,并溶入一定的理智、情感内容的审美心理形式。其中,最初出现的是审美联想。如胡小舟的《我在月亮上荡秋千》,由游戏中的荡秋千情景联想到到月亮上荡秋

第八章 学前儿童家庭教育的目的、任务与原则

千,这是一种儿童独特的突破时空的联想。学前儿童对艺术美形式特征的把握,对艺术创作的感情表现明显优于艺术欣赏中的理性表达。如绘画中的对称均衡感,音乐律动中的韵律感等。

学前儿童家庭审美教育的主要任务是引导孩子感受美,启发孩子表现美,鼓励孩子创造美,塑造孩子美的心灵。

(二)审美教育的要求

在对孩子进行审美教育的时候,家长尤其要重视让孩子用自己的眼睛去发现美,用自己的心灵去体会美,用自己的双手去创造美。

首先,应加大孩子的艺术投资。在调查中我们发现,许多家长经常给孩子买几十元的肯德基、麦当劳套餐,数百元的名牌服装,但却很少给孩子买几盘儿童音带或CD,致使小小年龄的孩子初入幼儿园时,唱的不是儿童歌曲,而是"你是风儿我是沙"、"冬天里的一把火"等流行歌曲。孩子的成长既需要物质食粮,也离不开精神食粮,随着孩子年龄的增长,家长更要关注后者,并加大投资的力度。

其次,应尊重孩子的艺术爱好。艺术的天地十分广阔,不同的孩子,对艺术形式的喜爱也不同,家长要予以尊重。只要是发自孩子内心的感受,不论是画画、唱歌、弹琴、跳舞,还是吟诗、下棋、折纸、泥塑,家长都要认可、接受,使孩子在体验独特艺术的过程中,性情变得美好起来。

再次,应鼓励孩子的艺术创造。培养孩子的"创造美感"的关键是保护孩子的好奇心,激发想像力。好奇心与想像力是一切创造发明的先决条件。童年期的孩子无拘无束,思维极其活跃,家长要解放孩子的双手和大脑,让孩子自己想像、自由创造,如用废旧塑料盒做"小汽车",用蛋壳做"娃娃"等,而不要把成人的意志强加给孩子,限制孩子的活动,强求孩子在技能技巧上的完善,而轻视孩子创造火花的激发。

"全世界的所有最重要的教育方案都由那些能兼顾孩子身体与精神两方面发展的要素组成"①,家庭教育也不例外,为了"使每个儿童均享有足以促进其生理、心理、精神、道德和社会发展的生活水平"②,学前儿童家长要担负起孩子身心健康发展的教育任务,全面关心孩子、教育孩子。

第三节 学前儿童家庭教育的原则

学前儿童家庭教育的原则是根据学前儿童身心发展特点及个性、品德形成的规律,根据学前儿童家庭教育的任务、家庭教育过程的规律制定的,是学前儿童家庭教育经验的总结和概括。因此,学前儿童家庭教育原则有着它自己固有的特点和方式,是学前儿童家庭教育中必须遵循的基本要求,是进行良好家庭教育的重要依据。

一、寓教于生活和娱乐中的原则

(一)由于学前儿童还很幼小,他们不能独立生活,需要成人照料,孩子的任务就是成长和玩。因此,在这一阶段中,家长对孩子的教育既不能靠指导其读书,也不能靠说教训斥,而必须从孩子的特点出发,寓教于生活、寓教于娱乐。让学前儿童在生活和娱乐中感受情感上的需要,在娱乐中学习知识,发展智能,认识世界;在生活和娱乐中学习文明礼貌,培养良好的道德品质和习惯。学前儿童家长要在潜移默化中给孩子施加教育的影响,利用娱乐,在玩中教、在玩中学。

学龄前期幼儿在身心发展方面都是迅速的,在这个时期进行

---

① 〔新西兰〕戈登·德莱顿、〔美国〕珍妮特·沃斯著,顾瑞荣等译,刘海明校译,《学习的革命——通向21世纪的个人护照》,上海三联书店,1997年版。
② 1989年11月第44届联合国大会通过的《联合国儿童权利公约》,第27条。

第八章 学前儿童家庭教育的目的、任务与原则

良好的家庭教育和行为培养,将会收到良好的效果。但幼儿年龄小,认识能力低,如在这个阶段进行正规化的教育则弊多利少。通过游戏活动,或在实际生活中进行教育,则可培养孩子的各种能力,增长他们的知识和才干,特别在培养劳动和独立生活能力方面(如学洗手帕、袜子,整理玩具、图书等)更离不开生活和娱乐了。

(二)寓教于生活和娱乐的原则,并不要求家长花费专门的时间和精力。学前儿童家长要培养孩子的生活习惯和自理能力,只需在平时的生活中做个有心人就行了。如每天早晨让孩子自己穿衣服、系钮扣,父母可和孩子来个竞赛,这样既培养了幼儿的自理能力,又养成了幼儿不睡懒觉、不拖拉的好习惯。学前儿童家长还可随着孩子成长的各个阶段增加学习内容,如自己洗脸、刷牙,自己折叠被子、衣服等,平时在举手投足间施加礼仪、礼节等社会生活常识方面的内容。家长只要做个有心人,生活和娱乐中处处可实施教育,而且还将使家庭生活更加和谐、美满、愉快,孩子也将终身受益。

二、理性施爱和要求适度相结合原则

(一)理性施爱

在学前儿童家庭教育中,家长不但要以无私的亲情热爱子女,更需要情感与理智相结合。爱是父母的天性,也是教育的基础。只有无私的爱,才能产生巨大的感化力量。由于家长对孩子爱之深、知之切,他们能够细致入微地体察孩子的喜怒哀乐,能够理解孩子的思想和行为,能够对孩子循循善诱,耐心教育。

家长热爱孩子,尊重他们的人格,培养他们的自尊心、自信心,针对孩子身心发展特点和能力水平进行教育,既不操之过急、拔苗助长,也不听之任之、任其自流,这种爱是受理智支配的爱。

要贯彻理性施爱的原则,学前儿童家长不仅要有正确的教育价值观,而且要有正确的儿童观。具有正确儿童观的家长,既看到儿童身心不成熟、幼稚的一面,又看到他们具有极大可塑性,可以

接受培养教育的一面；更理解孩子身心迅速发展，拥有巨大潜能，具有强烈的主观能动性的方面，根据正确的教育目标，严格要求孩子。

（二）要求适度原则

没有要求就没有教育，严格的要求才是认真有效的教育。学前儿童家长教育孩子也应该坚持严格要求。但严格要求不等于过苛、过度、不合理的要求，而是从教育目的出发，针对孩子的发展实际，提出内容适当的教育要求。学前儿童家长和孩子双方对于教育要求的态度应是同样认真的，一经提出，坚持不懈，使教育要求转化为孩子的思想行为，形成良好的品德。

教育要求的合理适当，主要体现在要求的目的性、可行性、渐进性和实效性几方面。教育要求应从教育目标出发，有明确的教育目的。提出的教育要求有助于促进孩子身心健康和个性的成熟、完善；教育要求的可行性，是指家长所提的教育要求应符合孩子的发展水平，使之稍做努力，便可获得成功；教育要求的渐进性，是指家长所提的教育要求符合从易到难、从简到繁的顺序，考虑到知、情、意、行相互关系形成系列；教育要求的实效性，是指家庭教育中对孩子的任何要求不应徒有形式，而在于使教育要求为孩子所接受，转化为孩子的观念和行为，有效地促进孩子长大成人，发展成才。

学前儿童家长对孩子教育要求的适当合理，可以转化为孩子的自身需求。如要求孩子遵守集体规则，与同龄伙伴友好相处，能够满足儿童社会交往的需求，使他们体验到共同游戏的愉快和和睦相处的乐趣。儿童合理需求获得满足后带来的积极情绪，对启迪他们的聪明才智，培养热情开朗的性格和健全的个性品质有深远影响。

三、全面发展和因材施教相结合原则

（一）全面发展与发展特长

第八章 学前儿童家庭教育的目的、任务与原则

在学前儿童家庭教育中,存在着全面发展和发展特长的矛盾。如何处理好这对矛盾,做到两者间的辩证统一,是每位学前儿童家长必须认真对待并妥善解决的大问题。

木桶理论认为,一个木桶是由多块木板共同箍成的,它盛水的多少取决于所有木块的共同长度,在于木板间相互连结的质量,缺哪块木板都不行,短哪块木板也不行。学前儿童的各个方面,如体力、认知、语言、情感、社会性、审美等类似于一个木桶。学前儿童家长对孩子进行的教育,应有利于孩子的全面发展,这样,孩子各方面的"木板"的长度都得到增长,增加了"木桶"盛水的容量,全面提高了幼儿的能力和水平。学前儿童家长如果只注重孩子某一方面的发展,不管孩子有没有兴趣,而是根据家长的主观愿望,强迫孩子学习某方面的技艺,如学钢琴、学绘画、学英语等,那无论如何也是不能成功的。而且孩子苦恼、家长也苦恼,甚至影响家庭的和睦。

在学前阶段,由于孩子的兴趣爱好非常广泛而又不稳定,因此,家长只能是在全面发展的基础上,创造条件培养孩子的兴趣爱好,可以使孩子的个性得到充分发展。

(二)针对孩子的不同个性因材施教

在同一年龄段的学前儿童,由于先天的遗传素质、后天的生活环境和所受到的教育,以及孩子本身的实践情况不同,在身心发展的可能性、方向和水平上是存在差异的,这种差异就叫个性,也叫个性特征,它包括气质、性格、兴趣、能力等。

个性心理特征在新生儿身上就有反映。初生的婴儿,有的好哭好动,有的则比较安静,有的哭起来没完没了,有的是一阵阵地哭。随着孩子年龄的增长,孩子的个性心理特征表现得越来越明显、强烈,个性特征也在更多的方面越来越明显地表现出来。如有的孩子好闹好动,见生人不认生,有的则比较平静、拘谨,害怕生人。在孩子个性特征发展的过程中,随着年龄的增长,遗传的作用

越来越小,环境和教育的作用越来越大,个性差异也越来越明显。

由于孩子的气质、性格、兴趣、能力等个性特征的不同,学前儿童家长对孩子进行的教育、训练也应因人而异,区别情况分别对待,做到从实际出发,因势利导、有针对性地因材施教。

学前儿童家长要真正做到因材施教,必须承认、正视、了解孩子的个性特征。在此基础上,发挥每个孩子不同的优势,使优良的个性得到充分的发展,不良的个性加以纠正。当然,孩子的身心究竟要朝什么方向发展,应当根据孩子的个性倾向和社会发展的需要,因势利导,促使其发展。

总之,学前儿童家长一方面要全面关心孩子,使孩子在德、智、体、美诸方面得到充分发展。另一方面,在此基础上,使孩子的个性得到充分的发展。只有这样,才有可能把子女培养造就成才。

四、教育要求一致和教育方法灵活相结合原则

(一)父母、老人及家庭成员对孩子的要求要一致

首先,父母对孩子所提要求要一致。在教育过程中,父母应相互配合,共同分析孩子的情况,共同研究对孩子的要求和实施教育的方法,两人都做到心中有数,并持之以恒。其次,家庭中,老人往往容易宠爱孩子,父母要将自己对孩子的要求告诉老人及家庭其他成员,使他们了解这些要求,并且明白为什么要这样,即使有意见也要背着孩子交换意见,不要让孩子无所适从或形成两面行为,这对培养孩子良好个性和诚实品质都是极为不利的。

(二)学前儿童家长对孩子的要求应前后一致,但方法需灵活

学前儿童家长对孩子的教育是一个长期的连续过程。在这一过程中,家长对孩子的管理教育,应当始终保持积极负责的态度,不能在某一个阶段严格要求,坚持正确原则,而过一段时间又采取放任自流的态度,放弃正确的原则。假如像这样不能一以贯之、始终如一的话,前一阶段的教育就会前功尽弃。

当然,在一段时间内,在某一个具体的教育问题的管教上,对

第八章　学前儿童家庭教育的目的、任务与原则

待孩子必须宽严始终一致。但是,在从孩子出生到6岁这一家庭教育过程中,不能要求家长对孩子的教育、管理始终做到绝对一致,也不可能做到在这一漫长过程中始终一致。因为在整个家庭教育过程中,孩子从一个软弱无能、无知无识的新生儿一直长到6岁,他们的身心各方面发生了极大变化,他们的知识丰富了、能力增强了、经验增多了、自觉性也增强了。这一切,都要求家长随时掌握好对孩子要求和管理教育的宽严程度,做到教育方法灵活。

[思考题]

1. 学前儿童家庭教育的目的是什么?
2. 阐述家庭教育的"反向社会化"。
3. 详述学前儿童家庭教育的任务及要求。
4. 阐述在家庭中对孩子进行健康教育、品行教育的必要性。
5. 详述理性施爱和要求适度相结合原则。
6. 案例:

爸爸说:"幼儿园马上要放暑假了,我们的女儿佳佳马上要大班毕业、做小学生了,应该学着帮忙做些家务了。"女儿佳佳听了爸爸的话,高兴地说:"好的,好的!要我做什么家务?"还没等爸爸开口,妈妈抢着说:"可以洗你自己的手帕、袜子,还可帮妈妈洗洗碗、擦擦桌子……"奶奶插话了:"这些小事,我来做,让她做呀,反而越帮越忙。"佳佳在一旁,不知如何是好。

请具体分析这一案例是遵循或违背了哪些家庭教育原则?为什么?

[参考资料]

1.〔美〕M·米德著,《文化的承诺》,河北人民出版社,1987年版。

2.〔美〕E·齐格勒等著,李凌等译,《社会化与个性发展》,北京航空航天大学出版社,1988年版。

3.〔美〕I·罗伯逊著,黄育馥译,《社会学》(上),商务印书馆,

1990年版。

4.〔美〕罗斯·埃什尔曼著,潘允康等译,《家庭导论》,中国社会科学出版社,1991年版。

5. 时蓉华,《现代社会心理学》,华东师范大学出版社,1995年版。

6. 邓佐君主编,《家庭教育学》,福建教育出版社,1995年10月版。

7. 联合国教科文组织总部中文科译,《教育——财富蕴藏其中》(联合国教科文组织教育丛书),教育科学出版社,1996年版。

8.〔新西兰〕戈登·德莱顿、〔美国〕珍妮特·沃斯著,顾瑞荣等译,刘海明校译,《学习的革命——通向21世纪的个人护照》,上海三联书店,1997年版。

第九章 学前儿童家庭教育的内容

目的是的,内容是矢。学前儿童家庭教育的目的是学前儿童家庭教育最终必须达到的目标,是总的、纲领性的规定。而学前儿童家庭教育内容是为了保证学前儿童家庭教育目的的实现,必须实施的具体的内容。从胎儿至6岁幼儿,在这漫长的发展过程中,不同年龄段的孩子有其不同的特点,家庭教育内容必须根据孩子的不同年龄特点而定,才更有目的性、更有针对性。因此,从胎儿至6岁学前儿童家庭教育的内容也必然是不同的。

第一节 产前保健与胎教

一、产前营养、药物与化学物质

(一)产前营养的意义

孕妇的营养有双重意义,既影响自己的身体健康,也影响胎儿的健康发育。因为妇女自受孕后,体内的正常生理代谢过程发生一系列改变,胎儿生长发育所需的各种营养主要来自母体,孕妇本身还需为分娩和泌乳贮存一定的营养素,所以孕妇需要比平时更多的营养素。如果孕妇营养失调或不足,对母体健康和胎儿的正常发育都将产生不良的影响。孕期营养不足既是妇女贫血、血毒症、恐怖症、免疫能力下降等病症的主要原因,更是胎儿脑和身体发育障碍的罪魁祸首。营养学家研究证明,如果在母亲怀孕期间和乳儿期间,孩子的营养极度不良,那么婴儿的大脑细胞就不能达到应有的数量,质量也差,后天再设法补充营养,一般收效不大。美国研究人员布莱恩等人提出:"人的大脑在子宫里就开始生长……如果在那个时候没有足够的营养以利于它的生长,那么,损伤或者畸形就有可能出现,而这在将来的日子里是无法补救的。"①英国教授迈克·克荣福德经过十年的研究,也指出,"我们发现任何出生时体重轻、头围小或有智力缺陷的婴幼儿,其母亲在以前以及怀孕期间都是营养不良的,她们都没有摄入大量所需的营养。"②孕期营养过足,也会给孕妇和胎儿带来麻烦,既可能造成孕妇肥胖、婴儿过大而难产,又可能造成胎儿出生后活动困难。

孕妇应有合理的营养结构,注意摄取各种营养,以适应妊娠期母体的特殊生理和充分满足胎儿生长生育的各种营养素需要,确保母婴健康。

首先,孕妇切忌偏食。乳、蛋、禽、鱼等蛋白质和不饱和脂肪酸含量高的食物要吃。豆制食品营养也十分丰富,也应多吃。不饱和脂肪酸是大脑发育不可短缺的营养,人体不能自己合成,只能依靠外界摄入。蔬菜水果也应多吃,应注意补充铁钙磷碘等矿物质,做到粗、细粮搭配。其次,要注意少吃多餐,不要一次进食太多或太少,每天必须摄入150克以上的碳水化合物。第三,孕妇应保持适量的户外活动,以便使自己的消化、循环系统更好地发挥功能。

(二)产前营养的需要

为适应孕期妇女的特殊生理需要,保障胎儿的正常生长发育,许多营养专家要求孕妇注意膳食的合理调配,保证各种营养素的供给。孕妇必须注意以下营养:

---

① 〔新西兰〕戈登·德莱顿、〔美国〕珍妮特·沃斯著,顾瑞荣等译,刘海明校译,《学习的革命——通向21世纪的个人护照》,生活·读书·新知上海三联书店,1997年版。

② 同上。

第九章 学前儿童家庭教育的内容

1. 热能

孕期由于体重增加,且基础代谢增加,所以热能需要也增加。另外由于孕期胎儿发育的特点,热量需要随不同孕期而有变化。孕期一般划分为三期,即孕早期(1~12周)、孕中期(13~27周)和孕后期(28~40周)。中国营养学会1988年结合我国孕妇的实际情况修改了1981年公布的孕妇热能供给量标准,修改后的标准是自妊娠4个月开始在正常热能供给量基础上每日增加200千卡(836千焦)。表9-1 列出几个国家推荐的孕妇每日膳食中热量及蛋白质供给量。①

表9-1 几个国家推荐的孕妇每日膳食中热量及蛋白质供给量

国家	时间(年)	孕中期增加值			孕后期增加值		
		热能(千卡)	热能(千焦)	蛋白质(克)	热能(千卡)	热能(千焦)	蛋白质(克)
日本	1985	+150	627	+10	+350	1463	+20
英国	1985	+250	1045	+6	+250	1045	+6
中国	1988	+200	836	+15	+200	836	+25

孕妇必须摄入足够的粮谷类食品,以充分保证必需的热能。近年来,某些地区发现新生儿体重超过4000克的高出生体重儿比例逐年增加,这与孕妇摄入碳水化合物和脂肪量过多有关,值得注意。

2. 蛋白质

妊娠期间供给充足的蛋白质很重要。胎儿需要蛋白质构成其组织,孕妇本身也需要一定数量的蛋白质供给其子宫、胎盘、乳房

---

① 参见上海市妇女联合会、好孩子集团编制,《好孩子亲子学苑教材》,人民教育出版社,1999年10月版,第18页。

等发育。此外,在分娩过程中也必须有一定量的蛋白质储备来促进产后恢复及防止产后贫血。估计整个怀孕期贮存蛋白质约900克,但妊娠各期蛋白质贮存量是不平衡的,随着妊娠的进展,蛋白质贮留的速度不断增快,在妊娠后半期,每日平均需贮留蛋白质50克,见表9-2。① 因此,孕妇必须根据蛋白质贮留特点增加蛋白质的摄入,多食禽、鱼、蛋、肉、牛奶和豆浆等。

3. 碳水化合物

胎儿需耗用母体的葡萄糖进行代谢,如母体供给糖类不够,就会氧化脂肪或蛋白质来供给热能,使孕妇易患酮体症。此外,患糖尿病的孕妇,血糖未能很好控制时,婴儿可发生高胰岛素血症,贮存蛋白质与脂肪较多,使新生儿过大。一般碳水化合物无规定供给量标准,孕妇每日至少应该摄入200~250克以上,以防止酮体症出现。妊娠中后期,膳食中碳水化合物所提供的热能应占总热能55%~60%左右。

表9-2 妊娠蛋白质贮留动态变化及贮留克数

内 容	10周	20周	30周	40周
胎儿	0.5	27	160	435
胎盘	2	16	60	100
羊水	0	0.5	2	3
子宫	23	100	136	154
乳房发育	9	36	72	81
血液	0	30	102	137
总计	34.5	209.5	532	910

4. 脂肪

---

① 同前。

第九章　学前儿童家庭教育的内容

脂肪是胎儿神经系统的重要组成部分,构成其固体物质的1/2以上。脑组织脂肪酸中1/3为亚油酸和亚麻油酸。在脑细胞发育过程中,适量的脂肪酸是必需的。人体脑细胞髓鞘化过程自胎儿期开始,直到出生后一年左右才完成。在髓鞘化过程中,饱和脂肪酸和多不饱和脂肪酸都对髓鞘和细胞膜的形成有重要作用。

孕妇膳食中应有适量的脂肪并包括饱和脂肪酸和多不饱和脂肪酸,以保证自身和胎儿的需要。由于孕妇血脂较平时高,脂肪摄入量不宜过多。一般认为,其热比以25%~30%较为适宜。[①]

5. 钙

妊娠期需有大量钙在母体内贮留,以供给胎儿骨骼和牙齿生长发育之用。如母体长期缺钙,则可能影响胎儿骨骼正常发育,使出生婴儿易患佝偻病,孕妇也易患骨质软化病。

为了满足骨骼生长发育的需要,胎儿体内不断贮留钙,另外尚需部分贮存在母体内,以备授乳期使用。由于我国膳食的特点,孕妇缺钙的现象比较普遍,常在孕期5个月左右开始发生小腿抽搐,血钙降低。近年的研究发现,母体血钙浓度与婴儿出生体重呈正相关,孕妇血清钙与胎儿脐血钙呈正相关,说明胎儿钙的需要对孕妇的依赖性。此外,有资料报道,患妊娠高血压综合征的孕妇血清钙降低,用钙剂治疗妊娠高血压综合征取得较好疗效等。为此,妊娠过程必须注意钙的补充,多食虾皮、海带、紫菜等含钙量丰富的食品。中国营养学会1988年修改了孕妇膳食中钙的供给量,孕中期供给量为1000毫克,孕晚期为1500毫克,膳食不足者可补充钙制剂。[②]

[①] 参见上海市妇女联合会、好孩子集团编制,《好孩子亲子学苑教材》,人民教育出版社,1999年10月版,第19页。

[②] 参见上海市妇女联合会、好孩子集团编制,《好孩子亲子学苑教材》,人民教育出版社,1999年10月版,第26页。

6. 铁

妇女受孕后,铁的需要量增加,整个妊娠期总的需要量约 1 克以上。孕期缺铁会影响新生儿贮铁量,致使婴儿较早出现缺铁或缺铁性贫血。另外,贫血孕妇的低体重儿发生率比一般孕妇高。孕妇严重贫血者还易引起早产。贫血产妇对大出血的耐受力较正常孕妇低,且易导致产后出血。贫血孕妇应注意通过食物和铁剂补充铁。由于我国膳食中铁的实际吸收利用较差,应注意补充一定量含铁丰富、吸收利用高的动物性食品,如肉、肝等。孕妇还可服用铁剂或强化铁的食品,以满足需要。

7. 锌

锌与妊娠的关系是近年来人们关心的问题。人群调查研究表明,胎儿畸形发生率的增加与妊娠期锌营养不良及血清锌浓度降低有关。也有报道,自发性流产与妊娠合并高血压综合征者,其血清锌浓度明显低于正常妊娠妇女。低出生体重儿血清锌浓度也较正常体重儿低。

锌缺乏影响维生素 A 的转运以及外周组织内视黄醇的氧化还原转化。有人还发现血清锌与补充铁剂的量呈反比,大量补充铁剂可能引起小肠锌吸收机能的损害,孕妇在补充铁剂时应予以注意。1988 年,中国营养学会首次提出了我国孕妇膳食中锌的供给量标准,孕后期每日摄入锌应为 20 毫克。[①]

8. 碘

孕期甲状腺功能活跃,甲状腺能促进胎儿生长发育,故碘的需要量增加。我国规定,妊娠中、后期每天应摄入碘 175 毫克。[②]

9. 脂溶性维生素

---

① 参见上海市妇女联合会、好孩子集团编制,《好孩子亲子学苑教材》,人民教育出版社,1999 年 10 月版,第 23 页。

② 同上。

第九章 学前儿童家庭教育的内容

因胎儿发育、肝脏储备及母体泌乳而储存,孕期维生素 A 的需要量增加。但现已证实,妊娠期过多摄入维生素 A 反而影响骨骼的正常发育并诱发畸胎。我国孕妇维生素 A 的每日供给量标准为 1000 微克视黄醇当量。①

维生素 D 可促进钙的吸收和钙在骨骼中沉积,对骨、齿形成极为重要。因此,孕妇应经常接触充足的阳光和保持正常膳食,可预防发生维生素 D 缺乏。

10. 水溶性维生素

母体的水溶性维生素通过胎盘进入胎体皆主动转运,且妊娠时由于肾功能改变,尿中维生素排出量也增加,造成母血中水溶性维生素常偏低。

维生素 B_1、B_2 的需要与新陈代谢成正比,孕妇新陈代谢增高,故维生素 B_1、B_2 的需要量也增高。我国规定,孕妇维生素 B_1 和 B_2 的每日供给量标准均为 1.8 毫克。② 妊娠时由于胎儿的生长发育以及母体激素分泌变化,维生素 B_6 需要量也增加。我国尚未制定供给量标准。美国 1981 年提出孕妇维生素 B_6 的每日供给量为 2.6 毫克,可供参考。③

维生素 B_{12} 缺乏时可引起巨幼细胞性贫血。患巨幼细胞性贫血的孕妇,其新生儿也可能患贫血。我国尚无供给量标准。美国 1981 年提出,孕妇维生素 B_{12} 每日供给量为 4.0 微克。④

---

① 参见上海市妇女联合会、好孩子集团编制《好孩子亲子学苑教材》,人民教育出版社,1999 年 10 月版,第 24 页。

② 参见上海市妇女联合会、好孩子集团编制《好孩子亲子学苑教材》,人民教育出版社,1999 年 10 月版,第 25 页。

③ 参见上海市妇女联合会、好孩子集团编制《好孩子亲子学苑教材》,人民教育出版社,1999 年 10 月版,第 26 页。

④ 参见上海市妇女联合会、好孩子集团编制《好孩子亲子学苑教材》,人民教育出版社,1999 年 10 月版,第 26 页。

因杂粮中富含 B 族维生素,孕妇可多食杂粮,如小米、玉米、麦片等。

维生素 C 对胎儿骨骼、牙齿的正常发育、造血系统的健全和机体的抵抗力都有促进作用。母体的维生素 C 需要量增加,以满足母体和胎儿生长发育的需要。我国规定,孕妇的每日维生素 C 供给量标准为 80 毫克。孕妇可经常食用橘子等水果。

孕妇造血功能旺盛,同时还要满足胎儿需要,故孕妇的叶酸需要量增加,缺乏时可患巨幼细胞性贫血。世界卫生组织和美国 1981 年提出孕妇叶酸每日供给量为 800 微克。[①]

(三)对胎儿有害的药物及化学物质

妇女受孕后 3 个月内是胚胎发育分化的关键期,胚胎机体对通过母体传递的外界刺激十分敏感,对有害刺激的抵抗力十分微弱,因此,这个时期被称为孕妇敏感期。一些研究指出,几乎所有先天性发育缺陷,如腭裂、唇裂、四肢不全、先天性心脏病、小儿畸形、盲、聋等都发生在这个时期。在这个时期中,孕妇要尽量避免接触对胎儿有害的药物及化学物质。

1. 尽量避免病毒感染

由病毒引起的疾病很多,如流行性感冒、传染性肝炎、风疹、麻疹、腮腺炎和疱疹等等。如果孕妇感染上病毒性疾病,不但影响本身健康,病毒还会通过胎盘危害胎儿。特别是妊娠的前 3 个月,胎儿器官正处在分化阶段,由病毒致畸的发生率很高。据报道,妊娠 2 个月左右患了风疹的孕妇中,有 60% 的胎儿可能造成轻重不同的畸形。

为了防止和减少胎儿受病毒的有害影响,孕妇在怀孕早期应加强预防措施。如注意营养和锻炼,提高机体的抗病能力;在传染病流行季节,尽量少到影剧院、舞厅以及人数众多的公共场所活

---

① 同前。

第九章　学前儿童家庭教育的内容

动;不要到医院看望病人,以减少感染机会。

2. 避免药物滥用

药物固然有治病的效能,但任何药物都有不同程度的副作用。这些副作用,成人受得了,而处于发育关键期的胚胎却受不了。因为药物不但作用于孕妇自身,还可以通过胎盘直接进入胎儿体内,也可以通过母体代谢间接地影响胎儿。

研究证明,至少以下药物对胎儿有害:

表9-3　对胎儿有害的药物①

类别	药物名称	引发的病变
抗生素	四环素	牙齿发黄、短肢、肝脏受损、骨骼发育不良
磺胺类	磺胺素	黄疸、溶血病
镇静剂	眠尔通、利眠宁、氯丙嗪	发育迟缓、无肢、短肢、无耳、腭裂、食管闭锁等
性激素	雌激素、雄激素、黄体酮	女胎男性化、畸形等
激素	甾体避孕药、可的松、强的松	染色体断裂、兔唇、腭裂
过量维生素	大剂量维生素 A、K、B、O 和大剂量维生素 B_6	黄疸、贫血、高血钙、智力低下、新生儿维生素 B_6 依赖症
抗肿瘤药	放射性碘、抗癌药	损害甲状腺、胚胎死亡
抗抑郁药	丙味嗪	四肢畸形

---

① 吕建国主编,《家庭生态与教育》,山西教育出版社,1992年7月版,第96页。

表中所罗列的只是一部分,主要是西药。一些中药也可以引起病变,如巴豆、牵牛、蜈蚣、斑蝥、牙皂等可致胎儿多种畸形。

孕期不服药的最充分前提是孕期不生病。因此,育龄妇女应选择身体情况最佳的时期怀孕。怀孕后应主要通过心理调节、饮食起居行为调节和适量活动锻炼来提高肌体的活力和抗病能力,保证自己的身体健康。

4. 避免嗜烟酗酒

孕妇酗酒的问题也引起研究者的关注。每日酗酒超过两盎司的孕妇较易有胎儿酒精中毒的症状,包括心脏畸形、严重的成长障碍、五官畸形、轻微的心智障碍。这主要是因为大量饮酒后,血液中的酒精浓度增高,产生对胎儿的致害作用。

香烟里的尼古丁、一氧化硫也引起许多研究者关注。烟草内的尼古丁、一氧化硫等有害物质,通过吸烟者的血液循环侵入精子,有可能引起精子的染色体和基因发生变化。这种精子与卵细胞结合所形成的胎儿,其发育将会受到不同程度的损害,因而产生早产、流产,严重的造成胎儿先天性畸形等现象。对孕妇来说,抽烟会使血液中供氧减少,造成胎儿缺氧性发育迟缓。香烟中的尼古丁等毒素使孕妇血管收缩,胎盘滤毒功能下降,引起胎儿慢性中毒甚至死亡。如果孕妇每天至少抽一包香烟,容易早产,造成婴儿体重不足,香烟中的成分使胎儿心跳加速、血压增高,使他在子宫内的活动量增加,而且由于抽烟的母亲食欲降低,胎儿可能会营养不良。

为使自己的下一代正常发育,健康生长,年轻夫妇应忌烟、酒。

5. 避免接触放射性物质、噪音及有害物质

射线:环境中的射线超过一定剂量就会使人体器官中某些细胞内的基因产生恶性突变。胎儿吸收到 10 拉德 X 射线(相当于 100 次胸部透视剂量),就会畸形发育。1945 年,日本广岛、长崎受原子弹袭击以后,有人对怀孕 18 周以内的孕妇进行了调查,发现

第九章 学前儿童家庭教育的内容

她们所生的孩子头部畸形窄小和智力发育迟缓的发生率很高。

噪音:噪音对人的心脏、血液循环系统和神经系统(特别是听觉神经系统)的破坏性影响是众所周知的。尽管包围着胎儿的母腹和子宫起着严密的防护作用,强大的噪音仍可能冲破防线,伤害婴儿。国外的一些研究表明,在噪音环境下工作的孕妇生产的婴儿往往表现出不安、恐惧等不良情绪。

空气污染:空气污染对胎儿发育的影响与父母抽烟的影响过程类似。被污染的空气中有些成分可能导致胎儿神经系统发育障碍,有些成分又可能导致胎儿循环系统发育障碍。

孕妇及家人只有认识到这些药物及化学物质的影响,才能有效地趋利避害,为新生命的顺利产生和健康成长创造有利条件。

二、孕妇情绪

(一)孕妇情绪对胎儿的影响

人的情绪活动涉及大脑皮层和皮层下的丘脑、边缘系统等许多复杂神经结构的协同活动。下丘脑所控制的自主神经系统把各种与情绪反应有关的化学物质通过内分泌和血液循环送到身体的有关部位。孕妇的血循环系统和内分泌系统与胎盘相连,于是,孕妇的情绪反应也就直接影响到胎儿。

研究表明,孕妇的积极情绪可以增加血液中有利健康的化学物质。当母亲心情愉快,情绪稳定平衡的时候,血循环、内分泌和心律都处于一种平衡、和谐的状态。正常的母亲心律便是胎儿最动听的音乐。在这样的子宫环境中,胎儿的身心都能得到最佳的发育。

孕妇在发怒、焦虑、紧张或忧郁时,胎儿立即表现出不安,在胎镜和B超图像上可以观察到胎儿身体活动成倍增加而且延续时间比孕妇情绪反应时间长得多。弗瑞拉通过大量研究发现,孕妇持续而剧烈的紧张情绪使胎儿出生后多动、挑食、多吐、多哭、多腹泻、不安、体轻瘦弱。

在孕妇敏感期,孕妇的不良情绪容易导致胎儿畸形发育。一位专家对 232 名腭裂和兔唇儿童的母亲进行了一次调查,发现这些母亲中有 68% 反映她们在孕期有情绪紊乱现象,23% 报告她们在妊娠期前 3 个月中经历过因生理原因或外伤引起的紧张感。

总之,孕妇的不良情绪对胎儿的生理、心理状况都会产生不良影响。这些影响中,大多数将贯穿人的一生。

(二)影响孕妇情绪的因素

1. 夫妻关系不良

不满意的婚姻关系、性关系紧张,丈夫对怀孕的冷淡态度及对孕后丈夫忠诚的疑虑等都会影响孕妇的情绪。

2. 孕妇与其母亲的关系不良

一些心理学家认为,孕妇一般都很容易在与胎儿的共存体验中追溯自己当年与母亲的感情联系。如果她自己儿时与母亲关系不良,受到母亲的嫌弃与虐待,她的母性认同则无法形成。于是,她就将不满投射向腹中的胎儿,同时否认自己对母亲角色的胜任,以致产生对怀孕恐惧、对胎儿排斥的心态。

3. 担心体型变化

对自身体型、容貌敏感的孕妇往往担心怀孕使外貌变丑而引起丈夫嫌弃,因此焦虑重重。

4. 性别期待和产程危险的压力

丈夫、公婆一定要男孩,孕妇担心自己生女孩,对难产、死胎的预期和担忧都会造成孕期焦虑紧张,甚至恐惧。

5. 家庭生活的压力

对婴儿出生后家庭的经济负担、自己的职业、怀孕时期对自己某些社会升迁机会的影响等方面的考虑;对婴儿出生后是否正常的考虑;还有某些家庭无法控制的环境因素,如战争和自然灾害也会引起孕妇焦虑、紧张,导致胎儿发育不良。

M·F·蒙塔古在对德国畸形儿的分析中发现,希特勒上台

第九章　学前儿童家庭教育的内容

前,德国 55 家医院所接生的婴儿中畸形率仅为 0.07%;二战爆发以前为 1.7%;二战中为 2.6%;而战后,畸形率上升到 6.8%。战争所引起的恐惧和惊扰导致了婴儿畸形率上升。①

影响孕妇情绪的因素是多种多样的,其中最重要的还是家庭因素和孕妇自身的认识因素。家庭及时向孕妇提供充足的情感、物质和行动上的支持,孕妇本人通过对优生知识的学习,增强生育的信心和对胎儿的爱心,这样,积极的情绪状态是可以获得并保持的。

三、胎教的内容

胎教是指妊娠期间,在外环境上、母亲自身的精神情绪上对胎儿生长发育施加影响,试图通过这两方面的因素,促进胎儿身体与智力方面的良好发育。

胎教的内容,概括地讲就是音乐、言语和胎儿体操。

(一)音乐

音乐并非仅仅是一种艺术欣赏的音响,它除了艺术上的价值之外,还有各种生理的、心理的效应。音乐通过它的旋律、速度、力度的变化,可以影响人的神经系统。如许多轻闲悠扬的音乐可以直接调剂人的精神状态。正如美国亚利桑那州立大学华裔音乐治疗家刘邦瑞所说,音乐可直接引起大脑的反应,有时比语言引起的反应更直接、更迅速。

胎儿在宫内与外界的联系,主要是由听觉器官听神经接受外界传入宫内的声波刺激。因此,胎教音乐有两种,一种是给孕妇听的胎教音乐,另一种是给胎儿听的胎教音乐。

孕妇听的胎教音乐,主要是舒缓轻柔或欢快相间的音乐,其中没有很强的节奏和架子鼓的声音,可以有些虫鸣鸟啼、潺潺流水声,给孕妇以丰富的联想。听的时间较为随便,听的次数可多可

---

① 吕建国主编,《家庭生态与教育》,山西教育出版社,1992 年 7 月版,第 98 页。

少。

　　给胎儿听的胎教音乐,首先要保证音乐的声波特性不会损害胎儿的听觉器官,特别是胎儿的内耳毛细胞和神经细胞。适合作胎教音乐的曲子应该具备以下一些特点:1. 器乐曲宜宁静或优美,其配器精致、音色丰富、和声简明、篇幅适中,切忌单调、冗长;2. 声乐曲宜欢快、明朗,歌曲的频谱特征都是以中低频成分的音强占主要优势,呈一个高桩馒头状的频谱形状。切忌采用摇滚音乐等噪音太高的音乐。这些音乐对胎儿听力的破坏程度目前还没有人作出精确的估计,然而受其影响而出生后成为神经质的孩子的情况却广为人知。

　　胎儿听觉器官发育是在胎龄为26周(6个半月)时发育成的,因此,音乐胎教宜从此时开始,选在胎儿每天睡醒的时候进行,将收录机开到适中音量,置于离母腹较近的地方(半米以内),每次15分钟左右。

　　音乐既可以改善孕妇的身心状况,使孕妇身心愉快,生命中枢活动正常,从而提高免疫能力;又可以使胎儿获得丰富的音响刺激,使脑细胞的发育改进,情绪稳定,整个身体发育处于最佳状态。

　　(二)言语

　　言语作为一种听觉材料也有着音乐的某些特点,如节奏、音量等,而言语的音位变化要比音乐更频繁、更复杂。

　　通过言语,胎儿熟悉了父母的声音,可以减少胎儿出生后对人际环境的陌生感和不安全感。言语胎教可以提高胎儿和胎儿出生后对言语的敏感性,使婴儿言语发展比一般儿童早、快、准、畅。言语胎教可以激发胎儿脑细胞的生长,特别是运用两种以上语言作为胎教材料,可以为胎儿大脑两半球言语功能的平衡发展奠定基础,为出生后思维的迅速发展打下良好基础。

　　用作胎教的言语材料也必须经过严格的挑选。一般说来,格调清新、言语质朴优美、意境深远、篇幅短小的诗歌、散文,活泼诙

第九章 学前儿童家庭教育的内容

谐、富有哲理的童话、寓言故事,生活气息浓郁、短小轻快的儿歌、歌谣等都是很好的胎教言语材料。

胎教言语材料可采用录音盒带(著名影视演员的诗歌朗诵盒带均是佳品),也可由孕妇或父亲朗读(这是最好的方式)。朗读更易使孕妇进入审美高峰体验,使孕妇和胎儿同时进入良好的情绪状态和接受状态。如果由父亲朗读的话,夫妻之间的情感交往使整个言语胎教的气氛更好,而且胎儿可以更早地熟悉父亲的声音。

(三)胎儿体操

胎儿7周时就开始在母腹内活动。胎儿的活动从简单到复杂,从轻轻地蠕动到吞吐羊水、眯眼、咂指头、握拳头、伸张四肢、转身、摇头。一般到第四个妊娠月时,孕妇就能感觉到胎动。这时候,孕妇轻柔地抚摸腹部,可以促进婴儿的活动,因为一定强度的触觉刺激使胎儿大脑皮层兴奋,加强其全身性活动。胎儿适度的全身性活动(我们称之为胎儿体操)使胎儿血液循环加快,单位时间内摄入的氧气增多。这样,不仅胎儿的心脏、呼吸系统、肌肉和骨骼得到锻炼,胎儿的大脑皮层以至整个神经系统也会因为动作反馈信息增多和血液中氧含量的增加而得到充分的发育。

研究人员发现,经过体操锻炼的胎儿出生后动作的发展,如翻身、抓、握、爬等比一般婴儿早,特别是小肌肉群的发育优势更为明显。手的灵巧与大脑皮层相应运动区的发达密切相关,这说明胎儿体操促进了大脑皮层的充分发育。

胎儿对触觉刺激有着较灵敏的反应。法国心理学家贝尔纳·蒂斯认为,父母都可以通过触摸动作和声音与腹中的胎儿沟通信息,这样做可以使胎儿有一种安全感,使他感到舒服和愉快。

孕妇可通过两种方式帮助胎儿做"体操",第一种方式是孕妇通过推压腹部直接运动。做法是:孕妇平躺在床上,全身放松,用手抚摸腹部,触及胎儿。开始训练时,胎儿可能没有反应或反应迟缓。经过一段训练,胎儿熟悉母亲的手法后,胎儿马上就会对母亲手的抚摸、按压作出反应。到胎儿六七个月时,孕妇已能通过触摸分辨出胎儿的头、背。这时候,孕妇可用手轻推胎儿背部,在音乐的伴奏下,使其在子宫内悠然"漫步"。需要注意的是,每次"体操"时间不能过长,以5~10分钟为宜,最好安排在胎儿精神状态最佳的时候,一般在早晨或黄昏。另外,如果胎儿对抚摸、推动的刺激不高兴,就会用力挣脱或蹬腿反对,这时"体操"应立即停止。

帮助胎儿做"体操"的第二种方法是通过孕妇的锻炼活动间接促进胎儿的活动,带动胎儿做"体操"。孕妇的活动使血液循环加快,呼吸加深,体位变动,这三方面的变化都会影响胎儿,使胎儿也活动起来。孕妇体操的基本姿势有仰卧姿、跪姿、立姿三种。仰卧姿有抱膝扭腰、抱膝压腹、屈膝抬臀、平仰卧起坐等几种。跪姿主要是双腿交换屈伸(跪),双手支撑,右膝前屈,左膝后伸,然后换左膝前屈,右膝后伸;立姿主要有双臂反向回环或单腿站立两种。需要注意的是:1. 孕妇应量力而行,如感到劳累,无法将所有动作做完,选做其中一部分也可以;2. 孕妇锻炼仍以5~10分钟为宜;3. 动作的速度、幅度视孕妇情况而定。一般说来,动作宜稍慢,幅度不要过大,动作不能猛烈,要均匀。

第二节 乳婴儿的家庭教育内容

一、身体的适应

赫洛克(Hurlock,1980)[1]认为,胎儿的发展自受精开始到生产时中断,由生产带来的改变相当大,必须有一番适应,婴儿才能安然地生存下来,这些适应包括:开始呼吸、体温的稳定、开始某些器官(如呼吸器官)的功能。婴儿出生后,面临的是完全不同于胎

---

[1] HurlockE.,(1980),Developmental Psychology,5th ed,New York:McGraw-Hill.

第九章 学前儿童家庭教育的内容

内的另一种生存方式,新生儿的主要任务在于对一种新环境、新生存方式的适应和产伤的修整、疲劳的消除等。婴幼儿期的特质在于:1.许多方面必须适应子宫外的环境;2.适应之后重新开始发展和成长的过程。婴幼儿适应困难的原因有很多,例如:(1)分娩时对产妇使用过多的麻醉药物;(2)母亲怀孕时的年龄太大及身体状况欠佳;(3)怀孕期短,是早产儿;(4)婴儿诞生时的体重过轻;(5)先天的疾病或残障、畸形;(6)多胎儿。

对新生儿父母来说,帮助新生儿身体的适应是他们最应该做的工作,以帮助他(她)顺利完成两种完全不同的生存方式的过渡和适应。因此,父母对新生儿必须爱护和关怀以及身体上的细心照料,经常抱抱新生儿,并能及时对新生儿的哭作出反应。

二、自制行为的发展

一岁半以前的自制行为主要有吃、睡和基本的动作技巧。因此,这些也是乳婴儿家庭教育内容的主要方面。

(一)吃

吸吮的反射动作是婴儿最早发展的能力之一。新生儿的能量消耗相当大,给新生儿提供充足的营养非常重要,这样才能保证新生儿迅速地发展。父母首先要面临的问题就是喂母乳还是喂牛乳。虽然医学研究发现,母乳非常有营养,容易吸收,可以增强婴儿对疾病的抵抗能力,还可以增强母子间的感情联结。但是许多年轻母亲因种种原因而选择牛乳,有的甚至以为买最贵的就是给孩子最好的,其实不然。兹将二者之利弊分析如表9-4。

大部分正常的婴儿在最初几个月,每3~4小时要喂一次奶,大约六个月大时,可以开始喂些固体食物,次数也可以减少。当婴儿自己会抓汤匙或杯子,而且手眼协调的发育使他会将食物放入口中时,就可让他试着学习自己吃东西。吃虽然是本能,但是也有它一定的发展程序。①

表9-4 母乳与牛乳之比较

	母 乳	牛 乳
优点	(1)经济 (2)温度适中 (3)使子宫回复怀孕前的大小 (4)有天然的抗体 (5)相当的消毒 (6)不会造成便秘 (7)心理上较亲密	(1)父亲可帮忙喂食,母亲较自由 (2)不会扩张乳房的形状 (3)乳量较好控制 (4)满足某些心理因素
缺点	(1)有时情况较难配合 (2)母亲需负全责 (3)乳量不等 (4)乳房有时会痛	(1)较贵 (2)需要加热及消毒设备 (3)不含抗体 (4)造成婴儿便秘 (5)有的婴儿会过敏

1. 出生时

会把头和嘴转向乳头,开始有吸吮动作,包括嘴唇、舌头和喉咙的肌肉。

2. 2个月时

会把食物吐出。

3. 4个月~6个月

会吸吮手指、伸手抓东西,会用杯子喝东西。

4. 6个月~7个月

会嚼东西,把东西丢在地上或桌上,会持杯子或奶瓶,会以手

---

① Getchell E., and Howard R. (1979)·Nutrition in development·IN G·Scipien et al·eds, Comprehensive Pediatric Nursing·2nd ed·, New York:McGraw-Hill.

第九章　学前儿童家庭教育的内容

探取食物。

5. 12个月~18个月

开始用汤匙,自己吃得很狼藉,会吐出来,会双手持杯子或奶瓶。

6. 18个月~36个月

学习使用汤匙、筷子吃饭。

吃是家庭教育最基本的内容,它不只是一种生理需求,也是心理需求。婴儿肚子饿了,发出讯息,成人来满足他,并在喂食的过程中,了解孩子的特质,建立亲密的亲情。

对乳婴儿应从小培养良好的饮食卫生习惯,根据乳婴儿发展的顺序与卫生原则,从以下三个方面进行辅导:

1. 年龄较小的乳婴儿宜单独进餐。因为乳婴儿进餐时必须有专人照顾,而且宜在安静的气氛中进餐,不受其他因素的干扰,可以使乳婴儿情绪安定,进而增加食欲。

2. 鼓励婴幼儿自己进食。父母宜较早鼓励婴幼儿自己进食,只要婴幼儿有自己尝试的表示,就应给予练习的机会。婴幼儿能独立进食后,吃饭时,他们的注意力和兴趣就在"饭"上,同时,食欲也会旺盛。

3. 养成婴幼儿在固定位置进餐的习惯。婴幼儿独自进餐,应该每餐均在固定的位置(或地方),最忌跟着孩子到处喂饭。孩子养成在固定地方进餐后,不但少费成人的时间和精力,保持环境的清洁卫生,更可避免婴幼儿养成吃饭漫不经心的坏习惯,从而积极培养婴幼儿对事负责,注意力集中的良好习惯。

(二)睡

除了吃以外,婴儿最主要的活动就是睡。睡眠习惯各人不同,有些婴儿需要较多的睡眠,有些婴儿睡眠的时间短。刚刚出生的那几个月的睡眠通常被吃奶打断,这种吃吃睡睡的生活大约到六个月后,醒的时间才比较长,到一岁半时,睡眠时间大约减至每天

10~14个小时,大部分婴幼儿在上午和下午各需小睡一次。一岁半以后,有些孩子会抗拒睡觉,一方面由于他接近反抗期,一方面也许是害怕黑暗或孤单,有的孩子即使困得不得了,还舍不得睡,所以父母应耐心与孩子一起建立睡觉的习惯,如唱催眠、讲睡前故事或陪他一会儿,保证孩子有充足的睡眠。

夜间睡觉,白天工作,这是人类长期适应自然环境而形成的条件反射。刚刚出生的婴儿,正处于这种条件反射开始建立的过程中,父母应该有意识地训练孩子,建立起这一良好的习惯。夜间除喂奶、换尿布一二次外,不要多打扰孩子。随着月龄的增长,可以逐渐过渡到夜间不换尿布,不喂奶。据研究,处于睡眠状态的儿童在晚上十二点左右生长素的分泌最盛,极有利于孩子身高和体重的增长。因此,父母有规律地安排其睡和醒的时间是保证其良好睡眠习惯的基本方法,而不能任其想睡才睡,该醒不醒,从小就要培养孩子按时睡觉和起床的良好习惯。

(三)基本的动作技能

乳婴儿的运动技能发展是相当迅速的,几乎大都是自然发展起来的。心理学家大都认为影响婴幼儿动作发展的重要因素是生理成熟。根据基本动作技能发展的自然规律,由头到脚以及由躯干到末端。赫洛克把婴幼儿的动作技巧分为两类:用手的和用腿的。前者如自我喂食、自己穿脱衣服、自己搞清洁(使用毛巾、梳头发)、玩耍(拿蜡笔、打开盒子、扔东西、翻书);后者包括走、爬、跑、攀等等。父母应该了解孩子动作发展的时间与顺序,明白孩子在哪一阶段应该取得哪些发展,以免无意之中阻碍孩子的发展。如2~3个月时,婴儿能抬头,这时父母每天至少让孩子俯卧半个小时,可以帮助孩子发展这一动作。8~9个月时,婴儿就可以到处爬行,父母应该为孩子创造良好的条件并给予充分的机会,否则,就会阻碍孩子的发展。

父母要帮助孩子发展动作,最好放开孩子的手脚,让孩子自由

第九章 学前儿童家庭教育的内容

活动。在活动中,乳婴儿的骨骼肌肉系统才能得到良好的迅速发展,各种运动的协调能力才能得到迅速完善。不必担心孩子会疲劳、会伤着身体,其实,只要避免活动的单调性、片面性,不断变换和重新组合各种活动,这样使得孩子一分钟也不会感到疲劳。

三、基本信任感的建立

著名个性理论家埃里克森认为,乳婴儿期最主要的心理社会发展任务就是建立基本的信任感,发展对周围环境,尤其是对社会环境的基本态度。乳婴儿必须完全依赖别人才能生存,对他们来说,最关心的是别人如何对待自己,他们必须期待着来自养育者的爱护和关怀以及身体上的细心照料。乳婴儿出生后,要吃、要人抱、要有人逗他们说话等等,尤其是在喂奶的时候,对乳婴儿是视觉和触觉的满足。有规律的喂奶方式和习惯也使乳婴儿能感受到环境的某些可预测性和前后一致性。这一系列就会使乳婴儿对周围的人,尤其是照料他们最多的母亲产生一种信任感,感到世界是可靠的,人是可靠的。这种对人和环境的基本信任感是形成健康的个性品质的基础,是以后各阶段发展的基础。如果乳婴儿的基本要求没有得到满足,得不到成人应有的照料,儿童一涉世就会对人和世界产生一种不信任感和不安全感,缺乏自信心。

因此,父母要经常抱抱乳婴儿,并能及时地对他们的哭作出反应,这样才能使新生儿感到自己被关怀和爱护,有助于培养婴儿的信任感。因为婴儿的哭总是向我们传递一个信息——他们感到不舒服,需要父母的帮助。如果婴儿的哭不能引起父母的注意或者说父母忽视了婴儿的哭,婴儿会感到愤怒和不满,同时会受到挫折,不利于信任感的建立。

四、自我认识的发展

随着生理和动作的发展,乳婴儿学着玩,也在玩耍中发现自己可以"控制"某些动作,而某些动作可以"操纵"其他物体,例如他发现他居然可以自己伸出手,手可以打到铃鼓,铃鼓会发出声音,他会不厌其烦，一试再试，确信他只要伸手打铃鼓，铃鼓就有声音，他开始有经验并探索周围的环境，并与之产生互动。此时，他也逐渐发觉"自己"和其他物体或人是分别独立的个体，例如母亲离开一下，乳婴儿会感到焦虑，大约六七个月大时，他以为别人走开（离开他的视线）就是永久消失了，然而有几次经验后，这种认识会修正，他知道此人或此物会再回来，慢慢就安心了，这也逐渐发展出对自我的认识。

　　埃里克森指出，幼儿到了二三岁就会出现一种日益明显的倾向，即经常表现出探索行为，在探索过程中自尊心迅速高涨，幼儿迫切地要表现自己。因此，要求自主就成为这个时期幼儿生活中的自我意识的显著特征，也是必经的发展阶段。所以，这个时期的孩子什么都愿"自己来"，对成人的要求和帮助常以"不"来拒绝，这个时候的孩子变得非常任性、固执，其实这是孩子处于体现"自我"，对"自我"认识的过程中，即通常所说的第一次心理断乳期。

　　乳婴儿表现出来的"自己来"，给哺育者带来了很大的压力。但必须看到孩子的这种探索行为和自主行为是很可贵的，父母对乳婴儿的这种探索行为和自主行为应给予满足和肯定。但是，他们尚缺乏一种保护自己的能力，可能处处面临危险。而"限制"或"监视"可能不是最好的办法，在三岁以前，把周围环境中的不安全地方改善一下，提供给孩子一个安全的环境。杜弗（Duvall,1977）①给父母一些建议，如表9-5。

　　除此之外，让孩子能够"自己"保护自己，"自己"注意安全，这也是一种很好的办法。因此，家长可用各种例子，试着给他讲道理，告诉他为什么那件事不安全、不应该做，直至让孩子"不愿意"去做危险的事，而且能判断安全和危险的分寸。当然，教育孩子培

---

① Duvall, E. M. (1977), Marriage and Family Interaction, 5th ed. Philadelphia: Lippincott.

第九章 学前儿童家庭教育的内容

养安全意识需要时间、需要持续、需要耐心、需要累积,但努力的最终价值是孩子终生的平安和幸福。

表9-5 家庭中保障乳婴儿安全的方法

项目	可能的危险	保护的方法
家长	(1) 抽屉倒下来打到乳婴儿 (2) 弄脏室内装饰 (3) 打破贵重物品	(1) 在抽屉上装安全栓 (2) 盖套子;选择易清洗的材料或比较不易脏的花样 (3) 收藏起来;以壁灯或挂灯代替桌灯或座灯
玩具	(1) 尖锐的边或角 (2) 有毒的漆料 (3) 小零件掉落被乳婴儿吞下去 (4) 打破	(1) 选择无尖锐边或角的玩具 (2) 选择无毒的安全玩具 (3) 选择大件的玩具 (4) 选择坚固耐用的玩具
楼梯 玄关 窗户	摔下去	在楼梯上装上栅门;较低的窗户要上锁;教导婴幼儿上下楼梯;纱门装上安全栓
厨房	(1) 烫伤 (2) 误食清洁剂	(1) 锅子把手向着墙壁;不准孩子靠近火炉和烤箱 (2) 把清洁剂和杀虫剂放在婴幼儿拿不到的地方

五、言语的刺激

人类的学习总是在相互交往过程中得以实现的,乳婴儿语言的学习只能在与成人的交谈中得以发展。语言作为一种刺激作用于婴儿,可以在大脑留下记忆的痕迹,如同一个巨大的储藏器为日后的信息加工打下基础,使婴儿能迅速、准确地掌握语言。

言语刺激的方式有:

(一)多与乳婴儿交谈

许多父母很不习惯同乳婴儿交谈,因为父母认为乳婴儿听不懂,自言自语地说话十分无聊。其实,据研究发现,语言理解区域的髓磷脂鞘化比语言发音区早 6 个月完成。① 因此,父母应主动地与孩子进行交谈,应学会用一种跟不大会说话的人交谈的方式去和孩子谈话。如父母唱摇篮曲、逗弄孩子等都是很好的交谈方式。父母谈话的内容必须是具体的,而不应是抽象的。比如将谈话内容集中到眼前正在做的事情上,集中到乳婴儿眼睛可以看到的东西上。谈话内容应符合或略高于乳婴儿的理解力,太简单的或超过乳婴儿理解能力的谈话内容,对启发乳婴儿的语言发展不会有太大的效果。同时,父母要使谈话内容收到良好的效果,必须吸引乳婴儿的注意力,使他听你说话。父母常对乳婴儿讲一些话,不但能使乳婴儿感到愉快,而且能促进乳婴儿早期语言的发展。

(二)开展早期阅读教育

早期阅读教育是指家庭通过对婴儿提供与视觉刺激有关的材料(图书、图片、录像、碟片、电视、多媒体、幻灯、符号、标志等),让婴幼儿接受有关材料的信息,在观察、思维、想像等基础上对材料内容进行初步理解和语言表达,发表自己的观点、见解或倾听父母讲述的一种认知过程。

乳婴儿正处于语言发展的关键期,如 1~3 岁是乳婴儿学习语言发展的关键期,2~3 岁是乳婴儿掌握基本语法和句法的关键期,到 3 岁时,已基本上掌握了母语的语法规则系统。早期阅读是婴幼儿语言发展关键期的有效刺激物,有益于乳婴儿语言的发展。

对乳婴儿而言,其生活范围主要就是家庭,家庭中拥有与早期阅读相关的很多的材料、设备,如电视机、图片、录像机等,父母可利用这些材料开展早期阅读教育,如和孩子一起看电视,边看电视

---

① 东南大学分子与生物分子电子学实验室译,《脑科学和幼儿早期教育》,《图外资料》(内部),1999 年第 1 期。

边对孩子进行讲解,或适当地就电视内容进行提问,以利于孩子对电视内容的理解,也促进孩子语言的发展。

　　在乳婴儿期,婴儿对鲜艳的色彩就表现出明显的兴趣。到二三岁时,婴幼儿就已开始越来越喜欢图画书、小人书了,总爱缠着大人给他讲解。因为即使最简单的图书,这个时期的孩子仍然很难看懂,如果大人不给他讲一讲,孩子的兴趣会很快消失。因此,从一开始,父母就应给孩子讲解图画书等,边讲边用手指指着图画,提一些简单的问题,让孩子思考、回答。同时,孩子可能会提出许多问题,父母一定要耐心地解答。另外,父母可给孩子大声朗读一些简单的故事。由于这时期乳婴儿特别好动,因此朗读的时间不宜过长。另外,在孩子入睡前进行也不失为一种行之有效的办法。这样,不但对孩子语言的发展非常有利,同时还可增加父母与孩子之间的感情。还有,父母带领乳婴儿外出,走在马路上、公园里,也可对孩子进行阅读教育,如说说公园里大型玩具的名称、看看马路上的交通标志、商店的店名等,在孩子不知不觉中、无意识中进行的早期阅读是最容易使孩子记住的。

第三节　幼儿期的家庭教育内容

　　幼儿家庭教育的目的、任务是比较抽象、概括的,带有一定的方向性。为达到幼儿家庭教育的目的,完成幼儿家庭教育的任务,需了解一定的幼儿家庭教育的内容。

一、发现个人能力

　　在幼儿期,幼儿需要发现自己的生理、心理及社会能力的极限,而主要的工具就是他那似乎用不完的精力,他在生理及心理上都很好动,但是不管他在做什么,无非是在探索和发现这个世界。对幼儿来说,这个多姿多彩的世界是需要实际切身体验才能认识的,而为了要多认识,他必须做些事情和不断地问问题,即使有时惹得大人很不耐烦。

　　这个阶段的道德观的发展与智力发展有关,幼儿期幼儿对于事物的判断常是二分法,不是全对,就是全错,皮亚杰称此为"对立的道德观",行为的规则来自自动的反应,而非成熟的理性。此时的幼儿有很丰富的想像力,当他在判断一件事为什么会发生,或是一件事应该怎么做时,他通常是凭直觉,而非靠推理。他们对事物的反应全凭当时的感觉,当他内心有冲突时,他可能会有罪恶感,他们很在乎自己是对是错,也严于自责。父母最重要的是帮助孩子了解,凡人都会犯错,而且人可以在错误中学习。发现个人的能力表示幼儿需要从经验中了解,并接受自己的极限,从失败中、从目标无法达成中、从社会规范的条件中知道人并不能为所欲为。父母的角色就是从言谈中、从行动中让孩子明白什么是对的、什么是错的。如果父母能教孩子明白这些限制和范围,就容易建立行为规范,子女也会有成就感,逐步地认识自己的能力和潜力,并充分发挥出来。

　　二、建立常规,对个人行动负责

　　常规为一种学习的行为,经过反复练习以后,刺激与反应间的大脑中枢遗留下牢固的通路,以后再遇相同的情境,即可不用思考仍现出同样的反应。可见,常规是应付复杂生活的重要基础。幼儿期为一生的重要时期,将来的良好品行均建立在幼儿期所养成的良好习惯上。因此,家庭教育应以培养儿童基本习惯为主要工作。

　　3~6岁幼儿在家庭中要建立的常规不外乎穿脱衣服、进食、收拾玩具、刷牙洗脸、收拾床铺、对人有礼貌等生活、卫生、品行的习惯。父母可以把这些工作交给幼儿,虽然一开始他做得不好,但父母应鼓励他自动自发,也就是建立常规,不必每件事都催他、督促他、命令他,他才会去做。有些事可能起初幼儿会觉得新奇、好玩,但做几次后就变成苦差事。有时父母会唠叨不停,几乎每天都

第九章 学前儿童家庭教育的内容

得为孩子的不负责任而起纷争,往往造成孩子的罪恶感。因此,常规的建立,并不是一朝一夕的事,需长期培养教育。在此期间,可遵循以下法则:1. 不可有例外。某种常规既已计划、决定,应立即实行,不能因特例而有所改变;2. 适宜的环境。因环境具有暗示作用,环境的布置和习惯的养成有密切关系,为有助于孩子常规的建立,应创设与之匹配的环境;3. 赏惩应慎重应用。奖赏使用不当,易使孩子误认为是行为的目的,惩罚使用不当,易引起幼儿怨恨反抗的心理,养成消极不合作态度。最妥善的处罚应为行为的自然结果;4. 反复练习。因幼儿学习速度较慢,且易遗忘,对于养成的习惯必须有多次练习的经验才能建立、巩固;5. 使儿童发生兴趣而愉快。假如儿童对某种事物发生兴趣而愉快时,则时时练习养成习惯。做到这些的条件是:第一是成功心。当完成一件需要最努力的工作时,心境感到非常愉快,所以父母要做的是防止其失败,促进儿童的成功。第二是使儿童成为一件事物的中心。即一切工作使儿童有自发自动的机会。第三是称赞。当儿童完成一种任务而达到一定标准时,特别予以称赞,使其感到光荣愉快。

儿童心理学家史培曼和威廉斯(Spellman and Williams, 1981)[①]提出一些教孩子做家务的方法。

1. 列举要做的事。工作必须简单明确,分配工作时可以轮流,但不要按性别分配工作。

2. 报酬奖励。使孩子了解工作与报酬间的明确关系,不一定是付钱,要对他表示爱护和赞赏,孩子终究会明白有些报酬比金钱更可贵。

3. 工作记录。列一个工作表,完成了就在表上做记号,孩子就不会推托,父母也有机会夸奖孩子。

---

① Spellman, C. M., and Williams R. (1981), Pitching-in-How to Teach Your Children to Work Around the House. California:Jalmar Press.

4. 工作训练。不要高估孩子的能力,应该教他怎么做,进步时要赞赏他。

5. 避免强迫。父母应该让孩子有权不做某件工作,接受他的想法,但要让他明白这件事必须有人做,通常如果父母坚持,孩子也会妥协的。

英国查尔斯王子曾说:"责任的意义就是,有些事你不想做,又不得不做。"

学习做家务是培养责任感最有效的方法,工作可使孩子发现自己的特长和能力,并发展其自信心。孩子迟早必须知道,在这个世界上,各人都得尽自己的本分方能立足生存,如果他能在贡献中得到满足,父母就是尽责的父母了。

三、区分社会角色,学习与人相处

家庭是幼儿学习与人交往的实验室,在与家人互动的经验中,孩子学着付出和接受,父母也让孩子看到了夫妻相处的情形,如何互相对待,如何共同面对问题、解决问题。与堂(表)兄弟姐妹的相处也让他学着揣摩自己的角色和地位,尤其家人常在无意中以"你是哥哥,应该让让弟弟"、"你是妹妹,应该听姐姐的话",或是比较孩子之间的差异,来表达他们对孩子的不同期望和要求。

在堂(表)兄弟姐妹之间,孩子也学习性别角色,尤其是不同性别的手足更使孩子容易从相处中体会"男女有别",这些观念对他(她)将来在学校或社会上都有很大的影响,在家中学会尊重姐妹的男孩子,长大后比较会尊重女性;而在家中享有特殊待遇的男孩子,长大后很可能会有大男子主义。

孩子在游戏中,可显示他(她)的社会角色的观念,尤其是在角色游戏时,孩子们扮演的角色,正是他们观察得来的,是一般社会或家庭的翻版。他们一般是让妈妈在厨房煮饭,爸爸出去上班;让男孩扮医生,女孩扮护士;男孩保护或欺负女孩,女孩就以弱者的姿态出现。有很多孩子对社会角色的印象更多是来自电视。因

第九章 学前儿童家庭教育的内容

此,父母需对孩子进行及时的指导。

在亲子交往中,父母占有主导地位,父母应用真诚、执著的爱心去与孩子做心灵的沟通,从而使孩子从与父母的相处中亲身感受到、体会到如何与人相处。在亲子交往中,父母应做到以下几点:1. 对孩子的合理要求应有条件地、尽量地及时满足;2. 尊重孩子的独立性,但并不放弃指导;3. 对孩子的一切活动表示出一定兴趣;4. 愿做孩子的玩伴、朋友,同时也尊重孩子的朋友;5. 耐心对待孩子的打扰和提出的问题;6. 不拿孩子当出气筒,与孩子在一起的时候总能保持愉快的气氛;7. 较多地进行情感交流和鼓励;8. 不对孩子提出过高要求;9. 多说理、少责骂,特别要禁忌孩子真正知错时的责罚;10. 不把物质上的给予看成是父爱、母爱的惟一表达方式;11. 父母不对的时候要承认自己的缺点和过错,不强词夺理。

[思考题]

1. 为什么孕妇应有合理的营养结构、饮食习惯和适量的活动?

2. 如何控制影响孕妇情绪的因素?

3. 胎教的内容、作用是什么?进行胎教需注意什么问题?

4. 乳婴儿期家庭教育内容主要有哪些?对家庭教育各提出什么要求?

5. 幼儿期的家庭教育内容是什么?其与乳婴儿期家庭教育的内容是一个怎样的关系?

[参考资料]

1. 苏祖斐等主编,《0~6岁小儿养育手册》,上海科学技术出版社,1991年5月版。

2. 吕建国主编,《家庭生态与教育》,山西教育出版社,1992年7月版。

3. 向阳、柳影主编,《胎教与婴幼儿早期教育400问》,海洋出版社,1994年8月版。

4. 邓佐君主编,《家庭教育学》,福建教育出版社,1995年10月版。

5.〔台〕黄乃毓,《家庭教育》,台湾五南图书出版公司,1996年版。

6. 李生兰,《幼儿家庭教育》,上海教育出版社,1998年12月版。

7. 上海市妇女联合会、好孩子集团编著,《好孩子亲子学苑教材》,人民教育出版社,1999年10月版。

8. Getchell E. and Howard R. (1979), Nutrition in Development, in c , Scipien et al, eds, Comprehensive Pediatric Nursing . 2nd ed. New York:McGraw-Hill.

9. Hurlock E. (1980), Developmental Psychology. 5th ed. New York:McGraw-Hill.

10. Spellman C. Mand Williams R. (1981), Pitching-in-How to Heach Your Children to Work Around the House. California:Jalmar Press.

第十章 学前儿童家庭教育的方法

学前儿童家庭教育,不但需要有正确的家庭教育原则做指导,而且也必须通过科学的家庭教育方法去实施,才能保证学前儿童家庭教育任务、内容的完成,学前儿童家庭教育目的的达到。

第一节 学前儿童家庭教育方法的概述

一、学前儿童家庭教育方法的概念

家庭教育方法是指家长为达到家庭教育的目的、完成家庭教育的任务和内容所选择和运用的具体措施和手段。

学前儿童家庭教育方法是学前儿童家长在对学前儿童实施教育时所选择和运用的策略和措施。它受学前儿童家长教育观念、教养方式及家庭教育任务、内容和幼儿特点等多种因素的制约,直接关系到学前儿童家庭教育的成败。

学前儿童家长的家庭教育方法受学前儿童家长教育观念的支配和影响。传统的家庭教育观是封闭式的教育,它所培养的是"低眉顺眼、唯唯诺诺"的所谓"好孩子",因而多采用禁止、限制和惩罚的教育方法。现代家庭教育观念则是开放式的教育,它所培养的是具有主体性、自觉性、创造性和开拓进取精神、适应现代社会生活、个性健全发展的人才,因而在教育方法上,强调给子女以自主权利,让他们在实践中主动接受教育。在改革开放的过程中,传统的人才观正在转变,与此相适应,学前儿童家庭教育方法只有不断改革和发展,才能适应形势不断发展对家庭教育提出的新要求。

学前儿童家长的家庭教育方法与其教养方式有密切联系。在家庭亲子关系和家长教育观念基础上形成的教养方式,往往影响着家长对家庭教育方法的选择和运用。学前儿童家长教养方式一般概括为四种基本类型:第一种,民主权威型。这是最佳的教养方式,相应的主要教育方法为榜样示范、正面说理、表扬、鼓励为主与恰当的批评惩罚相结合;第二种,绝对权威型。相应的家庭教育方法多为强制压服、训斥打骂和禁止、管束;第三种,娇惯溺爱型。相应的教育方法为无原则的赞许肯定,或以慈爱的形式出现的限制;第四种,忽视冷漠型。相应的教育方法为毫无控制的自然后果法。如果学前儿童家长在教养方式上存在矛盾,那么,家庭教育方法也无一定规律。因此,良好的家庭教育方式,对正确选择和运用科学的教育方法具有重要意义。

二、学前儿童家庭教育方法的对象、作用

台湾学者黄乃毓在《家庭教育》一书中指出,……孩子有了某种行为,而父母看到或听到了,就是"接收者",父母立即会决定或选择对孩子的行为的反应,也就是"控制者",然后"生效者"执行其决定或反应,我们所见的就是父母的行为了。这种交互作用的行为是连续的,因为父母的行为又会引起孩子的反应、决定和行动,有来有往,直到问题解决。① 可见,学前儿童家庭教育是父母和孩子的双边活动,实施学前儿童家庭教育方法往往以父母为"发起者"、"控制者",父母选择、采用一定的家庭教育方法作用于孩子身上,孩子为家庭教育方法的"接受者"、"生效者",接受来自父母的家庭教育方法,调整自己的非期望行为,达到父母的教育要求。

---

① 黄乃毓,《家庭教育》,台湾五南图书出版公司,1996年版。

第十章 学前儿童家庭教育的方法

法国教育家爱尔维修认为,即使是普通的孩子,只要教育得法,也会成为不平凡的人。学前儿童家庭教育方法是以学前儿童家庭教育的特点、目的、任务、原则、内容和幼儿特点等为依据的,学前儿童家长能否掌握并创造性地运用科学的教育方法,关系着学前儿童家庭教育能不能顺利进行,影响着学前儿童家庭教育的效果,决定着学前儿童家庭教育目的、任务和内容的实现。常有这样的情况出现:父母对孩子的教育遵循了一定的家庭教育原则,所进行的家庭教育内容也是正确的,而且也有针对性,但往往收效甚微或未收到良好的教育效果,究其原因就在于教育不得法。教育有法,但无定法。学前儿童家长不仅要根据儿童的年龄特征,而且要根据学前儿童家庭教育的特点、目的、任务、原则和内容,选择和运用家庭教育方法,要因时、因地、因人而异,创造性地选择和运用家庭教育方法。只有这样,良好的愿望才能变为现实。

第二节 对非期望行为的管教原则、方法

"管教"的字面意思是"管束教导",但人们在日常运用中,常常会说:"看我好好管教你!"使人觉得管教是为了训练或控制孩子的行为所施的"处罚",因此,首先需对"管教"作一解释。

1. 管教是教导子女,使其行为合乎父母所认定的社会要求。

2. 管教是帮助孩子学习控制行动,使其学到生活中所需的与人相处的技巧。

3. 有效的管教必须是正面的、合理的、适度的。

4. 所用的管教方式与策略必须符合孩子的年龄及发展阶段。

5. 有效的管教必须是父母对孩子的需要和问题有充分的了解。

因此,管教是达成有利于合作的情境的艺术。

学前儿童表现出的行为有两大类,一类为期望行为,一类为非

期望行为。学前儿童家长进行家庭教育，主要是针对非期望行为选择、运用相应的家庭教育方法，因此，下面重点阐述对孩子的非期望行为有哪些管教原则和方法。

一、非期望行为的发生原因

不同的学者对行为有不同的概念界定。哲学家认为行为是受思想支配而表现在外面的活动。伦理学家认为行为是基于自由意志的动机。生物学家认为行为一般是指可以观察到的肌肉和外分泌腺的活动，是身体的某一部分的运动。心理学家或社会学家认为行为是指受心理支配的外部活动，是由人与环境的相互关系决定的。本研究在综合上述对行为定义的基础上，认为行为是指生物(人)以其内部和外部活动为中介与周围环境的相互作用所表现出来的一系列活动。非期望行为是指孩子所表现出来的活动不合乎父母所认定的社会要求，出现行为偏差。

产生非期望行为的原因是多方面的，有来自孩子本身的，也有来自父母方面的。父母要具体分析，区别对待。

来自孩子本身的原因：

1. 身体不舒服，较难控制情绪。
2. 不知怎么做才是对的行为。
3. 觉得父母不注意他、不爱他，想得到父母的注意。
4. 觉得自己无论如何都达不到父母要求的行为标准，索性自暴自弃。

来自父母方面的原因：

1. 父母的期望太高，超出孩子的年龄和能力。
2. 父母的指示常是反面的，强调孩子"不该如何"，却忘了教他"该如何"。
3. 父母在执行规范时，不持之以恒，而是朝令夕改。

因此，父母在管教孩子时，不妨先提醒自己：

1. 孩子行为不佳一定有其原因。

第十章　学前儿童家庭教育的方法

2. 不要期望孩子行为像大人一样。
3. 如果孩子因缺乏自信心而行为不佳,要鼓励他。
4. 以积极的态度和正确的方法强化管教孩子。
5. 就事论事,改变其行为,而不能攻击孩子人格。

二、对非期望行为的管教原则

每个家庭都应有自己的管教原则,没有任何人可以设计出一套放之四海而皆准的管教经典,因为每个孩子的人格特质、家庭背景、价值观、社会地位、家庭教育目标等许多因素都在影响学前儿童家长对孩子非期望行为的管教原则。由于现在大多数家庭都是独生子女,即使不是独生子女的家庭,家长对不同孩子采取的管教原则也是不尽相同的。每个家庭多多少少都是在尝试中学习,因此,以下原则是一般意义上的参考。

(一)理智性原则

在学前儿童家庭教育中,家长面对孩子的非期望行为,首要的是家长要具有理智。理智性原则要求家长面对孩子的非期望行为能注意调节自己的情绪,克制无益的冲动,试着了解孩子的感受和动机。才能看清问题的原因。在教育孩子的过程中,不感情用事,不走上极端,把消极因素化解为积极因素。

学前儿童家长要了解孩子的感受和动机。首先,要能倾听孩子口语和非口语的表达,父母愿意听,孩子才会愿意让父母了解他的感觉和想法,并可进行适当的引导。如妈妈下班回到家,发现桌子上放了一台收录机,儿子手拿玩具小榔头在收录机上这儿碰碰、那儿敲敲。妈妈忍住怒气,问儿子:"你这是在干什么呀?"儿子回答说:"我想把收录机拆开,看看叔叔、阿姨是怎么钻在里面讲话的。"妈妈听了以后,笑着说:"我的儿呀,里面根本没什么人。"儿子惊奇地说:"那里面怎么会有人讲话的呢?""不信,我们一起拆开来看看。"妈妈边说边和儿子一起找来了工具,把收录机来了个"开膛破肚",并对儿子说:"这是由无线电波把声音传过来的。里面深奥的学问,等你长大后好好学习,就一定会弄懂的。"儿子瞪着两只好奇的大眼睛听着妈妈的一番话。可见,母亲的耐心、宽容和指导,使她能够更好地了解孩子的内心世界,保护了孩子的好奇心,增强了孩子的探索精神。

其次,父母对孩子的非期望行为必须冷静地检查,发现问题所在。假如是因为家长期望、要求太高,孩子因不能达到而自暴自弃,那么家长应调整对孩子的期望、要求,使之更适合孩子;假如是因为孩子不知怎么做才是期望的行为,那么家长就需指导他,使其具备符合社会要求的行为……总之,父母亲对孩子的非期望行为不能大吼大叫,或踢他、打他,必须冷静地分析原因所在,并有针对性地及时解决。

(二)渐进性原则

在学前儿童家庭教育中,为管教孩子的非期望行为,使其逐步向期望行为转变,需贯彻渐进性原则,即学前儿童家长要循序渐进地对孩子施加影响,由浅入深,由易到难,提高对孩子的要求,让孩子不断体验到成功的快乐。

在实施渐进性原则时,学前儿童家长对孩子提出的要求必须具体明确、简单明了,便于孩子理解和执行。如有的孩子食欲特别旺盛,经常吃巧克力、饼干等一类零食,正餐时胃口又特别好,狼吞虎咽,还要吃几块肥肉,结果成了肥胖儿。为了帮助孩子减肥,努力给孩子订下了规矩:不许吃巧克力、饼干等一类零食,正餐时只能吃一块瘦肉,并且爸爸每天陪孩子锻炼半小时。这样,要求具体、明确了,便于孩子遵照执行,也便于家长的督促检查。

(三)适切性原则

学前儿童家长对孩子提出的要求,既不能过高,又不能过低,必须是适合孩子的年龄和能力的,即孩子经过自己的努力是能够达到的,符合孩子的最近发展区和心理承受能力。如孩子还不会拍球,家长不能马上要求孩子明天起就连续拍5下球,必须是循序

第十章 学前儿童家庭教育的方法

渐进的,先让孩子学习拍1下球,然后接住球,在此基础上,再连续拍2下球,然后再逐步提要求,直至连续拍5下球。这样孩子不会感到有压力,符合孩子最近发展区,孩子定能愉快接受,并在不知不觉中学会,达到目标。

三、对非期望行为的管教方法

(一)榜样示范法

榜样示范法是指在家庭教育中,家长以自身良好的思想行为品德以及典型人物的优良道德风范去感染、教育孩子的教育方法。榜样示范法的特点是具体形象、生动活泼,具有极大的说服力和示范性,特别对于学龄前幼儿尤为适用。

由于学龄前孩子十分喜欢模仿,这个阶段的孩子接受直观的事例和具体生动的形象教育比接受道理要快得多。他们对自己亲眼目睹的行为,能较长时间地保留在记忆之中,所以,在幼儿阶段,大量运用榜样是比较适用和有成效的。

苏联教育家马卡连柯指出:"父母对自己的要求,父母对自己家庭的尊敬,父母对自己一举一动的检点,这是首要的和最基本的教育方法。"①生活中有许多榜样,对幼儿来说,第一个具有决定意义的榜样是父母。这是由于孩子思维能力差、知识少、缺乏生活经验和辨别是非善恶的能力,因而父母及其他家庭成员的言行就不知不觉为孩子们所效仿,家庭成员的作风、品德、个性、为人等都直接影响着孩子。所以,父母应利用孩子善于模仿自己的契机,为孩子树立良好的榜样。凡是要求孩子做到的,自己应该首先做到。平时父母应多加强自身的修养,要在树立良好榜样的同时,逐渐教会孩子分辨好坏。家长在教育时要耐心,因势利导,以自己之情感激发孩子之情感,以自己的人格来影响、培养孩子的人格。古人说:"爱其师,信其道。"同样家长用真挚的关怀和深情的抚爱,定

---

① 〔苏〕马卡连柯,《马卡连柯全集》(第4集),人民教育出版社,1957年版。

能点燃孩子胸中炽热的感情之火。这样,孩子与家长才有心灵的沟通、情感的交流,家长的教育才能为孩子所接受。

(二)正面说理法

正面说理法就是通过摆事实、讲道理来启发、引导和提高他们辨别是非善恶的能力和思想认识,从而使幼儿心悦诚服地接受家长的教育,进而养成良好的期望行为的方法。

正面说理法是学前儿童家庭教育中运用最广泛的一种基本方法。这是因为:第一,当孩子在成长过程中,因受时间和空间的局限不可能事事亲身实践,提高对是非善恶的辨别能力及思想的认识,往往离不开说理教育;第二,无论运用哪一种家庭教育方法,都需提高孩子的认识,都需要结合运用正面说理的方法;第三,就培养幼儿良好道德品质而言,正面说理的作用不仅有助于提高幼儿的道德认识,培养其道德判断和评价的能力,促进其自我教育和矫正不良行为的自觉性,而且还能影响幼儿的道德情感、道德意志,促进其道德品质的进一步完善化。

为了唤起孩子的自信心,对孩子的不当之处,家长要耐心、温和地通过讲解、谈话、讨论去引导孩子认识自己的不足,不要去损伤孩子的自尊,否则会使孩子丧失自信心。尽量用说理的方法去帮助孩子,使他们真正认识到什么是对、什么是错、什么该做、什么不该做。

生活中,年幼的孩子常常做错事,这是因为他们无知,不知道怎样做才是期望的行为。做父母的应该循循善诱地讲清道理,而不能简单从事。假如有的家长一发现孩子的非期望行为就火冒三丈,讽刺、挖苦,甚至打骂。尽管他们的心情是"恨铁不成钢",但效果却适得其反,不仅不能促使孩子上进,反而会损伤孩子的自尊心。这是因为对孩子的教育没有尊重、信任与关怀,教育就不会发生作用。凡事要用正面说理的方法,要用商量的口气,而不是命令式的,更不是粗暴地对孩子进行压服。只有父母尊重孩子,孩子才

第十章 学前儿童家庭教育的方法

能按照父母所提出的合理要求去做;只有当孩子感到家庭的温暖时,家长提出的合理要求才会被孩子愉快地接受。因此,学前儿童家长在教育孩子的过程中,尽量使用正面说理、循循善诱的方法去教育、帮助孩子,使他们成为自信、自尊、健康和愉快的新一代。

(三)暗示提醒法

暗示提醒法是父母用含蓄、间接、简化的方式对幼儿的心理、行为实施影响,并能迅速产生效能的一种家庭教育方法。父母希望孩子做什么、如何做,或防止孩子出现某种错误、过失,不是直接去说教,而是给孩子一个"信号",孩子就能迅速觉察、心领神会,并按照家长的意图去做。这个"信号"就是暗示提醒,它的运用有一个重要的前提条件,即父母和孩子之间关系比较密切,双方互相熟悉,在长期的共同生活过程中,形成了彼此默契的传递信息的行为模式:"信号"的发送者——父母知道自己发出的"信息"能为孩子接受,"信号"的接收者——幼儿知道父母发出的信号的含义。暗示提醒法的运用,充分体现出父母对孩子的了解、信任和尊重,有利于发挥孩子的主动性、积极性和自觉性,密切亲子关系。

学前儿童家长在运用暗示提醒法时,直接暗示要简明、清楚。如家里来了小伙伴,孩子不知怎样招待小伙伴,父母可用手势、动作等方式暗示孩子为小伙伴拿出玩具、图书等,并用眼神、面部表情等方式对孩子的行为进行褒奖;如果孩子做得好,父母则眉开眼笑,表示满意;如果孩子做得不好,父母则眉宇紧锁,表示不满。这样,父母把自己的意图直接提供给幼儿,使幼儿迅速而无意识地加以理解和接受。

除此以外,学前儿童家长还可运用间接暗示。所谓间接暗示,即父母借助于一定的行为或其他媒介,将自己的意图、对幼儿的要求与期望间接地提供给幼儿,使幼儿迅速而无意识地加以接受。如父母希望自己的孩子成为一个喜欢读书学习的人,除了给孩子买大量的图文并茂的书籍以外,自己只要一有空也手捧书本认真学习。这样,孩子在父母的间接暗示下,也经常手捧各种书籍进行学习。间接暗示与直接暗示相比,所提出的教育要求和期望更容易为孩子所接受,效果更好。随着孩子年龄的增长,父母要尽可能地多用间接暗示。

(四)批评惩罚法

批评惩罚法是父母对幼儿不良的观点、行为作出否定评价,以帮助孩子改正缺点与错误的一种家庭教育方法。批评和惩罚两种教育方法有程度上的不同。批评运用在一般性的缺点、错误、过失上,而惩罚则是运用于性质和后果较为严重的缺点、错误和过失上,惩罚是要剥夺孩子的某种权利,给孩子以痛苦的体验,是要强制执行的,但不是殴打、断食、伤害身体。批评惩罚法对于孩子之所以有教育意义,是因为否定孩子的不良思想、行为可以引起幼儿的内疚感、羞耻心和不愉快的情绪体验,使他们从所犯的错误中吸取教训,学会用意志克服自己的不良行为习惯。

批评惩罚法使用得不好往往会带来不好的后果:关系变得紧张,直至发生反抗行为,甚至造成严重伤害。实际上,问题不在于是否进行批评惩罚,而在于怎样和何时进行批评惩罚。批评惩罚应真正出于父母对孩子的爱和尊重,并且被孩子所理解。因此,采用批评惩罚法时,必须注意三个方面:首先,要注意孩子的个性等身心发展特点。有的孩子性格比较内向、懦弱,一旦他(她)犯了错误以后,采用批评惩罚法时,可能造成其性格更胆小、更懦弱,对这样的孩子,就不适宜用批评惩罚法。其次,要注意批评惩罚必须公正、合理。即对孩子批评惩罚,要从实际出发,视情节的轻重程度及其所造成的后果,努力做到公正、合理。只有批评惩罚是公正、合理、恰如其分的,孩子才会心服口服,才会正确对待,从缺点、错误和过失中吸取教训;也只有真正做到公正、合理、恰如其分,孩子才会感到家长的批评惩罚是关心和爱护,才能克服缺点,改正错误,纠正过失。批评惩罚如果太过分,太过火,那就会有"出气"之

第十章　学前儿童家庭教育的方法

嫌,孩子不会服气,势必产生对立、反抗情绪,必然达不到预期的目的。第三,批评惩罚要讲究方式和时机。批评惩罚要注意时间、地点、场合,最好不要当着别人的面批评惩罚孩子,以免影响孩子的自尊心。同时,也不要在睡觉前或吃饭过程中批评惩罚孩子,以免影响孩子的食欲和睡眠。科学早已证明,这样做影响孩子的身体健康,也很容易引起孩子的反感。批评惩罚孩子,应当指出错在什么地方,帮助孩子分析错误是怎么产生的,告诉孩子若不及时纠正,任其发展下去会有什么危害,或是已经造成了什么危害,指出如何改正,今后应当怎么做。批评惩罚过程中的态度应是严肃的,但批评惩罚必须体现出尊重、爱护、期望和信任,促使其进行激烈的思想斗争。批评惩罚还要注意留有余地,不要把话说过头,可以视孩子认识、觉悟的程度提出一些问题,让孩子自己去思考,自己找到问题的答案,得出正确的结论,没必要由家长把话说透。

批评惩罚法作为一种"反强化"的教育方法,应慎重运用,不能滥用,以起到应有的作用。

(五)自然后果法

自然后果法就是在家庭教育中,通过让孩子亲自体验由于自己不良行为所造成的后果来纠正其行为的方法。适当地运用此方法有利于培养孩子对自己行为的责任感,提高孩子的独立生活能力和自理能力。

英国教育家斯宾塞认为,孩子犯了错误,运用自然后果法对其惩罚,至少有四个方面的好处:第一,这种方法可以提供正确或错误行为的合理知识,而这些行为则来自结果好坏的本人经验的;第二,儿童所受到的痛苦如果仅是他的错误行为的自然后果,则他必然会多少清楚地认识到这种惩罚是公正的;第三,儿童如果认识到这种惩罚是公正的,接受这种惩罚只是通过事物本身的作用,而非假手于人,则他的脾气就可以较少地激动。而做父亲的,只要比较消极地执行他的责任,让小孩体验到这种自然的惩罚,就可以保持比较安静的态度;第四,彼此的愤怒既然避免了,则父子之间必然可以存在着一种更愉快的和更可以相互影响的关系。①

正确运用自然后果法给予的惩罚手段将建立一种特殊的情景。它的特点是:这个惩罚是孩子本人能明白的,惩罚的公正性是不应该引起怀疑的。的确,如孩子撕坏了图书,妈妈必须让孩子自己把图书补好。毫无疑问,这样做不会使孩子产生反抗情绪。可是,如果禁止散步或看电视,那么这类措施并不是很明显的,孩子往往会感到委屈和不满,而且会使孩子产生反抗情绪。采用这种教育方法,一方面要使孩子从自己造成的后果中取得教训,杜绝此种错误行为的发生;同时,也要进行说服教育,说明为什么要这样惩罚及错误行为的危害性,以便从根本上提高孩子的思想认识。如孩子撕破图书,可以让他继续看这本撕破的图书,让他从中体验到不快;与此同时,要教育他懂得撕破图书是浪费,是错误的行为,提醒、引导他以后要注意爱护图书,并指导孩子学会如何爱护图书;当孩子有了认识以后,可以和孩子一起缝补好这本图书。采用这种教育方法,如不同时进行说服教育,孩子会减少某些过失,但其动机还只是停留在自己少吃苦头这一水平上,并没有从根本上提高思想觉悟;另一方面,采用这种教育方法,还要注意应以不伤害孩子的身体健康为前提,伤害了健康就失去了教育的作用。

教育是一门艺术,家庭教育也是一门艺术,学前儿童家长在对孩子的非期望行为施教过程中可以综合运用多种教育方法,也可以有选择、有侧重地运用其中的一两种,到底使用哪几种家庭教育方法?到底如何使用?必须考虑孩子的年龄特征、心理发展水平和个性差异等因素才能决定。

---

① 〔英〕斯宾塞,《教育论》,人民教育出版社,1962年版。

第十章 学前儿童家庭教育的方法

第三节 管教的策略

对学前儿童的非期望行为,除了上述管教原则、方法外,学前儿童家长还可借鉴国外专家、学者提出的管教策略。

一、行为改变技术

(一)行为改变技术的含义

行为改变技术是汇集不同的学习理论所得到的管教策略,其主要受古典条件反射与操作性条件反射两大流派的影响,前者最有名的是巴甫洛夫(Pavlov)的实验,他发现一个本来不能引起反应的中性刺激——摇铃与能引起反应的刺激——喂狗多次配对出现之后,中性刺激也能单独引起反应,即狗听到摇铃声,即使不喂食,狗也会流口水。后经多人的实验研究,成为行为改变技术的重要原理。

操作性条件反射的行为改变技术则是根据史金纳(Skinner)的理论而来,他将行为分为反应行为和操作行为。前者是由刺激引发的,如看到食物就流口水;后者则是个体为了满足其生理或心理需求,而采取一连串的行为,这些行为是受了后果的增强而建立的。因此,行为改变技术是指可以操作增强物来影响并改变行为。

(二)行为改变技术的关键点

后果对行为有增强作用。愉快的后果使行为得到增强使用,不愉快的后果则对行为有削弱作用。所谓增强作用,是指孩子表现某一行为之后,若得到赞赏或其他愉快的经验,他就会继续表现这个行为,而且有增加的趋势;削弱作用,是指孩子做了某一行为之后,得不到赞赏,反而受到忽视或其他不愉快经验,此种行为就会减少或不再做了。所以,当幼儿出现非期望行为时,应让孩子有不愉快的后果,如批评惩罚、自然后果等,使孩子减少或不再做非期望的行为。如孩子跟父母上商店,看到商店里的玩具,他会吵着要父母买,如果父母根本不理他,或跟他说家里已有这样的玩具,不必再买了,这种后果就会使他行为削弱,下次再去商店他不一定会吵着买玩具了。

当家长想培养孩子去做某种行为时,可以在他的行为之后安排一种增强物,使那种行为或习惯容易建立起来。增强最好是立即的,也就是说,期望的行为发生之后,立即予以增强。有时不得不延迟时,在增强时要提醒他当时的行为。增强物要是孩子珍惜且喜欢的。

复杂的行为可分成几个步骤来养成。

1. 行为塑造法:将一项行为细分为许多细小的动作,逐步增强,以达成行为的终点。

2. 刺激的逐步消褪:为帮助孩子某个行为的发生,父母亲可用一些引发的刺激,然后渐渐减少,最后由孩子自己完成整个行为反应。

如让孩子学习自己扣纽扣,可将此行为分解为先学扣下面的纽扣,扣时要将纽扣眼和纽扣对齐再扣,由下往上学习扣靠近脖子的第一粒纽扣。当孩子能将纽扣眼和纽扣对齐扣下面的纽扣时,父母给予及时的表扬奖励,以巩固其行为;当孩子能扣靠近脖子的第一粒纽扣时,父母也及时地给予奖励。这样,每天孩子自己扣纽扣,在反复练习的过程中,可逐步地减少表扬奖励,最后孩子养成自己扣纽扣的期望行为。

事实上,绝大部分父母每天都在运用增强原理教养孩子,以培养孩子好的行为,并纠正不好的行为。问题是有时增强方式不一定正确,反而得到反效果。因此,要改变孩子的非期望行为,关键是不能只看行为本身,而要辨明产生其行为的前因后果,削弱孩子的非期望行为,只有这样,才能从根本上解决行为问题。

二、民主的儿童训练策略

(一)民主的儿童训练策略的含义

第十章 学前儿童家庭教育的方法

民主的儿童训练策略是建立在平等与相互尊重原则基础之上的。每个人都有他的价值与尊严,即使是孩子,也必须得到应有的尊重,也应有自我选择的权利,父母要能包容孩子的各种选择。因此,民主的儿童训练策略是指在平等与相互尊重的基础上,父母亲尊重孩子的选择,并加以适当的引导。

(二)民主的儿童训练策略的关键点

推可思(Rudolph Driekurs)提出了民主的训练的一套策略,主要有以下6点:

1. 行为都是有原因或目的的,不是无由来的。
2. 必须从社会环境中去了解行为。
3. 由不良行为的目的,可以说明其行动。
4. 要了解孩子的行为,父母必须了解他对那事件的解释。
5. 归属于某个社会团体是每个人的基本需要。
6. 每个人都有一个人生计划,以引导其行为,即使这个计划的决定是基于错误的解释。①

据此,我们可从表10-1、表10-2中更明确父母面对孩子的非期望行为和期望行为,民主的训练策略应采取何行为反应。

三、沟通的策略

(一)沟通的策略的含义

吉诺特(Haim Ginott)在《父母与子女》一书中,最为人常引用的名言即是:

在批评中长大的孩子,学会谴责;

在敌对中长大的孩子,常怀敌意;

在嘲笑中长大的孩子,畏首畏尾;

在羞辱中长大的孩子,总觉有罪;

---

① 〔台〕陈淑慧、王慧姚编译,《父母难为?——称职父母的系统训练》,台北大泽,1984年版。

表 10-1　孩子非期望行为的目的与父母可选择的行为反应

孩子错误的信念	孩子的目的	父母可选择的行为反应
只有我受到注意或受人服侍时,我才有归属感。	引起注意。	尽可能漠视它,注意那些孩子不在意的期望行为,避免过度代劳。提醒、处罚、奖赏、哄骗与代劳都是过度的注意。
只有我处于控制、主管的地位或没有人可以管我的情况下,我才有归属感。	争取权力。	从冲突情况中退出,向孩子说明他的协助与合作,以帮助孩子知道了解争执或屈服只会提高孩子对权力的渴求。
当我觉得受到伤害时,只有反击,我才有归属感。我不可能被人爱。	报复泄愤。	避免有受到伤害的感受;避免处罚或报复;建立信任的关系;让孩子明白自己他是父母深爱的宝贝。
只有说服别人相信我一无所能,我才有归属感。我是无能的,我也是无助的。	表现无能为力,自暴自弃。	停止所有的评语。鼓励任何一个正向的努力,即使只是小小的努力;注意他的优点,千万不要可怜他(她),也不要放弃。

第十章 学前儿童家庭教育的方法

表 10-2 孩子期望行为的目的与父母可选择的行为反应

孩子的信念	孩子的目的	孩子的行为	父母可选择的行为反应
靠贡献一己之力,我将有所归属。	关注、参与、贡献。	协助行为,志愿效劳。	让孩子知道他有哪些贡献以及你如何感激。
我能够决定自己的行为,并为之负责。	权力、自主权,为自己的行为负责。	自我训练。自己的事情自己做。富于创造性。	鼓励孩子所做的决定。让孩子自己体验期望与非期望的行为结果。表达对孩子的信心。
我愿意合作。	公平、公正。	以德报怨,漠视自己的许诺。	让孩子明白你对他(她)合作的欣赏。
我能够退出冲突情境。	退出冲突情境。拒绝争执。接纳他人的意见。	漠视别人的挑衅。从权力竞争中退出。决定自己的行为。	指出他更成熟的努力与进步。

在忍耐中长大的孩子,富有耐心;
在鼓励中长大的孩子,满怀信心;
在赞美中长大的孩子,懂得感激;
在正直中长大的孩子,有正义感;
在安全中长大的孩子,有信赖感;
在赞许中长大的孩子,懂得自爱;

在接纳和友谊中长大的孩子,寻得了世界的爱。①

沟通的策略强调父母与子女之间的沟通非常重要。子女之所以有非期望行为,不是因为父母的态度或人格有问题,而是因为父母缺乏经验及知识,不会与孩子进行沟通。因此,吉诺特建议父母与孩子沟通时,父母要学会倾听,要了解孩子的言外之意,同时也要让孩子知道父母的感受,以避免冲突。

(二)沟通的策略的关键点

吉诺特认为沟通的策略的关键点为:

1. 与孩子沟通的基础是建立在尊重和技巧上的。父母不要攻击或批评孩子的人格,而应针对其行为。管教要对事不对人,这也等于在教孩子以适当的方法表达情绪。

2. 赞美和奖赏不宜过度。赞赏孩子时,要针对其行为,而不是针对其人格。如妈妈下班回家,儿子拿出拖鞋给妈妈穿,妈妈要赞赏的是他这个行为很好,而不是赞美他有多么了不起。

3. 在对付冲突和压力时:

(1)父母有权对孩子的非期望行为生气,但不必使其有罪恶感或羞愧感。

(2)父母应表达自己的感受,但不能攻击孩子的人格。

如孩子做了一个非期望行为,父母很生气,可向孩子表达自己的感受,说:"你这样做,使我很伤心。"但不能说:"没有一个孩子会像你那样做,你真差劲!"这样有损孩子的人格。

4. 威胁是在向孩子挑战,使他重复不好的行为;贿赂则是怀疑孩子的改变能力;讥讽使孩子觉得自己差劲,因此拒绝听。这些都是亲子互动时应避免的。

5. 若父母与孩子沟通时能蹲下或坐下,使孩子不觉得父母高高在上,有压迫感,则沟通的效果会更好。

---

① 〔美〕吉诺特著,〔台〕王克难译,《家长与子女》,台北开明出版社,1970年版。

第十章　学前儿童家庭教育的方法

6. 孩子可以学着为自己的行为负责任,让他有选择的机会。如问她:"你今天要穿红裙还是蓝裙?"而不是问她:"你今天要穿什么?"

7. 以孩子能理解的合理限制管教他,不是只告诉他什么不可以做,也要告诉他什么可以做。

8. 体罚比口头语言沟通的效果差,而且有伤害性。因为体罚让孩子不一定知道问题在哪里,只是看到父母在泄怒。

如果学前儿童家长在管教孩子时,能借鉴并采用这些沟通的策略,那对家长、对孩子都获益匪浅。

四、父母效能训练

(一)父母效能训练的含义

父母效能训练是高顿(Thomas Gordon)为了教父母如何有效地教养子女所提供的训练课程而提出来的。他的方法主要是针对父母的沟通技巧和解决亲子间的冲突,此方法在美国形成热潮。父母效能训练的技巧有两个核心:一是父母主动地倾听,可以帮助父母成为孩子的好听众,而更了解孩子;二是父母与孩子共同参与解决问题,可以减少家庭中的冲突,而有助于问题的解决。[1]

(二)父母效能训练的关键点

高顿的基本方法和吉诺特的方法很相近,都主张与孩子沟通、谈话,但高顿的策略比较特别的是承认孩子的行为对父母的行为有影响,而且教孩子如何认清父母的权力和需要,更重要的是,他提供给父母一些方法,能以一种更平等的方式对待孩子,而不过度使用权力伤害孩子的自我概念。

高顿认为,当父母和孩子之间有冲突时,完全顺从任何一方都不是圆满的解决方法,为了要双方互相了解对方的需要,以便妥协,高顿列举了6个步骤。

---

[1] 〔美〕高顿著,〔台〕欧申谈译,《父母效能训练》,《教育资料文摘》,1980年。

1. 认清并说明冲突。
2. 找出可供选择的解决方法。
3. 评价这些解决方法。
4. 决定对双方都最好的方法。
5. 实施此方法。
6. 评价此方法的结果。

让孩子也参与作决定的过程,他会更愿意合作,也能增加他解决问题的判断能力,对亲子双方的心理都不会有伤害,也可以使父母少使用权力,鼓励了孩子自主的行为。

五、沟通分析

(一)沟通分析的含义

沟通分析是一种心理治疗的理论,起初由精神病医师柏恩(Eric Berne)①提出,主要是用来了解人际关系的。后来哈里(Thomas Harris)②以其观念出版了《人际沟通分析》等书,让一般人能了解并运用。最近几年,这一理论才被用来改善亲子关系。

沟通分析理论提供了一套方法,让人们分析自己与他人的交互作用,以改善沟通。根据沟通分析理论,人有三个人格的自我状态,人格状态是辨别真假、处理讯息的依据,而且会一再重现。同时,人格状态凭着直觉决定行为、价值观、感情的鉴别和讯息的收集,"成人"、"儿童"、"父母"是沟通分析理论中三种主要的人格状态。

一个人可以在任何时候分别表现出这三种人格状态,可以根据所观察到和听到的行为特质来判断是何种人格状态。三种状态是分开的,可以以不同的行为,如表情、动作、声音来辨别(如图10-1)。

---

① BerneE. (1961), Transactional Analysis in Psychotherapy, New York: Grove Press.
② HarrisT. (1969), I'm OK – You're OK, Rev. ed. New York: Harper and Row.

第十章 学前儿童家庭教育的方法

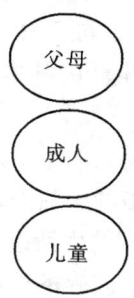

图 10-1 人格的三种自我状态

儿童状态记录着人类的生物需求和基本情感,使一个人产生对自己的认识,这些自我认识来自实际生活经验,它也记录了人的生活中,尤其是婴儿期的所有显著的情感事件,它是不加修饰、自发性的,在意的只是内在的需要和渴望,也包括一个人在快乐或痛苦的情境中的反应。

当成人状态受挫时,儿童状态会迅速出现,表现出无知与幼稚,如果挫折太大,会使这种无知幼稚的表现以轻视、惊吓、生气或悲伤的方式表露出来。成人状态的主要作用是将刺激转变成讯息,然后根据过去的经验,分析后归入档案,它就如一台分析资料的电脑处理三种状态的资料,而后得到结论。成人状态在早期较脆弱而短暂,很容易被"父母"的要求或"儿童"的恐惧遮盖,但是,大多数人在成熟过程中,虽然受阻,他的"成人"仍会继续发展,而且愈来愈有效率。

父母状态记录着一个人从父母那儿听来或在生活中看到的一切教训、规矩和法则,告诉他何事该做,何事不该做,以及礼节、传统、价值等。"父母"的记录可以教导一个人为人处世的社会规范,由于是来自父母的,不合适的部分可以批评和控制,有益的部分则保留。

沟通分析将刺激的需要具体化称为"轻抚",透过轻抚,在施与受的交互作用中,使孩子认识自己,也了解其他的人。而一个人对自己和对他人的感觉称为生活的基本态度。在人际沟通中有4种基本态度:

1. 我好——你也好:最健康的生活态度。
2. 我不好——你好:沮丧的生活态度。
3. 我好——你不好:挑剔的生活态度。
4. 我不好——你也不好:破碎的生活态度。

交流则是两个人轻抚的交换,每个交流都包含刺激和反应。当一个人和别人沟通时,他使用不同的人格状态,不同状态的运用会产生不同的结果。交流方式有3种基本的规则。

1. 互补交流

即刺激和反应在父母——成人——儿童图中成平行线时,交流会继续下去。互补交流可以是任一状态之间的沟通,例如:父母——父母交流(批评别人)、成人——成人交流(解决问题)、儿童——儿童交流(游戏)或父母——儿童交流(教训)等等,如图10-2。

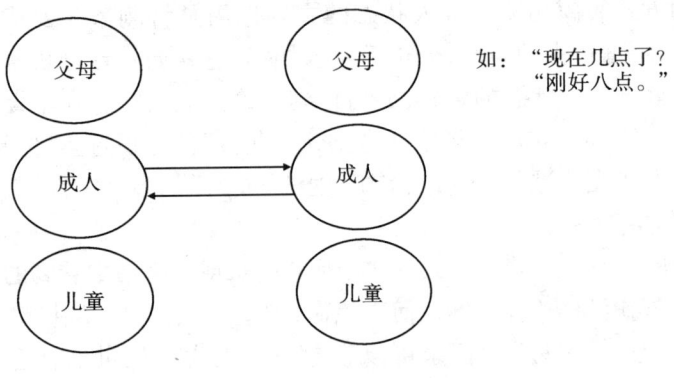

图10-2 互补交流

第十章 学前儿童家庭教育的方法

2. 交叉交流

即刺激和反应在父母——成人——儿童图中成交叉线时,沟通中会引起争吵。如图 10 – 3。

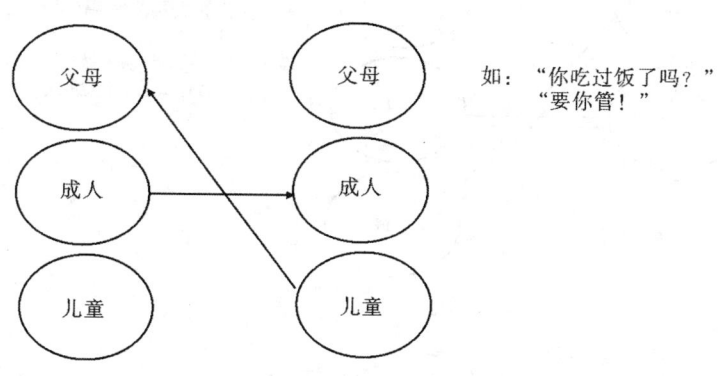

如:"你吃过饭了吗?"
"要你管!"

图 10 – 3 交叉交流

3. 双重交流

表面上呈现某一种交流,却又隐含另一种讯息,目的是要诱使对方表露出对隐藏讯息的反应。如图 10 – 4。

(二)沟通分析的关键点

沟通分析策略运用于亲子关系中,可以改善沟通,最有效的沟通是平行沟通,如果父母多处于"成人"状态,孩子就逐渐培养出明理的生活态度;如果父母老是以权威的"父母"状态迫使孩子停留在"儿童"状态,会延迟孩子成熟的时机。

华鲁士(WahLroos)运用沟通分析的原理,提出沟通是改进家人关系的秘诀。因此,他提出促进家人和谐的二十个原则和十个秘诀。列成表10-3①,供参考。

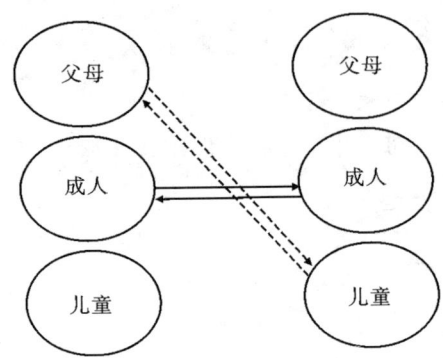

如："你去买米了吗？"
　　"没有啊！"

隐义："你总是该做不做！"
　　　"为什么老是差遣我！"

图10-4　双重交流

上述策略可说是应用行为科学的代表,没有任何一种策略可以保证其结果一定是对的、是好的。但它们有一些共同的目标,使互相之间可见异曲同工之妙。

1. 减少父母的权力

这些管教策略大多是儿童本位,即以孩子的需要为主要考虑的内容。其实父母的权力不一定都会阻碍亲子间的交流,但假如父母的权力使用不当,如责打或羞辱孩子,则会造成孩子的焦虑。因此,这些策略在于教育父母如何用新的方法行使其权力,以达到管教的目的。

2. 改善孩子的自我控制

在父母放松一些权力的同时,孩子也为自己的行为多负些责任,父母少花时间去监视或控制子女的行为,而把心力着重放在建立良好和谐的家庭气氛,使每个家庭成员的精神需要能得到满足,

---

① 〔美〕华鲁士著,〔台〕郑慧玲译,《家庭沟通》,台北狮谷出版社,1981年版。

第十章 学前儿童家庭教育的方法

也让孩子在心平气和中培养出自我控制的能力。

3. 强调关爱与照顾

鼓励父母以朋友或咨询者的角色并以了解和帮助子女的态度,倾听子女的问题,而非教训子女或索性自己去替子女解决问题。父母是爱的源泉,出发点是爱,管教是手段不是目的。

表 10-3　家庭沟通

沟通的原则:
(1) 非语言的沟通(行动)往往比语言的沟通更有力。
(2) 重要的就强调,不重要的就忽略。
(3) 尽可能表达好的而且确定的沟通。
(4) 沟通时要清楚、具体。
(5) 言辞要切实际、合理。
(6) 以言语表达来验证你的每一个假设。
(7) 承认每件事都可以有多方面的看法。
(8) 承认家人对你观察入微。
(9) 不要使好言的讨论变成恶意的争吵。
(10) 坦诚面对自己的感受,有意义的问题就提出。
(11) 不要用不当的沟通技巧,如吵架。
(12) 沟通造成的效果比本意重要。
(13) 接受一切感受并试着去了解。
(14) 委婉、体贴而有礼的尊重对方及其感受。
(15) 不要说教或训话,最好用发问的方式。
(16) 不要找借口。
(17) 不要唠叨、叫骂、发牢骚。
(18) 得幽默时且幽默,当严肃时要严肃。
(19) 学会倾听。
(20) 不要玩恶意的游戏。

沟通的秘诀：
(1) 自助助人。
(2) 抉择的自由。
(3) 安全感。
(4) 满足需要的延宕。
(5) 评估情绪真实面的能力。
(6) 深切持久的情绪关系。
(7) 从经验中学习。
(8) 积极热衷于生活。
(9) 接受他人。
(10) 自信心。

4. 了解子女的行为

这些策略是教父母学着去发觉造成孩子行为的原因，而且了解孩子成长和发展的原则，因为在不同的发展阶段，有不同的问题，孩子的需要也随之改变。

父母学习这些策略，重要的是把握其精神，关键是结合自己的实际、结合孩子的实际，多思考，把自己的教育理念有效地传递给孩子。

[思考题]

1. 学前儿童家庭教育方法有何作用？试联系实际加以思考。
2. 什么叫非期望行为？非期望行为产生的原因是什么？
3. 学前儿童家长在实施家庭教育时，对非期望行为应如何实施管教原则？
4. 对非期望行为的管教方法主要有哪些？家长应怎样加以运用？
5. 行为改变技术管教策略的含义及关键点是什么？家长应怎样运用？
6. 沟通分析管教策略的含义及关键点是什么？对学前儿童家

第十章 学前儿童家庭教育的方法

长有何启示?

7. 管教策略有何共同点?学前儿童家长在对孩子进行管教时应注意什么?

[参考资料]

1.〔美〕华鲁士著,〔台〕郑慧玲译,《家庭沟通》,台北狮谷出版社,1981年版。

2.〔台〕陈淑慧、王慧姚编译,《父母难为?——称职父母的系统训练》,台北大泽,1984年版。

3.〔台〕游乾桂,《做孩子的顾问——称职父母的100则教养话题》,远流出版社,1990年8月第1版第3次印刷。

4.〔台〕海穆·基·吉诺特著,〔台〕张剑鸣译,《父母怎样跟孩子说话》,大地出版社,1992年5月第21版。

5. 邓佐君主编,《家庭教育学》,福建教育出版社,1995年10月版。

6.〔台〕黄乃毓,《家庭教育》,台湾五南图书出版公司,1996年版。

7. 赵忠心,《家庭教育学》,人民教育出版社,2000年3月版。

8. 李生兰,《学前儿童家庭教育》,华东师范大学出版社,2000年11月版。

第十一章 家庭教育指导工作

第一节 学前儿童家庭教育指导的意义

一、进行家庭教育指导的缘由

幼儿是在家庭、学校和社会三种环境中成长的。家庭对学前儿童的影响是第一位的。80年代,我国的一项大型学前项目研究证实,家庭教育对幼儿认知和个性发展的影响超过幼儿园。

80年代中国教育科学研究所史慧中教授主持的"适应我国国情,提高幼儿素质"大型研究,在国际教育成就评价协会学前项目(IEAPPP)的研究方案的基础上,根据我国国情,组织国内学前教育专家在辽宁、北京、山西、宁夏、上海、江苏、安徽、湖南、重庆和贵州等10个省市进行过一项学前儿童教育的大型调查。研究者在每个省市分城市和农村按5%的样本精度随机抽取4岁和6岁两个年龄组的幼儿。其中,4岁组城市幼儿400人,农村幼儿884人,共1284人。两个年龄组合计2568人,10个省市共25680人,实际调查人数为25478名幼儿,调查在1987—1988年进行。调查内容主要涉及幼儿的身心发展水平、家庭环境和教育情况、其中入园幼儿的幼儿园环境和教育情况等一千多个项目。在对全部调查数据进行分析后获得了许多调查研究结果。

其中,关于幼儿受照顾和受教育类型的基本情况的调查结果发现,4岁儿童完全由父母(监护人)自己照顾和教育的类型比例

第十一章 家庭教育指导工作

为59%,由他人照顾和教育的类型比例为41%;6岁儿童两种类型的比例分别为34.23%和65.77%。结果表明,我国未入园的适龄幼儿仍占相当比例。

三大环境因素对幼儿认知发展水平影响的研究结果表明,家庭环境对幼儿教养机构儿童认知成绩的独自贡献量一般占到总贡献量的30%～50%,家庭的影响超过教养机构。家庭对幼儿教养机构儿童的贡献量的比重随儿童年龄的增大而增大,这一趋势在农村更为明显(见表11-1)。三大因素对幼儿个性发展影响的研究结果同样表明,家庭对幼儿园幼儿个性发展水平的解释量占总解释量的比例高于幼教机构(见表11-2)。

表11-1　家庭与幼儿园对幼儿认知发展水平解释量的百分比(%)[①]

	城市4岁(2582人)	城市6岁(3091人)	农村4岁(1100人)	农村6岁(3330人)
家庭	33.24	41.26	27.84	54.58
教养机构	20.12	16.57	25.27	19.04

表11-2　家庭与幼儿园对幼儿个性发展水平解释量的百分比(%)[②]

	城市4岁(2582人)	城市6岁(3091人)	农村4岁(1100人)	农村6岁(3330人)
家庭	72.92	67.26	76.98	74.56
教养机构	4.54	10.44	6.16	11.74

---

① 根据史慧中,《关于〈适应我国国情,提高幼儿素质〉的调查研究》,教育科学出版社,1991年版,第146页,"表90,各自变量群对幼儿教养机构儿童认知发展水平的解释量占总解释量的百分比"改编。

② 根据史慧中,《关于〈适应我国国情,提高幼儿素质〉的调查研究》,教育科学出版,1991年版,第147页,"表91,各自变量群对幼儿园儿童个性发展水平的解释量占总解释量的百分比"改编。

上述研究和其他研究说明,我们再也不能把幼儿教育简单地理解为就是幼儿园教育了,家庭教育也是幼儿教育的重要组成方面,学前期儿童的家庭教育不是幼托机构教育和社会教育可以替代的。

学前儿童的家庭教育十分重要,然而学前儿童家庭教育中问题很多,需要外部进行指导。家长在教育责任上的"双脱手"、"过高期望"现象,教育观念上的"重智轻德",教育态度上的"溺爱"、"放任"、"控制"和"过度保护",教育能力上的"缺少方法",教育行为上的"简单粗暴"、"过分教育"等,无不反映了家庭教育迫切需要得到指导。家庭教育指导工作被赋予了重要的意义。

二、家庭教育指导的性质

家庭教育指导是社会和儿童教养机构根据家庭教育过程中存在的问题、家长的困惑和家长自身的需要,向家长提供帮助的过程。家庭教育指导是整个国民教育体系中的一个组成因素,它是主要以家长为对象的一种成人教育,但必定又是一种业余教育,作为向家长提供对子女进行有效教育知识和方法的家庭教育指导又带有师范教育的性质。

由于学前儿童家庭教育指导的对象主要是学前儿童的家长,所以学前儿童家庭教育指导属于一种成人教育。在家庭教育指导过程中,应该考虑成人的生理、心理、知识经验的特点,采用不同于幼儿、学生的指导方式,以达到应有的效果。

在我国目前的情况下,由于作为学前儿童家庭教育指导主要对象的学前儿童家长,特别是学前儿童的父母大部分仍在岗工作,利用公假参加教育机构组织的活动并未得到法规方面的承认,因此决定了我国学前儿童教养机构组织的家庭教育指导活动必须具有业余的性质。

家庭教育指导是教育家长学习如何教育子女的教育形式,是教家长如何当孩子的教师的教育,因此带有一种师范教育的性质。

第十一章 家庭教育指导工作

学习儿童心理发展的规律和学前儿童的年龄特点,掌握教育过程中的有关知识和一般规律在家庭教育指导过程中应占有一定的地位。

家庭教育指导个体社会化的整个过程是为人父母后学习当父母、为人祖父母后学习如何当祖父母的继续社会化的过程。因此,家庭教育指导是终身教育的一部分。

家庭教育指导以提高家长的教育素质、改变家长的教育行为为根本,它不仅能促进儿童生理和心理的健康成长,而且会带来家庭、学校和社区的变化,是精神文明建设的一部分。

三、家庭教育指导的渠道

学前儿童的父母可以从多种渠道接受家庭教育的指导。这些渠道包括幼托教养机构对作为教育对象的婴幼儿的家长进行的指导,街道乡镇对作为社区居民的婴幼儿家长进行的指导,企事业机关(目前许多单位是通过工会)对作为单位职工的婴幼儿家长进行的指导,大众传播媒介对作为读者、听众、观众和网民的婴幼儿家长进行的指导。此外,还有其他社会教育机构对婴幼儿家长进行的指导。

幼托教养机构的指导。由幼儿园和托儿所等幼托教养机构组织、由教师和工作人员担任指导者角色,对家长直接进行指导。特点是:可以利用幼托教养机构现有的房舍、场地、设备进行;可以由幼托教养机构现有教师的工作人员担任指导者,而不必另外特设指导者。幼托教养机构的合格教师和工作人员具备的对儿童的教育素养与指导家长对指导者要求的素养有相当多的共同点,经过一定的培训即可"上岗"。幼托教养机构现有教师和工作人员对机构内幼儿及其家长的了解和在他们心目中的地位使这一指导渠道具有特殊的优势。

社区的指导。由街道、乡镇或小区组织的,由街道、乡镇干部,社区内社会工作者,幼儿园或托儿所教师和其他志愿者担任指导者角色,对社区居民进行的指导。一般对未入园入托幼儿的父辈家长、祖辈家长、外来流动人口家长进行的指导较多。社区家庭教育指导者队伍的形成和建设是我国社区开展家庭教育指导的关键。随着我国社区建设的发展,社区指导的渠道将受到更多的重视和发展。不少幼托教养机构已经开始注意利用社区的资源,依托社区开展家庭教育指导。

企事业机关的指导。企事业机关根据本单位职工的需要,由工会组织对本单位职工中婴幼儿的父母和祖辈家长进行家庭教育的指导。比较多的是利用单位班组学习时间请幼托教养机构教师、卫生保健医生、社会工作者或其他专家作家庭教育知识介绍和咨询,利用业余时间组织亲子活动等。不少单位将此项工作看做是单位关心职工生活的需要,是凝聚力工程的一项内容,是精神文明建设的一部分。

大众传播媒介的指导。通过报纸、杂志、广播、电视、书籍和网站等大众传播媒介对家长进行的家庭教育指导。家庭教育的专业报刊,广播、电视中的家庭教育专题节目,家庭教育的电影、VCD,家庭教育的读物和家庭教育网站都发挥着重要作用。由于独生子女家长缺少家庭教育的经验,核心家庭父母缺少祖辈家长家庭教育经验的直接传授,家长受教育程度和接受能力较前有明显的提高,家长学校还不能满足广大家长的实际需要,大众传播媒介在时效、通俗、可接受性上的优势,等等原因,大众传播媒介在家庭教育指导上的作用正日益增长。有调查结果表明,目前在婴幼儿家长家庭教育知识的来源中,来自报刊杂志和读物的居多。

第十一章 家庭教育指导工作

第二节 学前儿童家庭教育指导的目的、任务、原则与对象

一、学前儿童家庭教育指导的目的

我们已经看到,国家综合实力越来越体现在国民素质的高低和创新人才的数量、质量以及国家的创新能力上。学生的素质,特别是思想政治素质,直接关系到国家和民族的前途和命运。我们还应该看到,学生的素质,包括学生的思想政治素质受到家庭教育的影响,家庭教育的质量又受到家长素质的影响。民族的竞争、综合国力的竞争、人才的竞争,说到底是父母素质的竞争。家庭教育指导的直接目标是提高家长的素质。

幼儿家庭教育指导,是指由家庭外社会机构组织的、以幼儿家长为主要对象的、以家庭教育为主要内容的指导活动。对家长进行的家庭教育指导的主要目的是:1. 提高家长的教育素质,包括转变家长的教育观念,形成对子女正确的教养态度,培养家长教育子女的能力;2. 提高家庭教育的质量,包括创设良好的家庭环境,正确对待子女的行为、表现,对子女实施适当的主动教育;3. 促进幼儿健康成长,包括身体和心理的发育。

幼儿园家庭教育指导,是指由幼儿园组织的、以幼儿家长为主要指导对象、以家庭教育为主要内容的指导活动,是幼儿家庭教育指导的一种。幼儿园家庭教育指导工作的出发点一般是为了整合幼儿园和家庭的教育力量、扩大幼儿园的有限教育资源、补充幼儿园教育力量的不足,从而为幼儿创设一个完整的、适宜的、一致的教育环境,实现幼儿园与家庭的共同目标。目前,幼儿园进行家长工作的具体目的有三类:1. 通过做家长工作,向家长介绍幼儿园的发展规划和目前存在的问题,要求家长在经费、设备和人力上给予支持,提高幼儿园的办园水平;2. 通过做家长工作,向家长介绍

幼儿园教育的性质、任务、内容、要求和进度,要求家长配合幼儿园工作,在教育要求、内容和方法上与幼儿园一致,使家庭教育与幼儿园教育同步,为提高幼儿园的教育质量服务;3.通过做家长工作,向家长介绍儿童身心发展的规律和学前儿童的年龄特点,介绍幼儿园教育的性质、任务、内容、要求和幼儿在园的表现,介绍家庭教育的有关知识和方法,从而提高家长的教育素质和家庭教育的质量,促进幼儿的发展。

二、学前儿童家庭教育指导的任务

根据我国的实际情况,学前儿童家庭教育指导的任务是:

(一)指导家长优化家庭环境。通过指导,促使家长为孩子提供基本的生活、游戏和学习条件,形成良好的亲子关系、夫妇关系、婆媳关系等家庭关系和邻里关系,建立民主、平等、和谐的家庭氛围,为婴幼儿的健康成长创设良好的家庭环境。

(二)指导家长提高养育水平。通过指导,提高婴幼儿家长的科学喂养知识普及率,至2010年达到85%以上。向家长倡导科学喂养,培养婴幼儿良好的饮食习惯;倡导母乳喂养,提高儿童营养水平,从整体上增强婴幼儿体质,提高健康水平。

(三)指导家长提高教育水平。通过指导,提高家长家庭教育知识的知晓率,转变教育观念,改善教养态度,增强教育能力,提高家庭教育质量,促进婴幼儿身心发展。

(四)指导家长与幼儿园合作教育。幼儿园应通过指导,让家长正确了解幼儿园保育和教育的内容、方法,认真分析、吸收家长对幼儿园教育和管理工作的意见与建议,实施幼儿园与家庭对幼儿的合作教育。

(五)向家长进行法制教育。通过向家长宣传《中华人民共和国未成年人保护法》、《中华人民共和国预防未成年人犯罪法》和《中华人民共和国收养法》等法律法规和《儿童权利公约》,提高法制意识,依法保障儿童生存权、发展权、受保护权和参与权。

第十一章　家庭教育指导工作

三、学前儿童家庭教育指导的对象

(一)家长与子女

家庭教育指导是家庭外社会机构和团体对家庭教育的指导。既然家庭教育是家庭内家长与子女的双向互动过程,那么,家庭教育指导的对象就应该既包括家长又包括子女。对学前儿童进行如何接受家长的教育和如何影响家长等方面的指导也属于家庭教育指导的任务。学前儿童对家长的认识、态度、与家长沟通的能力以及学前儿童是如何接受家长的教育和如何影响家长的,这些正是目前家庭教育指导的薄弱环节。需要加强对学前儿童在家庭教育过程中的表现、后果、影响因素,家长如何教育,指导者如何指导进行研究。

(二)不同年龄段儿童的家长

学前儿童家庭教育指导的主要对象是0~6岁学前儿童的父母和与儿童生活在一起的祖辈老人。不少地区还组织对新婚夫妇、孕妇和她们的丈夫进行家庭教育指导。

3~6岁幼儿的家长是我国目前学前儿童家庭教育指导的主要对象。指导工作基本得到落实,家长接受指导的普及率最高。这是因为我国城市3~6岁幼儿大多进入幼儿园,农村也有相当数量进入中心幼儿园或村办幼儿园。对比较集中的幼儿家长进行指导,从组织工作来讲比较方便,幼儿园教师对家长进行家庭教育的指导无论从知识和经验及家长的信任程度来说,都具有一定的优势。

上海对0~3岁婴幼儿家长科学育儿的指导,特别是教育上的指导,从90年代中期就开始酝酿,1996年开始进行"依托社区对0~3岁婴幼儿家长进行科学育儿的研究"并进行试点,受到家长的欢迎并取得良好的效果。目前正在全市20个区县的所有街道和乡镇推广并进行扩大试验。研究结果表明,"社区是实现对0~3岁婴幼儿家长进行科学育儿指导的重要渠道和发展方向。当街道、乡镇领导认识到社区开展对 0~3 岁婴幼儿家长进行科学育儿指导的意义后,通过明确领导责任、建立指导人员队伍、协调社区各方力量、调拨必要经费、提供活动场地,完全可以在本社区范围内组织开展这项指导工作并取得实效。"研究结果还说明,"建设一支热心指导工作、掌握基础业务知识、具有组织指导能力的指导者队伍,是社区能否开展对 0~3 岁婴幼儿家长科学育儿指导的关键。"此外,研究者认为,准备指导家长和组织亲子活动必备的场地和设备,是社区顺利开展家庭教育指导的保证;根据家长教养子女中存在的问题和家长的需要选择指导内容,才能提高社区家庭教育指导的针对性,使指导获得实效;只有坚持指导形式的多样性、开放性和有利于家长主体作用的发挥,才能提高 0~3 岁婴幼儿家长参与指导活动的积极性。

对孕妇和她们的丈夫的家庭教育指导。不少地区的妇产医院、综合性医院妇产科、妇幼保健所和计划生育指导机构开设了以孕妇为指导对象,但也有孕妇的丈夫和未来子女的祖母、外婆参加的孕妇学校。孕妇学校介绍有关孕产期保健知识、生殖生理知识、婴儿保健知识、母乳喂养知识、常见孕产期疾病保健知识和孕妇心理卫生知识等内容。有的还进行胎教的介绍。

对新婚夫妇的家庭教育指导。对准备结婚的青年和已经结婚的新婚夫妇进行计划生育和优生优育的指导,是提高人口素质的重要措施。新婚学校成了计划生育工作的重要阵地。在教学中,一般采取放录像、电视,讲计生政策,发放婚育工作手册、新婚读本等形式办班,对新婚夫妇进行晚婚、晚育、优生、优育、避孕措施的教育。

据新华社 2001 年 6 月报道,我国北京与上海地区新婚夫妇和孕妇接受家庭教育指导的受指导率均已超过 95%。

(三)不同身份的家长

学前儿童的家长包括学前儿童的父亲、母亲、与孩子生活在一

第十一章　家庭教育指导工作

起的祖辈老人、孩子的无血缘关系的监护人及教育保姆。

父母亲对子女来说是世界上最亲近、最重要、影响最大的人。对子女进行教育既是父母的权利,又是父母的责任。这种权利任何人都不应去争夺,这种责任不应推脱给任何人。父母的行为、态度和观念直接影响子女的成长。父母是子女的"第一任教师",但并不是天然的教师。在个体的发展过程中,为人父母后需要学习如何当父母,继续社会化。随着社会的发展、孩子年龄的增长、孩子在家庭中地位的变化,父母需要不断更新育儿知识并调整教育方法。父母亲应该是家庭教育指导的最重要的对象。

由于儿童与母亲的特殊关系,加上我国传统的"男主外女主内"思想的影响,在儿童学前时期母亲担负更多养育和教育的责任是可以理解的。然而,"确保父母双方对儿童的养育和发展负有共同责任的原则"是联合国《儿童权利公约》的规定。父亲是孩子成长过程中不可缺少的角色。特别在我国目前托儿所、幼儿园的教师和保育人员几乎是清一色的女性,小学也是女教师占绝大多数的情况下,父亲对儿童情感的发展和人格的形成具有突出的意义。不应因为出席家长会的多是母亲们而放弃对父亲的指导,父亲应该是家庭教育指导的重要对象。

祖辈老人,主要指与学前儿童生活在一起的祖辈老人。2000年第五次全国人口普查主要数据表明,"祖国大陆31个省、自治区、直辖市和现役军人的人口中,0~14岁的人口为28979万人,占总人口的22.89%;15~64岁的人口为88793万人,占总人口的70.15%;65岁及以上的人口为8811万人,占总人口的6.96%。同1990年第四次全国人口普查相比,0~14岁人口的比重下降了4.80个百分点,65岁及以上人口的比重上升了1.39个百分点。"结果表明,社会人口老龄化进程加速。具体反映在老年人口的绝对数量明显增加;每一儿童的祖辈家长的平均数量以更大的幅度增加。① 老龄化进程加快是社会发展的必然趋势。必须看到,老年人对社会来说既是一种负担,也是一种社会资源。对家庭教育指导工作来说,祖辈家长在家庭教育中能发挥积极的作用,一部分祖辈老人还将成为家庭教育指导的志愿者。有关部门估计,随着人口老龄化的发展趋势,祖辈家长对于孙辈的教养与生活照顾在30%~70%之间,事实上正承担着家庭教育的责任。②

此外,学前儿童的非血缘监护人和随着社会发展而出现的教育保姆,也应列入学前家庭教育指导的对象范围之内。

据上海市的一项调查发现,幼儿园家庭教育指导中明确以孩子的父母为主要指导对象的指导单位占58.1%,其中父亲为27.8%,母亲为30.3%;以祖辈家长为主要对象的占7.5%,以孩子为主要对象的占7.1%。父母亲已经成为家庭教育指导的主要对象,对父亲的指导开始得到落实,对与孩子生活在一起的祖辈家长的指导已经开始受到重视,对孩子进行家庭教育的指导也已引起注意。③

四、家庭教育指导的原则

家庭教育指导原则,是指家庭教育指导工作中指导者应该遵循的基本要求,是家庭教育指导规律的反映和实践经验的科学概括,它对家庭教育指导工作具有指导意义。一般认为,家庭教育指导原则包括双向互动原则、家长主体原则、共同成长原则、分类指导原则、因地制宜原则、整体性原则和理论联系实际原则等。

---

① 国家统计局,《2000年第五次全国人口普查主要数据公报(第一号)》,2001年3月。

② 顾秀莲,《总结经验 面向未来 努力开创家庭教育工作新局面》,全国妇联办公厅,《关于印发顾秀莲同志在全国家庭教育工作经验交流会上的讲话的通知》,妇厅字[2000]29号,2000年12月26日。

③ 李洪曾,《上海市家庭教育指导工作现状研究报告》,上海市家庭教育研究会,《21世纪初上海家庭教育发展预测研究》,上海社会科学院,2000年版。

第十一章 家庭教育指导工作

(一)双向互动原则

与家庭教育是家长与子女之间的双向互动过程一样,家庭教育指导的过程是指导者与家长之间的一种双向互动的过程。在家庭教育指导过程中,指导者的指导观念影响着指导者的指导态度,指导者的指导观念、指导态度和同样是在长期指导实践中形成的指导能力影响着指导者的指导行为。另一方面,家长对指导者的认识影响着家长对指导者的态度,家长的观念和态度影响着家长接受指导的行为。家庭教育指导过程中的指导者与家长之间的互动发生在指导者的指导行为与家长的接受指导的行为的层面上。这一互动的结果既影响着家长的教育观念、教养态度和教育行为,同时又改变着家长对指导者的认识、态度和行为,还改变着指导者的指导观念、指导态度和指导行为。由于家庭教育指导往往采用集体性指导活动的形式进行,家庭教育指导的整个过程还包括家长与家长之间的双向互动过程。指导者要读懂家长这本书,指导者要向家长学习,家长之间要自我教育。

指导者除了要了解家长教育子女的观念、态度和行为特点外,还要根据家长对指导工作的看法、参与指导活动的态度、接受指导的特点和对指导工作的需求,确定指导工作的做法,提高指导的针对性,达到指导的预定效果。指导者要在指导过程中收集、积累、提炼家长家庭教育的现代观念、正确态度、有效方法,总结家庭教育的有效经验,为提高指导质量提供素材。在指导过程中,注意为家长创设互相之间进行交流、讨论的机会,提倡、鼓励、支持家长与家长之间的自我教育。

(二)家长主体原则

家庭教育指导的主要对象是家长。家长不同于未成年的学前儿童。现代家长的学历层次、教育观念、活动的参与性与过去相比有较大的变化。许多指导机构发现,不少家长的教育观念、教育能力、获取家庭教育知识的能力已经超出指导者的指导范围。在家庭教育指导过程中,家长不是教育对象,实际上也不是指导对象,而应该是服务对象。家庭教育指导的组织管理者和指导者应发挥家长在家庭教育指导过程中的主体作用。

家庭教育指导的过程是指导者与家长双向互动的过程。在这一过程中,指导者与家长处于一种平等的关系。指导者应了解家长的情况,理解家长的行为,尊重家长的人格;应避免"居高临下"、"瞧不起家长",以至"责备"、"训斥"家长等现象的出现。家长是家庭教育指导工作的服务对象,是"上帝"。指导者应放下身份,耐心听取家长的叙说,了解家长的需要,虚心征求家长对指导工作的意见和建议,根据家长的特点和需要提供必要的、有效的服务。

指导者应以多样、生动的指导形式,有针对性的指导内容,吸引家长参与家庭教育指导活动,提高指导活动的出勤率;应在指导过程中提高家长参与的自觉性,使家长由"要我来"变为"我要来",由被动参与变为主动参与;在开展家庭教育指导的基础上,逐步吸收家长介入指导工作的组织管理过程,发挥家长在指导过程中的主体作用。

(三)共同成长原则

共同成长,是指在家庭教育指导的整个过程中,随着指导工作的推进,使参与其中的组织管理者、指导者、家长和学前儿童四类对象都得到发展并一起成长。

都要成长。由出生到成人,儿童在社会化过程中不断成长;个体在成人、工作、结婚、生孩子后,仍有一个学习担任社会角色的继续成长的过程;社会在不断向前发展,社会的每一成员为与之适应都在不断更新、调整、改造自己。人人都需要成长。

一起成长。儿童的社会化过程受到家长、教师的教育、指导和影响,为了促进儿童的社会化过程,家长和教师应该了解、理解、掌握有关的知识、技能、方法和策略。儿童在不同的发展阶段,身心

第十一章　家庭教育指导工作

的特点和需要不同,为适应儿童的特点与需要,家长和教师需要随着儿童的成长不断更新、调整和改造自己。对新的观念、新的知识、新的技术手段的理解和接受,儿童往往比成年人更容易、更快速、更无顾虑,家长和教师可以从儿童身上吸取不少积极的、有价值的东西。家长和教师在学习教育子女的有关知识和教育子女的实践过程中,在适应儿童的年龄增长带来的变化而改变自己的过程中,在接受儿童的积极影响过程中,与孩子一起成长。同样的道理,指导者在指导家长的过程中与家长一起成长,组织管理者在组织和管理指导者开展家庭教育指导的过程中与指导者一起成长。

家庭教育指导工作的组织管理者和指导者,应该在增强对家长及其子女的服务意识的基础上,放下身份,了解孩子和家长,倾听他们的心声,提升自己的水平,在提供帮助和服务的过程中与孩子和家长共同成长。

(四)分类指导原则

指导对象存在不同的类别。不同类别对象本身的特点不同,家庭教育的观念、态度和行为不同,对指导的需求也不同。对不同类别的对象应该进行不同的指导。

指导对象的类别可分为家长与子女;可以按子女的年龄段,分为新婚夫妇、孕妇和她们的丈夫、0~3岁婴幼儿家长、3~6岁幼儿家长;按家长的身份,可分为父母亲、与孩子生活在一起的祖辈老人、非血缘法定监护人、教育保姆等。此外,由于家长本身的某一特点不同,可分为高学历家长、高龄父母、个体户家长等;由于家庭的某一特点不同,可分为独生子女家长、单亲家长、贫困家庭家长、外来流动人口家长等;由于家庭教育的某一特点不同,还可分为教育观念上的现代型家长、教养态度上的权威型家长、教育方法上的简单粗暴型家长、教育能力上的教育无能型家长等。

不同类别对象由于本身的身心特点、地位和需求特点,他们在家庭教育过程中表现出来的教育观念、教养态度、教育能力和教育行为也必然具有自己的特点。同时,他们对家庭教育指导的需求也会有不同于一般的特点。

对不同的对象进行不同的指导。注意根据不同类别对象的特点,在指导的要求、内容、形式和具体方法上应该有所区别。比如,根据祖辈家长与孙辈的"隔代亲"、与父辈在教育观念上"代沟",对祖辈家长进行指导时,在内容上突出教养态度上的"理智"和教育观念上的"现代化",将使指导具有一定的针对性。根据"高学历"家长理解能力强的特点,注意介绍、推荐、提供文字和音像资料,将是适合这类家长指导需求的指导形式。

(五)因地制宜原则

因地制宜原则,是指根据不同地区、不同时期和不同对象的实际情况,提出适宜的要求,采取适宜的措施,获得实际的效果。

不同地区的社会发展水平不平衡是我国的国情。不同发展水平地区家长的特点不同、指导者的水平不同、进行家庭教育指导的要求也应该不同。"九五"期间,我国家庭教育指导的领导部门曾将我国31个省、自治区、直辖市"划三片,分两步走",确定了不同的阶段性目标。现表示如表11-3:

表11-3 三片地区1998年和2000年家长受教育率的目标(%)[1]

地　　区		1998年	2000年
第一片	北京、天津、辽宁、上海、江苏、浙江、福建、山东、广东	85	95
第二片	河北、山西、内蒙古、吉林、黑龙江、安徽、江西、河南、湖北、湖南、四川、陕西、重庆	75	90
第三片	广西、海南、贵州、云南、西藏、甘肃、青海、宁夏、新疆	60	80

---

[1] 根据全国妇联、国家教委发布的《全国家庭教育工作"九五"计划》中"一、目标"中的"(二)分期目标"内容编制。

第十一章 家庭教育指导工作

（六）整体性原则

家庭教育指导是一项社会系统工程。儿童的成长是在多种环境的影响下实现的，对家庭教育的指导具有多种渠道。要坚持家庭教育、学校教育、社区教育和大众传播媒介影响儿童发展的合力实施的整体性，坚持学校、社区、企事业机构、大众传播媒介对家庭教育进行指导的整体性。

对学前儿童在不同年龄阶段的教育重点是有不同侧重的，但是，不同年龄段的教育之间又是连续的。对孕妇、0～3岁婴幼儿家长和3～6岁幼儿家长进行家庭教育指导的重点是有区别的，同样，对不同年龄段学前儿童家长进行的指导也是连续的。需要以持续发展的观点从整体上把握对不同年龄段儿童的家庭教育和对他们家长的家庭教育进行指导。

家长对子女的直接教育行为、家庭的物质条件和心理氛围影响着儿童的身心发展。家长的教育观念、对子女的教养态度和教育能力影响着家长的教育行为。家庭的素质影响着家长的教育素质和教育行为。对家长的指导要从单纯指导家庭教育内容和家庭教育方法向提高家长家庭教育素质发展，要从直接围绕子女教育的指导向从根本上提高家庭素质过渡。从更高的视角、从整体上把握指导的内容是我们的方向。

（七）理论联系实际原则

家庭教育指导要在家庭教育指导理论的指导下实践，家庭教育指导的理论研究要为家庭教育指导的实践服务。

实践的理论指导。家庭教育和家庭教育指导的实践要有实效、上水平必须得到理论的指导。1. 家庭教育指导的组织管理者应努力创造条件、提供机会提高指导者的理论水平。指导者自身应重视学习家庭教育与家庭教育指导的知识理论。2. 理论工作者应重视对基层家庭教育指导工作的指导。3. 理论工作者应重视对家庭教育和家庭教育指导的理论研究和应用研究,特别是应用研究。

理论的联系实际。1. 在选择和确定家庭教育与家庭教育指导研究课题时,注意从家庭教育和家庭教育指导中实际存在的问题出发选择,使通过研究获得的成果确实能够解决实践中迫切需要解决的问题。2. 在研究过程中,注意研究过程与家庭教育指导的实践过程相结合,注意使研究的结果得到实践的证实,增强实践性。3. 在取得研究成果后,注意研究成果的转化与推广,通过进一步的研究,使其过渡为工作常规,推动家庭教育指导实践。

第三节 家庭教育指导的内容

一、指导内容的要求

(一)指导内容的时代性。家庭教育指导的内容应体现时代性。体现新形势下家庭教育的新起点和新特点,反映21世纪知识经济社会对人才的要求。要向家长宣传素质教育的思想,宣传现代儿童观、教育观、人才观,加强家庭美德教育、职业道德教育、社会公德教育,讲授不同年龄段儿童和青少年身心发展的一般规律和个体差异等。

(二)指导内容的阶段性。家庭教育指导的内容应具有阶段性。根据不同年龄段儿童家庭教育的特点和容易发生的问题,确定重点指导的内容。对新婚夫妇要加强优生优育和合格父母职责的指导;对孕妇要加强孕期自我保健、自我监护和母婴安全保健指导;对0~3岁婴幼儿家长要加强亲子教育,提倡科学育儿,培养良好的生活卫生习惯等保障婴幼儿身心健康的指导;对3~6岁幼儿家长要加强培养孩子良好的交往、合群和行为习惯的指导;对6~12岁小学生家长要加强对孩子适应学习环境、基础道德养成教育和自理能力培养的指导;对12~18岁中学生家长要加强对孩子青

第十一章 家庭教育指导工作

春期生理、心理健康教育和亲子沟通以及实践能力的指导,以及加强科学的价值观、人生观、职业观的指导。

(三)指导内容的针对性。加强家庭教育指导内容的针对性,是提高指导实效最重要的措施之一。儿童教育工作者比较善于从儿童存在的问题出发选择指导内容,但是家庭教育指导的直接对象是家长,因此,家庭教育指导工作者不仅要善于从儿童生活和成长中存在的问题出发,选择对家长指导的内容,更要善于从家长在教育子女过程中存在的问题出发,从家长的教育观念、教养态度和教育行为中存在的问题出发,选择指导内容,才能真正达到指导内容的针对性。于是有人要求家庭教育指导者,不仅要"读懂儿童这本书",而且要"读懂家长这本书"。

二、指导内容的类别

学前儿童家庭教育指导的内容一般可分为:与家庭教育有关的知识,相关年龄段幼儿家庭教育中容易发生的问题与一般处理方法,个别儿童家庭教育的特殊问题与处理。其中与家庭教育有关的知识包括托幼教育机构的性质、任务、内容与要求,儿童身心发展的规律与年龄特点,家庭教育本身的规律与方法等。一般根据母亲怀孕前、怀孕期、学前儿童的年龄将指导对象划分为:新婚夫妇、孕妇与她们的丈夫、0~3岁婴幼儿的家长、3~6岁幼儿的家长。相关年龄段儿童家庭教育容易发生的问题,既包括由于该年龄段儿童身心发展的特点而需要家长在家庭教育过程中注意的问题,也包括该年龄段的家长本身在教育观念、教养态度和教育行为上容易出现的问题。

三、指导内容的分年龄要求[①]

不同年龄段儿童家庭指导内容的侧重是不同的。

---

① 主要参考黄乃毓,《家庭教育》,五南图书出版公司,1994年版,第143~191页。

（一）对新婚夫妇的指导内容

结婚之后是否要孩子，这是新婚夫妇必须考虑并作出决定的大事。如果要孩子，那么如何才能形成一个优质的新生命，夫妇应该有所了解。孩子出世后将对家庭带来什么变化，为人父母者应尽的义务和拥有的权利是什么，每一对预备父母都要做好迎接新的挑战的准备。

有了孩子之后，家庭内由两个人的单纯双向关系变为三个人之间的复杂的交互作用的关系，这种转变给夫妇带来了许多挑战。如果毫无准备，将产生很大的问题。有孩子的家庭需要父母花时间、精力照顾孩子，需要花费较多的金钱用于孩子的需要，需要拥有养育孩子的有关知识和经验，需要为了孩子而改变自己的生活方式。

养育子女并不是"好玩"，而是没完没了的"责任"，是不分寒暑、不分昼夜的现实，是既没有休假，也不能辞职的职业。

生育对夫妇关系有积极的作用也有消极的影响。何者占优，不同的调查结果是不一样的，这可能与调查的对象、时期和地区有一定关系。有研究显示，生育子女后休闲时间的减少、花在自己身上的金钱的减少、与没有孩子的朋友交往的减少等生活形态的变化，不分寒暑、昼夜照料孩子加上担心和压力带来的身心疲劳，因照顾孩子而失去自由等等是父母最大的不满。83%的"初为人父母者"承认面临一些生活上的危机。让"将为人父母者"了解父母角色的挑战，在心理上对孩子出生后所带来的冲击有所准备，是对新婚夫妇进行的属于亲职的"职前教育"，这是家庭教育指导的重要任务。

（二）对孕妇及其丈夫的指导内容

让孕妇和她们的丈夫了解怀孕期影响新生儿健康的各种因素，对产下一个优质的新生命是绝对需要的。1. 需要了解怀孕期母亲的年龄与营养对新生儿的影响。18～30岁是比较好的怀孕

第十一章　家庭教育指导工作

年龄,年龄偏小和过大产生先天不足儿童的可能性会大大增加。25 岁以下与 45 岁以上的产妇生下唐氏综合征孩子的比例为 1：50。孕妇的营养和健康对胎儿的发育和成长有很大的影响。2. 孕妇的饮食应保持均衡而适宜。孕妇过度饮食,可能产下过重新生儿,将增加肥胖症的发生率。3. 怀孕期的感染、药品的服用、某些化学物质的接触等均会对产儿带来不良影响。如受感冒病毒感染,不当药物的服用,一定量汽车尾气的吸入,迷幻药、大麻的使用,酗酒后血液中酒精含量的增多,香烟中的尼古丁等等都会增加新生儿畸形的发生率。4. 分娩过程的自然状态对新生儿的影响不能忽视。生产并不只是产妇与医生的事,产妇的丈夫在妻子生产过程中可以扮演更积极的角色。产妇对胎儿的发育情况和生产过程中可能发生的事情有所了解,具有一定的心理准备,对减少生产过程中的危险是有利的。生产过程中不宜滥用剖腹产技术和麻醉药物,麻醉药物不仅可以通过胎盘影响胎儿,而且它的使用会使产妇缺少参与感。许多研究表明,如果让母亲对生产过程充分了解,并在丈夫的帮助下采用特殊的呼吸和肌肉放松法,不仅有利于生产而且也能增加父母对孩子的亲近感。

(三) 对 0~1 岁半婴幼儿家长的指导内容

两种不同学说对该时期儿童父母指导内容的侧重不同。从弗洛伊德的心理分析学说的观点看,早期经验可以决定日后的发展。认为人格在婴幼儿时期就已经形成,日后很难改变。根据这一理论,在婴幼儿时期应该尽可能去满足儿童各方面不同的需要,惟恐错过了这一关键时期,会造成孩子无法弥补的心理障碍。于是,指导家长进行母乳喂养,指导家长对孩子进行大小便的训练,就是否允许宝宝吸吮手指等等问题进行指导成为这一年龄段儿童家庭教育指导的重要内容。从儿童发展学说的观点看,早期经验固然重要,但不是决定性的。认为婴幼儿并不完全受环境的控制,儿童有自己的能力,不好的事情若不是一再发生,不会对儿童造成终生的影响。认为婴幼儿并非毫无选择地吸收外界的经验，儿童本身也是经验的制造者，他的行为也影响着父母对他的反应，从互动中，儿童学会控制父母的行为。有的儿童发展学者经过研究发现，婴幼儿的人格发展固然与其生理和智能有关，但也受儿童本身的气质和气质与环境的交互作用的影响。于是，指导家长了解孩子，指导家长接纳孩子，指导家长欣赏孩子等等被认为是重要的指导内容。

围绕该时期儿童发展的阶段和发展的程序进行指导。每个婴幼儿发展的过程都是循序渐进的，每个儿童都必须经过相同的成长阶段，不同的是各人的发展速度可以不同。向家长介绍婴幼儿时期身心发展的过程和发展程序以及不同发展阶段的教养任务，便于家长根据子女的发展表现判断其所处的发展阶段，根据自己子女所处的发展阶段和儿童发展的一般规律明确子女发展的近景，将有利于父母理解子女的表现、处理好有关问题、促进儿童有序地发展。需要指出的是，婴幼儿的发育主要是靠内在的自然成熟，先天的遗传与后天的营养会影响发育的时间。发育的快慢与智力没有很大的关系，父母不必在孩子成熟度还不够时就心急地进行训练，以免因太多的挫折而适得其反。

围绕该时期家庭的发展、变化进行适应性的指导。孩子出生后，家庭生命周期进入一个新的阶段，在新的阶段中围绕着一个新生命的降临，家庭发生了许多新的变化。指导家长适应新生命的出现给家庭带来的变化，是婴幼儿家庭教育指导的重要内容。这些内容有：1. 居室安排的调整。有条件的家庭可准备一间婴幼儿的专门的房间，没有条件的应该布置一张婴儿的床。随着婴儿的成长，孩子好动，安全设施显得很重要了，房间的布置既要让孩子能活动又要让孩子不易受伤，还要有一些孩子玩耍的设备。2. 家庭经济支出的调整。有了孩子后，家庭的开支将会大幅度增加。购买儿童食品，添加儿童衣着，请保姆，增加教育投资，如果还有住

第十一章 家庭教育指导工作

房的分期付款和因办排场婚礼而欠下的债,就急需调整开支,合理安排。3. 夫妇双方责任与义务的调整。按中国的习惯,在有孩子前,妻子主要承担家务。有了孩子后,妻子将花很多时间去照料孩子,丈夫必须改变原先的习惯,分担一定的家务。有了孩子后,妻子会将大部分注意力转移到孩子身上,丈夫容易在感到冷落后将生活的重心向外迁移,妻子会因此而觉得委屈、不满意。这样,重新调整双方的责任和义务是十分必要的。4. 对孩子的养育经常进行沟通。夫妇双方来自两个不同的家庭,双方由于受的教育不同、经历不同、接受的信息不同,在养育子女的观念、态度、方法上存在差异是正常的。但是孩子是双方共有的,需要双方合作进行教养。因此,不断交换意见、商量办法、调整观念和行为对维护家庭和谐、形成家庭教育合力是极为重要的。5. 有了孩子后,夫妻的性生活、家庭的亲属关系、社区活动的参与、今后的生育问题及家庭生活哲学等,都可能变化而需要进行必要的指导。

　　围绕该时期儿童发展与教养重点进行指导。1. 身体的适应。孩子出生后面临的是适应子宫外的环境以及适应之后重新开始发育和成长的过程。由于生产时用药过多,怀孕时母亲年龄和健康的原因,早产、婴儿体重过轻、先天的疾病、残疾和畸形等都会造成婴幼儿出生后适应上的困难。对适应困难儿童的父母进行指导,克服父母的过度保护、焦虑、过度关心,避免日后亲子双方情绪上的问题是必要的。2. 行为的自制。1岁半以前儿童的自制行为主要包括吃、睡和基本的动作技巧。需要指导母亲尽可能进行母乳喂养和鼓励孩子自己学习吃东西。这是由于喂母乳不只是经济、营养和卫生上的问题,对亲子间亲密关系的形成也有重要的影响。当婴儿自己会抓汤匙、杯子或随着手眼协调的发展会将食物送入口中时,应该让孩子自己试着学习吃东西。此外,需要指导父母保证不同年龄孩子的基本睡眠时间,与孩子一起耐心地养成睡觉的习惯。向父母介绍婴幼儿动作发展的规律,为孩子创造适当的活动条件。3. 基本信任感的建立。艾立克森的理论认为,婴儿期最主要的心理社会发展任务就是建立基本的信任感,而婴儿的信任感最主要的是来自婴儿与母亲的关系。指导母亲在喂奶的时候,满足婴儿的视觉和触觉的需要,促进孩子基本信任感的建立。4. 认识自我。指导家长随着孩子生理和动作的发展,让孩子学着自己玩耍,在玩耍中孩子会发现自己可以控制某些动作,而某些动作可以操纵某些物体。鼓励孩子通过动作去探索外部环境,并与环境发生互动。让孩子在与环境的互动的过程中,逐步发现自己、其他物体和人。

(四) 对1岁半~3岁婴幼儿家长的指导内容

围绕该时期儿童发展与教养的重点进行指导。围绕1岁半~3岁婴幼儿发展与教养的重点,向家长提供有关知识和方法,针对家庭教育中的实际问题进行重点指导。1. 根据"发展活泼主动"的需要,指导父母认识这一阶段儿童主动性表现和发展规律,给予正确的引导。1岁半~3岁的孩子正在不断地发现自己、发现父母与其他家人,发现自己具有与他人沟通的能力,发现门外还有一个广阔的世界。儿童的行为正在证明自己是一个与父母并不相同的个体。这种发展或变化快速而密集,有时会表现出坚持而顽固,不服从和拒绝合作,喜欢说"不"。实际上这些都是孩子"主动性"的表现。父母应该予以理解和引导。2. 根据"发展自我认识"的需要,指导父亲参与正确的安全教育。赫洛克认为幼儿期最重要的任务是为适应家庭外的人和事奠定基础。影响这一阶段儿童自我认识发展的主要因素是"与母亲分离的能力"和"探索环境的机会"。父亲的介入对儿童与母亲的分离起着良好的作用,而且,父亲与孩子良好关系的建立对幼儿心理和社会发展,包括对儿童信任感的发展都是十分必要的。婴幼儿学会走路之后,随着活动空间的扩大、探索领域的宽广,好奇心急速增长。随之而来的是家长对儿童安全的担心。限制与监视是家长常用的办法,但并不是最

第十一章　家庭教育指导工作

好的办法。以"避免重于禁止"的原则改善周围环境中的不安全因素,为孩子提供一个安全的环境是解决问题的有效措施。3. 根据"学习自身控制"的需要,指导家长通过游戏发展幼儿的大肌肉和小肌肉,学习翻书、搭积木、握笔、画画等精细动作。学会控制大小便是这一阶段的重要任务。指导家长观察并把握幼儿大小便前的表现,选择恰当的时机为幼儿准备好便盆,耐心培养幼儿大小便的习惯,鼓励孩子自己大小便。4. 根据"发展沟通技巧"的需要,指导家长认识沟通对儿童发展的重要,认识到与父母、家人和他人的沟通是儿童社会化最重要的手段。指导家长正确面对孩子"自我中心"的挑战,对孩子只考虑自己、对父母没有同情心、不能了解父母的立场和看法等表现给予理解。指导家长鼓励孩子表达自己的意愿,克服将不善表达的孩子当做是乖孩子,将听话的孩子当做是好孩子的倾向。5. 根据"学习表达及控制情绪"的需要,指导家长理解幼儿情绪特点、培养其情绪的控制力和表达方式。幼儿的情绪比较简单而明显,而且经常是来得急去得快。父母还来不及处理,幼儿已经"事过境迁"。愤怒、惧怕、嫉妒是幼儿常有的情绪,有时会以负面的行为加以表现。其实,幼儿具有情绪是正常的现象,表达情绪也是应该而且是必须的,问题是表达的方式有待学习和改善。

(五) 对3~6岁幼儿家长的指导内容

围绕该时期儿童发展与教养的重点进行指导。1. 根据"发展个人能力"的需要,指导家长理解幼儿好动、拆卸物品、探求外界的特点并鼓励幼儿亲身体验,动手实践。这是因为这一年龄阶段的儿童正在发现自己的生理、心理及社会能力的极限,由于有"用不完"的精力,好动是他们的特点,然而不论他们做什么,都属于在探索、发现这个世界。实际的、切身的实践经验对这一年龄段的儿童显得特别重要。需要指导家长帮助孩子认识凡人都会犯错,而且人是可以在犯错中学习的。这是因为,这一阶段的儿童对事物的判断通常是全对与全错的"对立的道德观",行为的规则往往来自自动的反学成才而非理性,对"为什么"和"会怎么样"进行判断时通常是凭直觉而非推理,有时他们很在乎自己是对是错,也严于自责。同时,儿童是从某种失败中、从某种预订目标无法达到中、从对社会规范的理解中逐步认识到个人的能力有限因而不能为所欲为。需要指导家长通过言谈,通过行动让孩子知道什么是对的,什么是错的。2. 根据生活自理、发展责任心的需要,指导家长对幼儿进行生活自理和家务劳动教育。学习穿脱衣服、刷牙洗脸、收拾床铺、用餐进食、收拾玩具等生活自理能力并形成习惯是这一阶段儿童发展的重要内容。指导家长鼓励幼儿自动自发地做好自己的事情,克服每件事都催促、命令、代替,或唠叨不停,或为孩子引起纷争的毛病。心理学家曾提出教孩子做家务的有效方法:明确要做的事,认识工作与报酬间的关系,对家务进行记录,对家务劳动进行训练,避免强迫命令等。指导家长培养孩子的责任心是这一年龄儿童家庭教育指导的重要内容,让孩子学习做家务是培养责任心最有效的措施。这是因为家务劳动能让孩子发现自己的特长和能力,促进孩子的自信心,理解自己的责任。要让每个孩子都知道,在这个世界上每个人只有尽自己的本分才能立足生存。3. 根据学习社会角色和与他人相处的需要,指导家长重视自身的表现和与子女互动的影响。有人认为,家庭是幼儿学习与人交往的实验室。幼儿在与家人互动的过程中,学习如何付出和接受;在观察父母相处的情形中,揣摩如何与别人沟通,如何面对问题和解决问题;在与兄弟姐妹的相处中,认识自己的角色和地位。家庭游戏更成为幼儿社会角色的预演。在这一过程中,家长自身的表现、家长与子女的互动、家长对不同子女的态度和要求直接影响幼儿社会角色的形成。

围绕该时期家庭的变化进行指导。1. 指导家长为满足孩子的活动需要,扩充孩子的活动空间和游戏设备,充分利用附近的公

第十一章　家庭教育指导工作

园、运动场、儿童乐园等活动设施。2. 指导家长在考虑家庭经济支出时,除日常的食物、衣物、玩具、图书等费用外,对意外事件和健康安全方面的支出、上幼儿园后的额外开销都要作好准备。3. 指导家长安排好业余活动时间,保证有时间和精力投入到与孩子的互动中去。当父母与孩子共同活动和沟通的时间不足时,控制父母的成人娱乐时间,控制一般家务的时间,甚至控制父母的业务进修时间都是应该的。"儿童优先"的原则首先应该在幼儿家庭中得到落实。4. 指导家长充分利用孩子初步掌握的语言工具,建立和维持与孩子有效的语言沟通,分享原本各自的快乐,增进相互的了解、理解和尊重,增强信任,密切关系。5. 指导家长维持与亲朋好友间良好的关系,扩大孩子的生活圈,平衡父母的角色。让孩子在不同性格的长辈面前接受多方面的影响,不至于受到父母太多的影响。6. 指导家长充分利用社区资源,让孩子扩大交往范围,获取多方面的知识和体验,促进幼儿社会性的发展。

第四节　家庭教育指导的形式

一、指导形式的概念

家庭教育指导的形式,是指指导者有目的、有计划地直接指导家长,影响家庭教育的做法。

家庭教育指导的常用形式有个别指导、集体性指导活动和介绍、推荐、提供文字音像资料等三类。家庭教育指导形式是家庭教育指导过程的一个重要因素,属于家庭教育指导的范畴。家长委员会和家长学校分别属于家庭教育指导的组织机构和组织形式,属于家庭教育指导的组织管理的范畴。

有人在评价本地区教育系统家庭教育指导工作时认为,该地区幼儿园开展的家庭教育指导工作比中小学更有生气,效果更为明显。究其原因,在很大程度上与幼儿园的家庭教育指导形式更多样、更活泼有关。根据1999年5月上海市家庭教育指导形式研讨会和同年10月全国幼儿家庭教育指导形式研讨会提供的情况，指导形式是否多样，是否生动活泼，是否适合家长的特点和需要，往往是确定有针对性的指导内容后决定指导活动是否组织得起来，决定参与率，决定指导效果的决定因素。

幼儿园的家长工作自建国以来没有停顿过。但是不同社会发展时期家长工作的主要形式是不同的。我们曾经组织力量了解50年代、60年代、文革时期、80年代、90年代等不同时期上海地区家庭教育指导的主要形式，对建国50年来上海地区家庭教育指导形式的发展轨迹进行了研究。

二、指导形式的要求

家庭教育的指导形式应改变单一性，提倡多样性；改变封闭式，提倡开放式；改变灌输型，提倡家长共同参与，变被动为主动，发挥家长的主体作用。

（一）指导形式的多样性

学前儿童家庭教育指导具有多种形式。应该根据不同的情况采用不同的指导形式，仅仅采用专家讲座、报告会形式已经不能适应不同对象、不同内容的需要了。

同一种指导形式在不同情况下应该具有不同的变式。比如，采用"辨析式"组织家长就教育观念中的"重智轻德"进行讨论时，问题的引出可以是由指导者直接通过语言描述揭示"重智轻德"的现象，也可以放映事先录制的、反映"重智轻德"现象的录像，还可以是表演一个反映"重智轻德"的小品。

围绕同一主题，可采用多种指导形式配合进行。比如，为转变家长"重智轻德"的观念，有的指导者先组织对家长就这一方面的观念进行调查，了解现状和问题，然后根据家长的实际情况组织讲座，向家长介绍有关知识，再通过辨析会，组织家长进行讨论和辩论，最后通过交流活动，使家庭教育克服"重智轻德"的做法。

第十一章 家庭教育指导工作

（二）指导形式的开放式

冲破家长学校内课堂教学的封闭模式，将幼儿园的园内教育教学活动向家长开放，幼儿园组织的幼儿社会活动请家长参与，这样不仅有利于幼儿园教育，还能让家长在参与幼儿园教育活动中了解幼儿园教育，了解孩子在群体中的表现和水平，有利于家庭教育。

对家长的指导活动，让学前儿童参加，让家长在另一个场合了解孩子的想法，促进亲子间的沟通。

幼儿园对家长的指导活动与社区结合，充分利用社区的物质条件、人文环境和人力资源等家庭教育指导资源，提高指导的效率和质量。

（三）变被动为主动，发挥家长的主体作用

作为基础，首先要吸引家长参与我们组织的指导活动，提高家长的参与率。参与率很低的家庭教育指导形式不是一种合适的指导形式。但不能光停留在参与率上，有的家长出于为孩子在幼儿园能得到一个好的照顾，出席活动，但不认真。指导形式要有利于家长认真参与。参与，有时是被动的。有的家长对幼儿园组织的指导活动都能出席，甚至在上班时间向单位"请假"，来不及就"打的"，在活动中认真记笔记，但完全是按照指导者的要求和布置去做，处于被动状态。指导形式要有利于家长主动参与，在参与中主动活动，参与指导活动的组织、参与指导的策划，充分发挥家长在指导活动中的主体作用。我们不仅要吸引家长参与教养机构组织的家庭教育指导活动，还要吸引家长参与教养机构的教育教学活动，再进一步，要吸收家长参与学校的管理活动。变被动参与为主动参与，发挥家长在指导活动中的主体作用。克服"教师、专家在上面讲，家长在下面听，回去家长照教师讲的去教育孩子"单向的、被动的模式。

三、个别指导形式

所谓"个别指导",是指个别指导者与个别家长之间通过对话、书信、电子邮件等手段,围绕着儿童成长的问题进行的"一对一"的沟通方式。个别指导形式包括访问家庭、在园接待、个别咨询、电话联系、书信来往、家校联系册和电子信箱等等。个别指导这一形式在指导的针对性、机动性和时效性上占有较大的优势。但是,个别指导在指导效率、家长之间的自我教育上受到一定的限制。

1. 园内交谈。园内交谈,是指幼儿园和托儿所教师利用家长接送幼儿来园(所)、离园(所)的时间与家长面对面交流幼儿在家和在园(所)的情况,交换对家庭教育、幼儿园(托儿所)教育的意见、看法和建议的一种个别指导形式。由于接送孩子是教养机构的幼儿家长每天都做的事,教师与家长可以在这一时间对当天在幼儿园发生的事和前一天在家庭中发生的事及时进行交流。由于这是一种教师与家长面对面直接进行交流的形式,有利于增进教师与家长的了解和信任。由于交流的内容并不公开,家长和教师都感到方便。简便、直接、及时是园内交谈的优点。调查表明,这种每天都在进行的指导者与家长面对面地交换意见的方式是许多地区幼儿家长最希望采取的方式。调查结果也显示,利用"园内交谈"与家长交换意见这种指导形式,在"个别指导"中仍是目前幼儿园教师常用的、有效的方式。一般情况下园内交谈占用时间不能太长,于是,意见的交换也就较难深入。

2. 书信来往。分便条和书信两种。便条,是指当孩子由其他家长接送时,教师与家长通过幼儿或接送孩子的其他家长采用便条与对方取得联系、传递信息的方式。当需要与当事人约定面谈时间、催促委托交办的任务时经常使用。信件,是指通过信件与对方交流情况、提出意见、讨论问题的方式。书信方式一般比较慎重,交流的内容可经过仔细的思考。便条与书信都是书面交流的

第十一章 家庭教育指导工作

形式,需要双方都具有一定的阅读和理解的能力。

3. 电话联系。电话联系,是指指导者与家长运用电话这一通讯工具交流情况、沟通思想的指导形式。电话缩短了指导者与家长的距离。手机的发展使指导工作更为便捷。家庭教育热线电话的设立为家长提供了解决疑难问题新的有效途径。随着电话的普及和手机的迅猛发展、热线电话的纷至沓来,电话联系的指导形式将是更简便、更快捷、更通用的手段。

一般情况下,只有遇到比较紧急的情况,教师才会打电话找家长联系。尽管这种方式在国外先进国家中被经常使用,上海市的幼儿园家庭教育指导中还很少使用这种方式,但是随着电话的普及,电话联系这种简捷、直接的方式将得到广泛的采用。

4.《家园联系册》的使用。《家园联系册》是幼儿园准备的提供给教师与家长相互交流幼儿在园、在家表现,交换对孩子的评价,进行教育的建议的书面小册子。一般包括由教师填写的幼儿在园的表现,对幼儿身心发展水平和特点的观察结果,教师的评价、分析和向家长提出的教育建议、要求;包括家长对教师填写的上述内容的反馈意见,家长向教师提供的子女在家表现,对幼儿园教育的看法、意见和建议等。《家园联系册》的内容设计既要反映幼儿园教育对家庭的要求,又应体现家庭对幼儿园的期待;《家园联系册》应在教师与家长之间定期或不定期交换填写,真正体现教师与家长之间的双向互动。有的幼儿园在设计《家园联系册》时,采用图像标志已经将幼儿引入指导过程中来。《家园联系册》记录了家园联系的过程,反映了幼儿成长的轨迹,积累了幼儿园教育、家庭教育和家庭教育指导的大量素材,是进行总结、研究的现成材料。由于《家园联系册》是书面交流工具,但要切实发挥它的作用,家长必须具备一定的书面阅读能力和表达能力,教师和家长必须长期坚持使用。

5. 家庭访问。家庭访问,是指指导者上门看望家长和幼儿,与家长交流幼儿园教育和家庭教育的情况,交换促进幼儿身心健康发展的设想和建议的一种个别指导形式。由于教师主动上门、在家庭的和谐气氛中进行、教师与家长面对面个别交流,有助于增进教师与家长、幼儿之间相互的了解,建立良好的合作关系,为获得良好的家庭教育指导效果打下基础。根据上海市1995年6月份调查结果,本市幼儿园教师认为,"家庭访问"是"个别针对性指导"形式中最有效、最常用的方式。许多幼儿园建立了家庭访问制度。比如,除了对初入园幼儿家庭进行访问外,还规定了"四个必访",即,对问题儿童必访;发现孩子有严重行为问题必访;儿童患病、发生意外事故必访;发现家长对子女的教育方法、教养态度有严重偏差必访。家庭访问花时较多,特别对于非就近入园的儿童家庭来说,教师来往于路途的时间构成了妨碍家庭访问的实际困难。

6. 专家咨询。专家咨询一般是指指导机构组织的,以学前儿童家长为对象的,由有关领域专家进行针对性指导的一种个别指导形式。家长在养育、教育子女时会遇到许多具体的问题和矛盾。由于子女的不同特点、家长的不同特点,不同的家长遇到的问题和矛盾是不同的,对每个家长遇到的而又不能自己解决的不同的具体问题和矛盾给以适当的回答,是指导机构开展家庭教育指导的任务。但是,"专题讲座"和家庭教育"经验交流会"只能是介绍有关理论知识、提供一般的处理原则和解决一般家长遇到的共同问题和矛盾的办法,不能解决每一位家长的不同的具体问题。对不同家长的特殊问题和矛盾如何对待和处理的意见,可以通过"园内交谈"和"家庭访问"的形式予以指导,但限于指导者个人知识、经验和能力的限制,不一定能满足每一位家长的要求。指导机构组织的家庭教育"专家咨询"活动,由于具有专家指导和个别指导两个特点,可以弥补上述"专题讲座"、"经验交流"、"园内谈话"和"家庭访问"等指导形式的不足,接受不同家长的个别咨询,回

第十一章　家庭教育指导工作

答家长的各种问题,满足每一位家长的要求。担负咨询任务的除教育学、心理学、社会学和医疗卫生等方面的专家外,还可以请具有丰富实践经验并有一定理论素养的托幼机构的领导和教师参加。目前有些有条件的地方设立了固定的家庭教育咨询服务机构,不少单位利用节假日在人群集中的地方开展家庭教育咨询服务活动等,受到家长们的欢迎。

四、集体性指导活动

集体性指导活动,是根据同类家长共同的问题或需要,由指导教师组织的、家长集体参加的一种指导形式。集体性指导活动一般包括"家长会"、"家庭教育专题讲座与报告会"、"家庭教育经验交流会"、"家长讨论辨析会"、"幼儿园教育开放活动"和"亲子同乐活动"等具体形式。集体性指导活动的指导对象面广量大,指导效率高;集体性指导活动为指导者和家长在活动的动态过程中更全面地了解对方、自己和孩子提供了条件;同时,帮助指导者和家长以集体为背景了解自己和孩子在总体中的相对地位,有利于作出客观的评价。一般认为,集体性指导活动的针对性不如个别指导,因为集体指导需要统一时间,对一部分家长来说会发生时间安排上的困难。

1. 家长会。广义的家长会泛指由幼儿家长集体参加的会议和活动,即集体性指导活动。狭义的家长会一般是指传统上由幼儿园、托儿所或托幼教育机构的年级、班级组织的,由园长、所长、或年级组长、带班老师主持的,幼儿家长参加的会议。家长会的内容,一般是教养机构领导或教师向家长介绍幼儿园、托儿所的性质、任务、教育内容、教育要求和进度,反映幼儿在园、在所生活、游戏和学习的表现,听取家长对幼儿园、托儿所教育的意见和建议,向家长提出配合幼儿园、托儿所教育的要求。有时,家长会也向家长介绍幼儿园、托儿所的发展规划,介绍办园办所过程在经费、设备、条件上存在的困难,听取家长的建议,动员家长给予支持和帮助，共同提高办园办所水平。不少托幼教育机构在家长会上向家长介绍儿童生理、心理发展的规律和特点，介绍家庭教育的知识和方法，介绍幼儿所处年龄段容易发生的问题和处理办法。狭义的家长会一般采用会议的形式进行，会议中指导者与家长间的互动性、活动的生动性、家长与家长间的交流都受到一定的限制。

2. 专题讲座。围绕某一专题对家长进行的讲座。讲座的内容可以是有关幼儿园教育的性质、任务和要求方面的知识；可以是有关幼儿身心发展规律、年龄特点和家庭教育规律方面的知识；可以是有关家长对幼儿进行家庭教育中容易发生的问题和如何对待、处理方面的内容。主讲人可以是教育学、心理学、社会学和医学卫生方面的专家，可以是托幼机构的领导和教师，也可以是家长。专题讲座是目前幼儿园、托儿所、社区、工会组织的家长学校采用的主要形式。为了提高"专题讲座"的实效而不流于形式，必须充分考虑家长的需要和实际，提高讲座内容的针对性和可接受性、时间安排的可行性。在讲座内容上，以学前儿童家庭教育中实际存在的问题作为讲座的专题，将使讲座具有针对性。不仅从学前儿童成长中存在的问题出发，而且从学前儿童家长在家庭教育中存在的实际问题出发选择讲座的专题，将进一步提高讲座的针对性。在主讲人的选择上，注意选择熟悉学前儿童实际和学前儿童家庭教育实际的专家，选择具有丰富指导经验同时有一定理论水准的指导者，选择家庭教育实效突出、同时有一定理论水平、而且有一定口头表达能力的家长担任主讲人，是提高专题讲座的有力保证。许多指导单位在专题讲座结束后，继续安排主讲人与家长进行座谈和咨询，往往受到家长的欢迎。

3. 经验交流会。家长家庭教育"经验交流会"，一般是指由指导单位组织的、以学前儿童家长介绍自己如何教育子女的经验体会为主要内容的、家长之间进行交流的一种集体性指导活动。儿童家长在教育子女的过程中遇到的是大量的具体问题，他们除了

第十一章 家庭教育指导工作

需要与解决这些问题有关的理论知识和一般的处理原则外,更需要的是能够解决具体问题的、家长可以操作的、行之有效的办法。幼儿家长中的大多数人并未系统学习过大量的教育理论,要他们直接接受教师、专家传授的理论知识有一定的难度。对他们来说,最能接受的方法是从大量贴近他们教育子女实际的、生动活泼的、具体的实例中去体验、领会有关的理论知识。恰恰是家长们在教育子女的过程中形成的有效经验和心得体会最能满足家长的需要,最能引导家长从中去体验规律和获得理性认识。有人认为"家长才是家庭教育真正的专家"是有道理的。因此,在组织"专题讲座"之外,组织家长相互之间交流教育子女的经验和体会必将提高家庭教育指导的效果。许多事实已经证实,有充分准备的、内容丰富的家庭教育经验交流会是一种受家长欢迎的家庭教育指导形式。

4. 教育开放活动。教育开放活动一般是指幼儿园、托儿所通过有计划、有准备地组织家长来园、来所观看教育教学活动,让家长了解幼儿园、托儿所的教育情况、班级教育水准和幼儿在园、在所表现,促进家长配合、支持幼儿园、托儿所教育的一种指导活动。子女所在教养机构的教育教学情况,子女所在班级教师、小朋友的教育教养的情况,子女在班级中与教师、小朋友的关系,子女在班级集体中身心发展的相对水平,都是每一个关心子女成长的幼儿家长十分需要了解的内容,也是家长对子女进行家庭教育的基础。家长平时对这些情况的了解,主要来自与子女的交谈、来自"家长会"或"专题讲座"上教师的介绍、来自与教师联系或参加会议时的接触。通过这种间接的了解,家长获得的对上述内容的认识往往比较抽象、笼统而显得苍白。而家长到幼儿园、托儿所,到班级实地观察教育教养过程,甚至介入教养机构的教育活动,将使这些原先的认识得到生动的、具体的、丰富的事实充实和校正,从而变得比较形象、具体和丰满。许多经验表明,组织家长"来园听课"

有助于家长了解教师的教育方法,从中得到对家庭教育有益的启发,有助于家长在众多孩子的背景下观察自己的孩子,比较客观地认识自己的孩子。

5. 亲子活动。亲子活动或亲子同乐活动,一般是指幼儿园、托儿所、社区、工会或其他指导机构组织的,请学前儿童家长带其子女来教养机构或准备好的其他指定场所,通过亲子共同活动和指导,既促进亲子关系健康发展又接受家庭教育指导的一种集体性指导活动。亲子活动在幼儿园组织较多。近年来,托儿所、社区、工会组织的0~3岁婴幼儿亲子活动有所增加。教育机构组织的"亲子活动",有的在教养机构内举行,有的在教养机构外进行。幼儿园组织的"亲子活动",有元旦、"三八"妇女节、"六一"儿童节、国庆节等节日组织的"亲子联欢"活动,有家长、子女或亲子配对进行比赛的"亲子运动会",有请家长陪同子女一起参加的"双休日亲子旅游"活动、"亲子夏令营"等。在指导单位组织的"亲子活动"中,亲子间的关系与家庭内亲子间的关系是不同的。"亲子活动"中的父母亲与子女有着共同的行动目标,并在同龄伙伴间带有一定的竞争性。要达到规定的目标,并在竞争中获胜,需要父母亲与孩子双方的合作。这种合作既需要双方都作出努力,又需要双方相互间的配合,任何一方对另一方的依赖或不配合带来的都将是失败。因此,这种活动对克服目前亲子关系中容易出现的子女任性、依赖父母和父母包办代替等不正常现象,形成正常的亲子关系是有利的。同时,"亲子活动"中的亲子交往是在周围有许多同龄伙伴亲子交往的背景下进行的,是在许多双眼睛注视下的亲子交往,这种亲子交往带有一定的公开性。在这种活动中,子女在父母面前撒娇,父母对子女的纵容姑息,在众目睽睽之下,自然而然会得到一定的收敛。"亲子活动"中亲子间新型关系的体验和由此带来的良好效果,将促使父母和子女去重新思考在未来的亲子关系中应该采取什么新的准则。可见,指导单位组织的"亲

第十一章 家庭教育指导工作

子活动",不只是增多了父母亲与子女交往的机会,而且赋予亲子关系以新的活力,必将促进亲子间新型关系的健康形成。

6. 家长辨析会。家长辨析会,一般是指指导单位组织学前儿童家长针对家庭教育中家长共同感兴趣的热点问题开展讨论、进行辨析,通过家长之间的相互教育,在不同观念的撞击过程中达到提高家长认识的一种集体性指导活动。家长在教育子女的过程中产生的各种具体问题并不是有权威的专家和教师的讲解就一定能解决的,同龄儿童家长的有效经验也并不一定适合每一位家长的具体情况,特别是认识上的困惑、观念上的问题,绝不是那种外来的"你说我听"、"你做我看"的单向的过程所能解决的。在改革开放的大背景下,为了适应社会转型的总趋势,家庭教育指导必须现代化。把家庭教育指导看成是一种作为指导者的教师与作为被指导者的家长之间的双向互动的过程,看成是家长与家长之间相互教育的过程,充分发挥家长在这个过程中的主体作用是家庭教育指导现代化的必然趋势。"家长辨析会"正是这种现代化趋势的产物。"家长辨析会"的一般过程是:先要提出问题,然后组织讨论辨析,最后进行适当的归纳小结。提出的问题应该是大多数家长会遇到的、对这些问题在如何对待和处理上是有分歧的、与家长的观念有密切联系的。问题的提出方式可以由教师描述某一现象,然后提出要讨论的问题;可以是用图片、录像呈现这一现象,然后提出问题;也可以用小品的形式形象地描述对同一现象的不同处理方法,然后提出应该如何处理、怎样认识的问题。在讨论辨析的过程中,教师要引导家长积极参与、畅所欲言,鼓励发表不同的看法,组织不同观点的争论。教师最后的小结可以归纳讨论中形成的几种意见并进行一定的分析,提出进一步思考的问题。许多"家长辨析会"上,教师并不轻易对讨论的问题作出结论,并不要求家长们"统一认识",而是允许不同观点的继续存在。让家长的观念和认识在讨论辨析的过程中自然地发生变化,逐步得到提高。

上海市虹口区艺术幼儿园从 1992 年首次采用"家长辨析会"进行家庭教育指导以来,对这种指导形式进行多次实践和总结,已经获得一定的经验,形成一定的认识。在全国教育科学"八五"重点课题"中国幼儿家庭教育的研究"的 5 个地区 20 多个实验点推广这种指导形式后,都获得了良好的效果。实践证明,"家长辨析会"是一种新颖的、有效的家庭教育指导形式,是对传统的家庭教育指导模式的大胆改革。它改变了教师向家长"单向灌输"的传统做法,家长在指导工作中由"被动接受"变为"主动参与";它改变了在指导工作上家长只跟教师发生关系、家长之间相互独立的传统关系,形成了家长与家长之间、教师与家长之间直接进行交流、切磋、互教的新型关系;它不允许发言者在会上全面论述、长篇说理,弄得人昏昏然毫无兴趣,而往往是旗帜鲜明、单刀直入,在不同观念的相互撞击中不断迸发出思想的火花,使人们在高亢的思维兴奋状态中吸取他人认识世界中的营养,构建、改造自身的观念体系,有力地推动、促进着家长和教师的教育思想和观念发生变化。

五、文字音像资料的介绍、推荐与提供

所谓"提供学习用的文字音像资料"是指指导者根据指导的需要,向家长介绍、推荐、提供有关家庭教育的文字资料和音像资料以及指导家长阅读、观看和收听这些资料的一种间接指导的形式。这类文字音像资料包括"墙报板报专栏"、"家庭教育小报"、"家庭教育专业报刊"、"家庭教育录像"、"家庭教育的广播、电影、电视"、"家庭教育普及读物"和"网站查询"等。

1. 墙报板报专栏。墙报板报专栏,是指指导单位利用黑板报、墙报、定期或不定期出版的板报供家长阅读的,以家庭教育为主要内容的专栏。家庭教育专栏的内容可以根据家庭教育指导工作的内容要求,结合本指导单位的实际,考虑家长的实际需要进行选择。常设的栏目一般有"园所教育动态与要求"、"儿童心理发展规律与年龄特点"、"家庭教育小知识"、"为什么?"、"怎么

第十一章 家庭教育指导工作

办?"、"家长信箱"等等。稿件可以由指导者自己动手撰写或从报刊读物上选择,或请家长投稿。幼儿园、托儿所幼儿家长接送孩子来园、来所停留的时间是发挥"家庭教育专栏"指导作用最好的时机。努力使专栏内容生动活泼、具体形象、富有针对性,经常更换内容使专栏富有新鲜感,在专栏上经常反映家长意见、不断发表家长来稿使家长产生亲切感,可以提高专栏的吸引力,更好地发挥这一指导形式应有的作用。

2. 家庭教育小报。一般是指指导单位编辑出版的、供家长阅读的、以家庭教育为主要内容的一种书面活期资料。家庭教育小报的内容容量比黑板报和墙报要大,内容更丰富,篇幅不长的短文可以登好几篇。作为一种小报,它便于携带,随时都可以拿出来阅读。作为一种书面资料,它可以保存,可以根据需要查阅。一般家长会把家庭教育小报刊登的内容看得比黑板报和墙报更为重要,加上有的是子女所属教养机构编辑出版的小报,反映的又是跟自己直接有关的内容,自然更有吸引力。出版一期小报,要经过组稿、编辑、排版、印刷、发行等许多环节,有的工作不是指导单位本身能够完成的。小报的编辑出版工作要求高、工作量大,具体负责人要有高度的责任感和愿意作出牺牲的事业心。经验表明,能否调动广大家长投稿的积极性,是否依靠家长解决办报过程中遇到的各种困难,可否缩短小报的出版周期是办好家庭教育小报的关键。

3. 家庭教育报刊。包括由国家出版署正式批准出版的,以家庭教育为主要内容的专业报刊和综合性报刊上的家庭教育专版、专栏。国内家庭教育专业报刊主要由教育系统、妇联系统和出版系统主办,创办的历史不长。目前比较有影响的有《中华家教》(北京)、《家庭教育》(杭州)、《父母必读》(北京)、《为了孩子》(上海)、《家长报》(武汉)、《婴幼儿家长报》(北京)、《启蒙》(天津)等。把握办报办刊方向,密切与家长和指导者的联系,及时反映家庭教育的动向，提高报刊家庭教育的理论水平是办好专业报刊的重要任务。中国家庭教育学会报刊专业委员会在这方面做了大量有效的工作。指导单位根据家长的特点、需要和可能，根据指导单位对家长进行指导的需要，有选择地向家长介绍、推荐、订阅有关的家庭教育报刊杂志，并进行适当的阅读指导，也是家庭教育指导的一种形式。在家庭教育指导工作中发现，一部分家长由于工作繁忙、家务繁重或忙于自身的学习、娱乐和应酬活动，很少参加指导单位组织的家庭教育指导活动；一部分家长有一定的理论修养、习惯于自学提高，他们对指导单位组织的指导活动不感兴趣，要求多介绍有关的阅读资料，但对指导单位自己出版的小报又不满足；有的家长积极参加指导单位组织的所有活动但并不满足，他们有较强的书面阅读的能力和需求。向这些家长介绍、推荐或提供校外编辑出版的更高层次的报刊杂志是有必要的。目前国内出版的家庭教育报刊杂志很多，仅仅省一级的就有二十多种，区县出版的就更多了。家庭教育的各种报刊杂志各有自己的特色，有的侧重于某一年龄段，有的侧重于家庭教育某一方面的内容。多种多样的报刊杂志为我们的工作提供了方便，但是为了对家长负责，指导单位应该了解各种报刊杂志的特点，并在推荐时进行必要的筛选。对经选择的报刊杂志不能只停留在介绍、推荐、要求订阅上，而应该进行必要的指导。有的指导单位在举办家长学校时把这些报刊当作辅助读物，把上面的某些文章作为参考资料，充分发挥了家庭教育报刊的作用。

  4. 家庭教育录像。向家长介绍、推荐、提供家庭教育的录像、VCD，并进行必要的指导，或者向家长放映这些录像、VCD，并进行指导，属于音像指导的一种指导形式。观看的录像、VCD包括有关部门或音像出版社专门为家庭教育指导编辑摄制的、能购买到的；包括指导单位从电视节目和其他录像、VCD中根据需要有选择地录制的；包括指导单位根据家庭教育指导的要求，自己编剧、

第十一章 家庭教育指导工作

表演、摄制、配音、编辑成的。内容包括儿童的身心发展的情况、家庭教育的情况和家庭教育指导的情况。对现成的录像带应该根据需要进行选择,并在放映时进行必要的指导。自制的录像由于内容的针对性强、素材来源于自己的指导单位,又是由指导单位的指导者、幼儿家长和幼儿演出,对家长来说会有更大的吸引力。自制的录像中,有的从正面反映了家长教育子女的正确的家庭教育观念、教养态度和教育行为,在指导时可以侧重于引导家长学习和借鉴;有的录像展示了家长教育子女的一些明显错误的教育观念、教养态度或教育行为,在指导时可以引导家长在与自己进行对照、检查中提高认识,在今后对子女的教育中加以警惕、避免出现;也有的录像反映的是在家长中会引起争议的家长教育行为或孩子在家表现,在指导时可以组织家长讨论辨析,让家长充分发表意见,在讨论中提高认识、转变观念。随着家庭录像机的普及,指导者可提供或介绍推荐指定的录像带、VCD等,提出一定的要求,让家长自己去观看、分析。随着家庭摄像机的普及,幼儿园教师可以提出一定的要求,让家长回去摄制有关的家庭环境、家长教育行为、子女在家表现等内容的录像,然后在指导单位放映,让指导者与家长一起分析、讨论、研究教育策略。

5. 家庭教育的广播、电影和电视。指导单位直接组织家长收听、观看,或向家长介绍、推荐,提供有关家庭教育内容的广播、电影、电视并进行指导的另一种音像指导形式。在大众传播媒介日益重视对家庭教育进行指导的总趋势下,影视界,特别是电视中涉及家庭教育内容的节目明显地增多。其中有的节目是直接为家长服务,专门谈论家庭教育的节目;有的是面向全社会,或面向在园、在所幼儿,但与家庭教育密切相关的节目。其中像电视连续剧《成长的烦恼》、《我爱我家》等已经产生很大的影响。向家长介绍、推荐这些优秀的家庭教育电视片,同时给予适当的指导,对处于新旧观念交替的学前儿童家长来说特别有现实意义。此外,向家长介绍、推荐广播电台某一台有关家庭教育内容的节目,提出收听的要求,并进行适当指导也是指导单位采用的一种形式。目前,上海人民广播电台990千赫每周六中午12:30~1:30播出的《市民与社会》节目开设的"家庭教育100题"大讨论,东广儿童台每周日18:00~19:00播出的《家教咨询热线》,每一个听众都可以通过电话与节目主持人和专家直接就家庭教育的有关问题进行公开对话,深受各阶层市民欢迎。指导幼儿家长参与和收听包括空中热线讨论在内的家庭教育广播,也是指导单位开展家庭教育指导的一种途径。农村乡镇办的拉线广播网是农村居民接受信息的重要渠道,指导单位开展家庭教育指导时可以加以充分利用。指导单位可以根据有线广播站安排的节目内容,有选择地向家长介绍、推荐,要求收听,并给以必要的指导;指导单位还可以主动向广播站提供指导单位自己编制的内容和节目要求广播,向家长介绍、推荐,要求收听。这样,拉线广播的这一档节目直接成为指导单位开展家庭教育指导的一项活动内容,使家长在收听时更有针对性和亲近感,有助于提高指导的效果。

六、指导形式的选择与发展

(一)选择的情况

上海市1999年的调查资料表明,基层指导单位在采用上述三类指导活动中以集体性指导活动为主的最多,占51.8%;个别指导其次,占41.5%;介绍、推荐、提供文字音像资料最少,占3.3%。但被调查的指导者中,47%认为个别指导最有效,45.7%认为集体性指导活动最有效,3.4%认为介绍、推荐、提供文字音像资料最有效。随着家长工作节奏的加速、个人和家庭生活质量的提高及伴随而来的可用于参加单位组织的指导活动时间的减少,随着家长对解决子女实际问题需求的增加,随着家长文化层次和接受能力的提高,预计今后从总体上看,个别指导的形式将增多,文字音像资料的介绍、推荐和提供将增多,而集体性指导活动中的某些形式

第十一章 家庭教育指导工作

将有所减少。①

（二）影响选择的因素

学前儿童家庭指导的形式是多种多样的。不同的指导形式指导的基本过程、效果和局限性各不相同。为了提高指导的实效,需要根据不同的情况选择合适的指导形式。根据对家庭教育指导理论框架的分析,影响指导者选择指导形式的主要因素有16种。将16种影响因素图示如下：

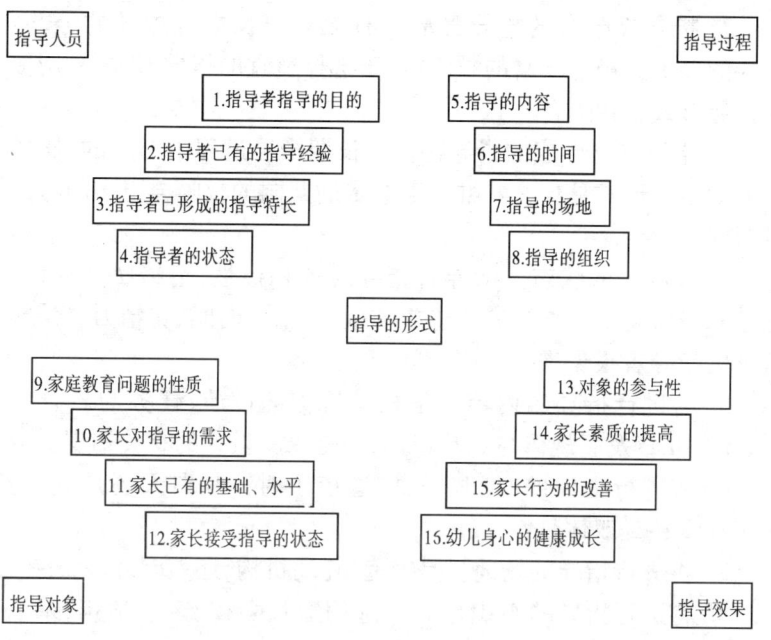

图11－1　影响选择家庭教育指导形式的十六种因素的示意图

---

① 李洪曾,《上海市1999年家庭教育指导现状的研究报告》,《21世纪上海市家庭教育发展趋势》。

图 11-1 提出的 16 种影响因素中,1~4 涉及指导者的特点,5~8 涉及指导对象的特点,9~12 涉及指导过程的特点,13~16 涉及对指导的预期效果。16 种影响因素具体是:

1. 指导者对家长进行指导的目的。是为指导者自己服务,还是为应付上级部门检查,或是要求家长配合幼儿园、托儿所为提高园所教育质量服务,还是为提高家长教育素质,提高家庭教育质量服务? 如果是为应付上级检查,追求家长的受指导率,那么只要采用讲座、报告会就可以,最容易。

2. 指导者已有的指导经验。有无对家长进行指导的经验? 经验的多少? 经验丰富的教师,善于选择适宜的指导形式,采用多种指导形式互相配合。

3. 指导者已形成的指导特长。长期指导过程中形成的、比较拿手的指导形式是什么? 虹口区艺术幼儿园的教师会更多的考虑辨析式讨论会。

4. 指导者的状态。指导者指导时的积极性、情绪状态如何? 处于积极状态下的指导者为追求实效,不怕花时间、花精力。情绪低下的指导者很少进行家庭访问。

5. 将进行指导的内容。是托幼机构的性质、任务与教育内容,还是儿童发展规律与年龄特点,还是家庭教育的有关知识?

6. 将进行指导的时间。是接送孩子时? 是白天还是晚上? 是工作日还是双休日?

7. 将进行指导的场地。是家庭、托幼机构,还是园外、所外?

8. 将进行指导的组织形式。选用家长学校、亲子学苑、亲子俱乐部、咨询站还是其他组织形式?

9. 家长在家庭教育中存在问题的性质。是教育观念、教养态度还是教育内容、教育方法方面?

10. 家长对指导的需求。家长对指导时间、内容、形式等的要求是什么?

第十一章 家庭教育指导工作

11. 家长已有的基础和水平。家长的受教育程度、家庭教育的知识经验和能力水平如何？

12. 家长接受指导的状态。家长参与指导活动的积极性、主动性和情绪状态如何？

13. 预期对象的参与性。只要求家长能够参与、还是要求家长认真参与、还是要求家长主动参与？

14. 预期家长素质的提高。要求转变家长的教育观念、教养态度还是教育能力？

15. 预期家长教育行为的改善。要求家长既改善教育内容又改善教育方法？

16. 预期幼儿身心的发展。要求培养幼儿身心的某一方面？

（三）指导形式的推广与发展

不同地区、不同渠道、不同单位、不同年龄段儿童家庭教育的指导形式除了各有自己的特点需要不同对待外，指导者对指导形式的认识和掌握也是不平衡的。对指导形式本身的介绍、如何选择指导形式的培训仍是摆在我们面前的任务。

社会在不断前进，科学技术手段在飞速发展，家庭教育指导的实践经验日益丰富，家长的教育观念和对家庭教育指导的需求发生着新的变化。同时，指导者对指导形式的认识和对现代技术的掌握也随之发生变化。在这种情况下，发现、总结、提炼并推广新的具有时代特征、符合中国国情、反映各地区特点的有效指导形式是我们的又一任务。

指导单位应支持、鼓励并创造条件让指导者运用现代科技手段提高家庭教育指导的效果，同时，要关注国际家庭教育指导形式发展的趋势，总结、提炼托幼机构和其他基层单位组织集体性指导活动的经验和规律，尽快与国际接轨。

第五节　家庭教育指导的组织与管理

一、指导工作的领导体制

党和政府对家庭教育及其指导历来是重视的,并在不同的阶段不断提出新的要求。1986年4月12日,第六届全国人民代表大会第四次会议通过1986年7月1日起施行的《中华人民共和国义务教育法》,要求家长送子女入学接受义务教育。其第十一条规定,"父母或者其他监护人必须使适龄的子女或者被监护人按时入学,接受规定年限的义务教育。"①1995年3月18日,第八届全国人民代表大会第三次会议通过9月1日实施的《中华人民共和国教育法》,要求家长配合学校对子女进行教育,并指出学校可以对学生家长进行家庭教育指导。其第三十九条和第四十条规定,"家庭、未成年人的父母或者其他监护人,应当为其未成年子女或者其他被监护人受教育提供必要条件,应当配合学校及其他教育机构,对其未成年子女或者其他被监护人进行教育。学校、教师可以对学生家长提供家庭教育指导。"②1998年3月16日,国家教委发布1998年4月1日起实行的《中小学德育工作规程》,进一步对家庭教育指导的组织机构、指导形式、合作部门和指导内容提出具体意见。其第三十九条规定,"中小学校要通过建立家长委员会、开办家长学校、家长接待日、家长会、家庭访问等方式帮助家长树立正确的教育思想,改进教育方法,提高家庭教育水平。各级教育行政部门要利用报刊、广播电台、电视台等大众传媒大力普及

---

①　《中华人民共和国义务教育法》,中华人民共和国主席令第38号公布,1986年4月12日第六届全国人民代表大会第四次会议通过,1986年7月1日起施行。

②　《中华人民共和国教育法》,1995年3月18日第八届全国人民代表大会第三次会议通过。

第十一章 家庭教育指导工作

家庭教育的科学常识;要与工会、妇联组织密切合作,落实《家长教育行为规范》。"①1999年6月13日,中共中央、国务院《关于深化教育改革全面推进素质教育的决定》进一步明确,实施素质教育离不开幼儿教育和家庭教育。其中指出,"实施素质教育应当贯穿于幼儿教育、中小学教育、职业教育、成人教育、高等教育等各级各类教育,应当贯穿于学校教育、家庭教育和社会教育等各个方面。""学校、家庭和社会要互相沟通、积极配合,共同开创素质教育工作的新局面。"②

"九五"期间,我国家庭教育指导工作在国务院妇女儿童工作委员会的统筹协调下,由全国妇联、国家教委具体负责实施。妇联与教育系统有不同的分工,各级妇联负责牵头协调、推动社会各有关部门开展家庭教育工作,发挥家庭教育研究会的作用,进行社会调查和理论探讨,发动依靠社会力量共同举办各类家长学校,并与教育行政部门共同对家庭教育工作进行评估指导。国家教委负责指导教育理论研究部门和高等师范院校进行理论研究并为决策和指导全国家庭教育工作服务。各级教育行政部门负责指导中小学、幼儿园开展家庭教育工作,举办家长学校。③

2001年,江泽民作出"关于教育问题的谈话"后,中共中央办公厅、国务院办公厅发出的《关于适应新形势进一步加强和改进中小学德育工作的意见》中指出,"各级党委和政府要关心支持家庭教育,各级教育行政部门要承担组织和指导家庭教育的责任。

---

① 国家教委,《中小学德育工作规程》,1998年3月16日。
② 中共中央、国务院,《关于深化教育改革全面推进素质教育的决定》,1999年6月13日。
③ 全国妇联、国家教委,《全国家庭教育工作"九五"计划》,(妇字〔1996〕22号),1996年9月10日。

各级工会、共青团、妇联等群众团体要开展丰富多彩的家庭教育活动。"①

不同地区的家庭教育指导的领导体制不尽相同。上海地区根据"家庭教育指导工作要条块结合,分工协作,各司其职"的原则,已形成由市妇联牵头,市教委为主,市卫生局、市总工会参与,有关业务主管部门积极配合的家庭教育指导工作管理模式。其中,卫生部门负责新婚夫妇和孕妇的指导;妇联牵头负责散居在社区的0~3岁婴幼儿家长的指导;教育部门、卫生部门共同负责托儿所、幼儿园、小学、中学等教养机构内儿童家长的指导;工会负责在职职工的家庭教育指导;妇联、社区等部门负责社区祖辈家长、外来人口儿童家长、特殊家庭以及监护人等的指导;街道、乡镇积极把家庭教育指导纳入地区精神文明建设,不定期召开联席会议,逐步形成统筹协调家庭教育工作的机制,努力增强家庭教育指导工作的整体效应。目前,全市20个区县都成立了家庭教育指导工作领导小组,422个街道、乡镇建立了家庭教育研究会或家长联谊会,3516个基层单位建立了家长学校或相应的家庭教育指导组织。从全局看,尽管社区是家庭教育指导工作发展的方向,但是街道、乡镇及其下属的居委、村委与幼儿园、小学和中学相比,在全市家庭教育指导工作的管理网络上,属于薄弱的环节。②

二、管理者与指导者的队伍建设

(一)组织管理者队伍

各系统、各地区、各基层指导单位的家庭教育指导工作的组织管理者的落实、人员的素质和稳定性决定着该系统、该地区、该指

---

① 中共中央办公厅、国务院办公厅,《关于适应新形势进一步加强和改进中小学德育工作的意见》,2001年。

② 李洪曾,《上海市家庭教育指导工作现状研究报告》,上海市家庭教育研究会,《21世纪上海家庭教育发展预测研究》,上海社会科学出版社,2000年10月版。

第十一章 家庭教育指导工作

导单位指导工作能否正常开展、向前发展和形成特色的关键。不同地区发展的情况很不平衡。上海市的一项调查发现,该地区一支以兼职为主、热心家庭教育指导的管理者队伍正在形成。具体的表现在:1. 在市妇联、市教委、市卫生局、市总工会和20个区县的领导中,各区县的妇联、教育局、卫生局、总工会和311个街道乡镇的领导中谁分管家庭教育是明确的。作为领导层的管理人员有415人。市妇联儿童部有3名专职人员负责具体工作,市教委、市卫生局和市总工会有兼职人员具体负责本系统的管理工作,市教科院家庭教育研究与指导中心担负一部分管理工作并有4名专职人员负责具体工作,区县妇联、教育系统由指定人员兼职具体负责,全市有99个街道、212个乡镇,都有兼职人员负责具体工作,基层单位中,幼儿园、小学、中学、企事业机构、卫生机构现有3615个家长学校和家庭教育指导组织,这些指导组织的负责人均担负家庭教育指导工作具体管理,据此,估计本市现有家庭教育指导的具体管理人员3976人,其中兼职人员占99.82%。2. 调查结果表明,管理者队伍的学历水平不低,职称层次尚可,年龄结构基本合理。高中以上学历占98.34%,其中大专以上学历为68.9%;中级以上的职称所占比例为76.11%,其中副高级以上职称占12.09%;35岁以下的占19.76%,35~50岁的人占58.68%,两者合计表明管理者中50岁以下的占50%以上。3. 管理者队伍的家庭教育及其指导和管理的专业知识、科学管理的经验和手段的掌握有明显提高,但与社会迅速发展的需要相比尚有不足,需要继续提高。[①]

(二)指导者队伍

家庭教育指导者是指导单位负责直接向家长进行家庭教育指导的人员。指导者的素质、态度和指导行为直接影响着指导的实

[①] 韩文旭、邹闵,《上海市家庭教育管理工作现状研究报告》,上海市家庭教育研究会,《21世纪上海家庭教育发展预测研究》,上海社会科学出版社,2000年10月版。

效。建设一支专兼结合、功能互补、具有较高专业素养的指导者队伍是保证家庭教育指导工作有效开展的保证。

调查资料显示①，目前我国家庭教育指导者队伍：(1)在性别上，男女性别倾斜，女性多，男性少。考虑到指导者在指导内容上存在性别倾向与指导风格的性别差异，应该注意吸引、吸收、安排男性加入指导者队伍。(2)在年龄上，74.3%的被调查者认为，指导者的最合适年龄为 30～49 岁。目前，教育系统中 26.1% 的指导单位指导者的年龄多数在 30 岁以下。指导者的年龄既是经验的反映，也是精力的反映，指导者的年龄与家长年龄接近的程度又影响接受指导效果。指导者年龄稍高于家长是一种可考虑的选择，教育系统加强对青年教师家庭教育指导工作能力的培养是提高指导效果的重要措施。(3)在学历上，指导者的学历层次不高，影响指导效果。82.5%的被调查者认为，指导者的学历应该在大学专科以上。学历是知识、接受能力和修养的反映，指导者队伍的学历层次应该高于家长，随着家长学历层次的提高、家长对指导内容要求的提高，对指导者队伍学历层次的要求应该提高。(4)在业务知识上，对家庭教育的业务知识和理论掌握程度适应不了指导工作的现实需要。对家庭教育的基本知识和理论有一个比较全面的了解应该是对任何一个家庭教育指导者和管理者的基本要求，目前加强对指导者队伍进行业务培训是当务之急，在师范院校开设家庭教育课程应该得到落实。(5)在资历上，目前指导者的工作资历不长，指导经验有待积累。80.9%的被调查者明确认为，要能够较好地担负起指导任务，指导者应该具有 5 年以上指导工作的经历。但调查表明，目前指导者和管理者中具有 5 年指导经历的管理者和指导者实际占 56.4%；指导工作的平均年限仅为 3.6

---

① 李洪曾，《上海市家庭教育指导工作现状研究报告》，上海市家庭教育研究会，《21 世纪上海家庭教育发展预测研究》，上海社会科学出版社，2000 年 10 月版。

第十一章 家庭教育指导工作

年。(6)在育儿经验上,一部分指导者自己没有孩子,缺少自己养育子女的经验。调查表明,13.2%的指导者和管理者还没有自己的孩子,22.8%的指导单位内,指导人员多数没有照料孩子的经验,他们在指导过程中因缺少家庭教育的感性认识而影响指导的质量,指导的内容不易被家长所接受。(7)在精力上,指导者和管理者绝大多数是兼职工作。对一部分指导单位来说,将家庭教育指导工作列入单位工作计划、对指导者的工作进行适当安排、将指导工作列入工作量考核指标是需要的。

实践和研究均表明,重视指导者的基本素质、扩充指导队伍、提高指导者的指导水平是指导队伍建设的重要环节。

1. 指导者的素质要求

根据近20年来我国家庭教育指导工作开展的情况看,指导者具备下列能力和态度是正常地、有效地开展家庭教育指导工作所必需的。从能力上讲,具有组织家长开展指导活动,并进行引导的能力;具备儿童发展规律、年龄特点和家庭教育的基本知识,掌握指导家长的基本方法,具有一定的指导能力;具有了解新情况、发现新问题、学习新知识、不断改造自身、提高指导能力的学习能力;善于与家长交往和沟通,了解家长家庭教育的实际问题和需要,及时改进指导工作的适应能力。从态度上讲,具有"儿童优先"、"服务家长"的服务意识;对指导工作认真负责,能主动开展工作。

2. 指导者的来源

家庭教育指导工作者的基本来源有三类:指导单位本身的工作人员,如幼儿园、托儿所的教师,妇儿保健所的医生,社区的工作人员,工会的委员等;社会志愿人员,如社区内的教育工作者、医务工作者、社会工作者等;指导单位的指导对象中有专长、有经验的家长等。

目前的情况是:幼儿园和托儿所的指导以本教养机构的教养人员为主;社区的指导以街道、乡镇和里弄、村的妇联、社区教育干部和社区内的教育、卫生、社会志愿人员承担；工会一般请教育、卫生方面的专业人员承担。

从发展的方向看，社区将成为学前儿童家庭教育指导的主要渠道。培养专职的社区家庭教育指导专业工作者是社区家庭教育指导的发展趋势，建设社区内家庭教育指导的志愿人员队伍并提高他们的指导素养是提高社区家庭教育指导质量的关键。

3. 指导者的培训

现有的家庭教育指导者，即使是幼儿园、托儿所的教师，从事教育、卫生的志愿人员，绝大多数也是未经正规专业培训的非专职指导者。家庭教育指导有着与学校教育、社区教育不同的性质、任务和要求；家庭教育和家庭教育指导有着自己的规律和知识体系，并非学校教育工作者、医务工作者都具备家庭教育指导的专业要求。家庭教育和家庭教育指导的理论、方法和手段发展迅速，要求每一个指导者不断适应。各业务主管部门要运用多种途径、多种方式，有计划地加强对现有家庭教育指导工作者，特别是志愿者进行家庭教育指导的业务培训，切实提高其家庭教育指导的理论知识水平和指导能力，保证家庭教育指导的质量并取得实效。

为家庭教育指导工作者提供的培训内容，应该为提高指导者的实际能力服务；应该从指导工作面临的形势、对指导工作的要求、指导过程中存在的主要问题和指导者的实际需要出发，提高培训的针对性和实效性。指导的内容可以包括学前儿童的发展、学前儿童的家庭教育、学前儿童的家庭教育指导等领域的基础理论知识和具体方法、手段；可以包括儿童保护和教育的有关政策、法令和文件，以及指导工作的经验、动态趋势；有条件的地区还可以介绍开展家庭教育和家庭教育指导研究的知识和方法。

指导者的培训属于成人教育的范畴。台湾地区采用建立完善的教育训练课程，对志愿工作者由一般性到专业性，有计划、有步骤、有方法、有目标、循序渐进地进行培训，固然能提升志愿工作者

第十一章　家庭教育指导工作

的服务质量。① 许多沿海发达地区在提出培训基本内容后组织对指导者进行分级培训的方式,通过电视教学向幼儿园在职教师普及家庭教育知识的方式也收到了明显效果。然而,在指导工作的实践中提高指导者的能力水平,应该成为指导单位采用的最基本的、最通用的方式。

三、家庭教育指导的组织形式

组织指导人员对家长进行如何对孩子进行家庭教育的指导的组织机构有多种形式。家长学校、亲子学苑、家庭教育咨询站、家庭教育网站等都是家庭教育指导的组织形式。

（一）家长学校

家长学校是由社会教育机构和团体组织的,有目的、有计划地向儿童家长介绍家庭教育的有关知识和方法,指导不同年龄段儿童家长重视在子女教育中容易出现的问题并提供处理建议,对家庭教育中的各种问题进行咨询的一种家庭教育指导的组织形式。家长学校以提高家长教育素质为主要任务,以提高家庭教育质量、促进儿童身心健康发展为主要目的。目前,全国的家长学校工作由全国妇联和教育部共同牵头进行指导管理。近期我国家长学校工作应加强家长学校管理工作者队伍建设,建立一支相对稳定的具有一定专业知识和教学水平的专、兼职教师队伍,采用适合本地实际的教材,提高教学内容的针对性,以按子女年龄段分班教学、面授为主作为学校的基本教学形式,选用适当的方式在结业时对学员进行考核。② 家长学校出现于 20 世纪 80 年代初,经过 20 年的努力实践和创新,目前有幼托机构、卫生单位和社区等各类基层

---

① 翁福元,《家庭教育志工培训课程规划》,《1999 年两岸家庭教育学术研讨会会议论文集》,嘉义师范学院编印,1999 年 12 月。

② 全国妇联、国家教委,《全国家长学校工作指导意见(试行)》妇字〔1998〕9 号,1998 年 3 月 3 日。

单位和组织组织的家长学校,除一般的家长学校外,还有父母学校、祖辈家长学校、广播家长学校、新婚夫妇学校、孕妇学校等多种类型。据有关报道,目前我国已有各种类型家长学校30多万所。我国家庭教育的有关领导部门认为,目前我国家长学校的数量和质量仍不能适应广大家长对于家教知识的渴求和不同类型家庭的需要,还应增强家长学校的吸引力和实效性。[①] 家长学校要面向农村,面向社区,拓展家庭教育工作的领域。"十五"期间,我国要建立一批全国示范性家长学校,为支持西部开发,用三年时间在西部地区建立1000所示范家长学校。

（二）组织形式的发展

家长学校是家庭教育指导的一种组织形式,但并不是惟一的组织形式。家长学校在我国家庭教育指导发展过程中曾经发挥了很好的作用,并将继续发挥很好的作用。但是必须看到,不同的社会发展水平、不同特点的地区、不同的对象条件需要有不同的组织形式。应该提倡家庭教育指导组织形式的多样性,应该努力去发现、扶持、总结、提炼、推广新的、有效的组织形式,以适应不断向前发展的社会需要,体现组织形式的时代性。目前,在有些地区对0~3岁婴幼儿家长进行科学育儿指导工作中出现的"亲子学苑",在街道、乡镇出现的"家庭教育咨询站",都是新的组织形式,需要我们去总结和提炼。

（三）亲子学苑[②]

亲子学苑是以学前儿童家长及子女为对象,以普及科学育儿知识和方法为主要内容,以亲子活动为主要特征的一种家庭教育

---

① 顾秀莲,《总结经验面向未来努力开创家庭教育新局面》,全国妇联办公厅,《关于印发顾秀莲同志在全国家庭教育工作经验交流会上的讲话的通知》,妇厅字[2000]29号,2000年12月26日。

② 《把"望子成龙"的迫切心情引向正确轨道——记上海亲子教育活动》,中新社上海2000年8月16日电。

第十一章 家庭教育指导工作

指导的组织形式。亲子学苑一般以学前儿童及其父母同时为指导对象,以亲子活动为指导的主要载体,以亲子沟通为主要指导内容,从而以自己的鲜明特点而有别于家长学校。通常,亲子学苑在双休日组织活动。父母亲与子女来到亲子学苑后,父母亲中的一位与子女进入活动室或室外场地参加由亲子学苑教师组织的亲子游戏活动,活动中,教师根据亲子活动中出现的问题对主要家长进行一定的指点和引导。通过集体的、有指导的亲子游戏活动帮助父母亲了解学前儿童的年龄特点、亲子互动的规律和家庭教育的知识和方法。与此同时,父母亲中的另一位,参加亲子学苑组织的讲座、交流或讨论,直接接受科学育儿的指导。亲子学苑出现于上一世纪90年代的后期,是上海市家庭教育研究会《依托社区对0~3岁婴幼儿家长进行科学育儿指导的研究》成果开发的产物。上海市妇联组织的亲子学苑最早开设在上海市市立幼儿园,按儿童年龄分班,在1岁半~2岁按每半岁分为三期婴儿亲子班,2~3岁为另一周期幼儿亲子班,每一期为时5周,每周占一个双休日。亲子学苑能否得到巩固和发展与有无适用的教材有密切的关系。经过努力,反映我国亲子学苑实践经验的、由我国实践工作者自己编写的亲子学苑教材已经相继出版。①②

四、家庭教育指导的效果评价

对学前儿童家庭教育的指导单位进行家庭教育指导的评估,既包括对该单位开展家庭教育指导的工作的评估,也包括对该指导单位开展家庭教育指导的效果的评估。对家庭教育指导的效果的评估可以从"家长的投入情况"、"家长的家庭教育素质有否变

---

① 上海市妇女联合会,《好孩子——亲子学苑教材》,人民教育出版社,1999年版。

② 潘玲珠、郑艺,《启始之路——0~3岁婴幼儿活动方案》,上海教育出版社,2001年6月版。

化"、"家长的家庭教育行为有否改善"和"学前儿童的身心发展有否变化"四方面内容进行。

（一）家长的投入情况。1. 家长的参与率。家长参与指导单位组织的指导活动的出勤率的情况，是否保持比较高的出席率，或者出席率是否有提高。2. 家长参与指导活动的认真程度。家长参加指导单位组织的指导活动是否认真，有没有人到心不到的现象。3. 家长参与指导活动的主动性。家长是主动参与指导活动，还是被迫或者无奈而参加；在参与过程中是积极动脑筋、提问题、出主意，还是被动地"专家上面讲什么，家长下面记什么，回去照样做什么"。4. 家长主体作用的发挥。家长是否参与到指导单位开展的家庭指导的组织管理过程中来。

（二）家长的家庭教育素质有否变化。1. 家长的教育观念。在社会急剧变迁的过程中，家长的儿童观、成才观、教育观等教育观念能否较快适应现代社会的发展趋势，完成由传统向现代的转变。2. 家长对子女的教养态度。在独生子女家庭中，家长对子女的关爱和管教这一矛盾的处理是否恰当，是否既有充满感情的爱护又有理智支配下的管教。3. 家长的教育能力。家长在了解自己子女、评价自己子女的能力上，在与子女沟通、建立密切关系的能力上，在向子女明确表达意图、控制子女不良行为的能力上是否有提高。

（三）家长的家庭教育行为有否改善。1. 创设家庭环境的行为。在家庭环境的创设和布置上是否考虑子女成长的需要，能否为子女的生活、游戏和学习提供基本的物质条件和活动天地，家庭关系是否民主、邻里关系是否融洽，家庭是否成为孩子获得保护、汲取力量、学习向上的"窝"。2. 对子女的主动教育行为。家长是否善于根据孩子的年龄、个体发展的水平和个性特点，在不同的阶段选择适当的内容，采用适当的方法，提出适当的要求，主动地对孩子进行教育和培养。3. 对子女的被动教育行为。由孩子的主

第十一章 家庭教育指导工作

动行为引起的家长的被动行为。当孩子的行为符合家长的期望要求时,孩子能否从家长那儿得到肯定;对孩子的不良行为,即对家长来说属于非期望出现的行为,家长是否给予否定的反应。

(四)学前儿童的身心发展有否变化。应从儿童的生理、心理和社会三个方面对学前儿童的发展进行全面的评价。评价宜采用自然的方法,在学前儿童在家庭、幼托教养机构和社区的日常的生活和活动中进行。在评价过程中,应承认儿童的个别差异,用发展的眼光看待儿童,以向学前儿童的家庭教育及其指导提供的帮助和依据为目的。

五、家庭教育指导的科学研究

家庭教育和家庭教育指导的实践需要理论的指导,家庭教育和家庭教育指导的理论需要通过科学研究才能获得。由于国内专职从事家庭教育理论研究的专业人员屈指可数,我国家庭教育的科学研究还需要教育学、心理学、卫生学和社会学等领域的理论工作者的介入。长期从事家庭教育指导工作的实际工作者对家长在家庭教育中存在的实际问题最了解,对家庭教育指导工作积累有丰富的实践经验。他们在提高家庭教育理论水平和掌握科学研究的基本方法后,经过一定的引导和组织,也可以成为家庭教育和家庭教育指导研究的一支重要力量。

根据我国部分地区组织基层指导单位开展家庭教育研究的经验,引导基层单位开展课题研究、指导筹建家庭教育指导实验基地和组织家庭教育研究成果的研讨活动是三项重要工作。

(一)研究课题

引导基层单位开展家庭教育研究的一般做法是:在家庭教育理论框架的指导下,从家庭教育和家庭教育指导的现实问题中选择有代表性的课题形成课题指南;在发布课题指南后,动员、鼓励并组织基层单位和个人申报课题;在组织专家对申报课题的研究价值、研究方案的合理性和完成课题的可能性进行评审后,对通过的课题给予立项;对立项课题的进展情况进行中期检查,并根据立项课题的需要和课题管理部门的条件对部分课题进行研究中的指导;当基层单位的研究获得最终成果后,组织课题研究成果的鉴定和课题研究工作的验收,并作出是否同意结题的决定。

基层指导单位在开展家庭教育研究中主要的困难是:理论基础、研究方法和时间精力。有的地区的做法是通过培训提高实际工作者的理论水平并掌握研究的基本方法;有的地区由于坚持"家庭教育指导工作为指导单位的中心工作服务,家庭教育研究为家庭教育指导的实践服务"这两个服务方针,时间精力的问题也得到了妥善的解决。

上海市教育科学研究院家庭教育研究与指导中心与上海市家庭教育研究会于1997年开始制订"上海市家庭教育研究课题'九五'规划",中国学前教育研究会、学前社会教育专业委员会和中国家庭教育学会分别于1997年和1998年发布了"全国幼儿家庭教育研究'九五'课题指南"和"中国家庭教育学会'九五'课题指南"。这些课题中涉及到的问题大致包括以下十个方面:1. 从儿童成长过程中存在问题的角度出发选择的课题,如儿童的创新精神、社会实践能力的培训与家庭教育的研究,儿童心理健康问题与家庭教育的研究,儿童的肥胖、龋齿、视力不良等问题的防治与家庭教育的研究,儿童社会交往能力、抗挫折能力、合作精神的培养与家庭教育指导的研究等。2. 从家长对子女进行家庭教育的过程中存在问题的角度选择的课题,如农村儿童父母将教育子女的责任推给学校和祖辈老人的所谓"双脱手"现象的研究,家长的教育观念、对子女的教养态度和教育行为的研究。3. 从家庭教育指导过程中存在问题的角度选择的课题,如家庭教育指导的内容如何具有针对性,家庭教育指导的形式如何多样化,教师与家长的新型关系的研究等。4. 从家庭教育指导工作的组织管理过程中存在问题的角度选择的课题,如社区开展家庭教育指导的研究,家长

第十一章 家庭教育指导工作

学校与家庭教育指导的组织形式,家庭教育指导的渠道等。5. 从具有某一种特征的儿童出发进行的特殊儿童的家庭教育研究,如聋哑儿童、弱智儿童的家庭教育,自闭症儿童的家庭教育等。6. 对特殊家长、特殊家庭的家庭教育特点与如何进行分类指导进行研究,如祖辈家长家庭教育的特点与分类指导的研究,离异家庭、隔代家庭、特困家庭、下岗职工家庭、流动人口的家庭教育与家庭教育指导的研究等。7. 对指导者的研究,如家庭教育指导者的基本素质,指导者的培训,青年教师家庭教育指导工作中的困惑与对策的研究等。8. 对家庭教育指导工作的组织与管理者的研究,如影响组织管理者工作效率的因素的研究,一个地区组织管理者的现状、问题与对策研究等。9. 对家庭教育与家庭教育指导的环境的研究,如农村幼儿成长的家庭基本物质条件,幼儿家庭心理氛围的基本要素与创设,邻里关系、家庭关系、婆媳关系对子女的影响,祖辈与父辈教育子女观念的冲突等。其中对学习型家庭的研究实际上属于现代学习社会中如何为子女创设成长的最佳环境氛围的问题。10. 社会的政治、经济、文化、科技的发展对儿童发展、对家庭教育、对家庭教育指导工作的影响进行的研究,如加入WTO对我国家长教育观念的影响,信息时代的家长与儿童,互联网与家庭教育指导手段的现代化等。①

（二）研究基地

家庭教育指导实验基地是一个地区在基层单位进行家庭教育指导实验的基地。家庭教育指导实验基地的主要任务是:1. 进行家庭教育指导的实验研究。在本单位全面开展家庭教育指导的基础上,组织教师研究不同类型的基层单位如何组织对家长进行家庭教育指导,才能提高家长的教育素质、提高家庭教育指导的质

---

① 李洪曾,《关于上海市家庭教育研究课题指南的实施情况》,在上海市家庭教育研究会2001年年会上的发言,2001年1月15日。

量,才能促进学前儿童的身心健康成长。2. 辐射家庭教育的指导工作和研究工作的经验。提炼和总结本单位开展家庭教育指导的有效经验和组织教师开展家庭教育研究的实践经验,在一定的范围内辐射,向家庭教育的指导者和组织管理者进行介绍和推广。通过筹建家庭教育指导实验基地,不仅能够获得研究的成果,而且能够推动实验基地内家庭教育指导工作的开展,提高组织管理者的家庭教育指导的组织管理水平、指导者的家庭教育的指导水平、家长的家庭教育的水平和幼儿的身心发展水平;推动实验基地家庭教育研究工作的开展,提高基地单位领导和教师家庭教育研究的水平;推动地区家庭教育指导工作和研究工作的开展。上海地区"九五"期间经过筹建、验收,有 45 个幼儿园、11 个社区被命名为上海市家庭教育指导实验基地,有力地推动了上海地区学前儿童家庭教育指导工作的开展。根据中国学前教育研究会学前社会教育专业委员会的工作计划,"十五"期间准备通过努力在全国有条件的地区各筹建 1~2 个学前儿童家庭教育指导实验基地,以推动全国学前儿童家庭教育的指导工作。

(三)培训工作与研讨活动

基层单位开展家庭教育的课题研究和筹建家庭教育实验基地,需要研究骨干。为了解决基层单位研究方法上的困难,组织研究骨干关于研究方法的培训是一条可行的办法。中国学前教育研究会学前社会教育专业委员会自 1997 年以来,为了申报"全国幼儿家庭教育研究"课题,为基层单位组织了 4 期幼儿家庭教育研究骨干培训班。通过对家庭教育的理论框架、课题选择、研究方案制订、基本研究方法、课题申请与申请书填写要求等方面的培训,课题申请的质量有明显提高。根据地方的培训经验,为满足基层单位的实际需要,继续进行研究数据的处理、研究报告的撰写和现代手段在研究上的运用等内容的培训,将有助于提高基层单位课题完成率和成果质量。

第十一章　家庭教育指导工作

　　基层单位开展家庭教育的研究要增强成果意识。每一项课题研究结束时都应该获得研究成果。基层单位在组织课题研究时，要形成尽可能多的研究成果，尽可能让参与研究的人员都有自己的研究成果。调查报告、实验报告、理论性的论文等理性研究成果是重要的研究成果，家庭教育指导的总体设计方案、具体活动案例、组织管理和指导的实践经验、家长家庭教育的有效实例等操作性研究成果也是重要的研究成果，对实际工作者来说，是更具有应用价值的研究成果。基层单位的领导应鼓励、支持本单位的研究人员将自己的家庭教育研究成果加以发表、进行交流、研讨切磋，达到提高质量、共同享用、指导实践的目的。研究成果的交流与研讨也是激励研究者的一种有效手段。目前，我国学前儿童家庭教育研讨会，有综合性研讨会，如全国幼儿家庭教育研讨会；也有专项性研讨会，如全国幼儿家庭教育指导形式研讨会、某地区家庭教育心理研讨会、学习型家庭研讨会等。研讨会的形式有书面交流、大会报告、分组交流、专题研讨、现场观摩、家庭教育读物、音像资料展示等。基层单位的实际工作者参加研讨会时，除认真介入会议安排的研讨活动外，还应重视与与会代表的场外交流，主动接触更多的理论工作者和实际工作者并建立一定的联系，会对今后的研究和实践带来帮助。

　　[思考题]
　　1. 为什么要对学前儿童家长进行家庭教育指导？
　　2. 家庭教育指导具有怎样的性质？家庭教育指导的渠道有哪些？
　　3. 你认为学前儿童家庭教育指导的目的是什么？
　　4. 家庭教育指导的主要原则有哪些？每一项原则的含义是什么？
　　5. 你认为学前儿童家庭教育指导的对象，除了0~3岁婴幼儿的母亲以外，还有哪些？为什么？

6. 不同年龄段学前儿童的家庭教育指导的主要内容各是什么？你认为为了提高我国学前儿童家庭教育指导工作的实效，在指导内容上要重点注意哪些问题？

7. 家庭教育指导的主要形式有哪些？你认为为了提高我国学前儿童家庭教育指导工作的实效，在指导形式上要注意哪些问题？

8. 你认为幼儿园家庭教育指导工作者的素质要求是怎样的？指导者可以由谁来担当？如何培训和提高现有的指导人员的素质？

9. 谈一下你对家庭教育指导的组织形式的看法。

10. 你认为应该如何评价一个基层指导单位开展家庭教育指导工作的效果？

[参考资料]

1. 史慧中，《关于〈适应我国国情提高幼儿素质〉的调查研究》，教育科学出版社，1991年版。

2. 李洪曾，《四城市幼儿教育比较研究》，上海科学技术出版社，1991年版。

3. 黄乃毓，《家庭教育》，五南图书出版公司，1994年版。

4. 李洪曾，《家庭教育指导的对象、目的、内容和形式》，《家庭教育指导》，1995年第4期。

5. 李洪曾，《上海地区幼儿家庭教育的特点与问题》，《上海教育科研》，1995年第12期。

6. 全国妇联、国家教委，《全国家庭教育工作"九五"计划》，（妇字[1996]22号），1996年9月10日。

7. 中国学前社会教育专业委员会，《全国幼儿家庭教育指导形式研讨会论文集》，内部资料，上海市教育科学研究院家庭教育研究与指导中心，1999年10月。

8. 《1999年两岸家庭教育学术研讨会会议论文集》，嘉义师范

第十一章 家庭教育指导工作

学院编印,1999年12月。

9. 顾秀莲,《总结经验面向未来努力开创家庭教育工作新局面》,全国妇联办公厅,《关于印发顾秀莲同志在全国家庭教育工作经验交流会上的讲话的通知》,妇厅字[2000]29号,2000年12月26日。

10. 上海市家庭教育研究会,《21世纪初上海家庭教育发展预测研究》,上海社会科学院出版社,2000年10月版。

后 记

《学前儿童家庭教育》自学考试教材,是根据全国高等教育自学考试学前教育专业(独立本科段)考试计划的要求编写的。2001年11月全国考委教育类专业委员会召开审稿会议,对本教材进行了讨论评审,修改后,经全审复审定稿。

本教材由上海市教科院特级教师李洪曾主编,黄娟娟任副主编,李洪曾、黄娟娟、吴玉琦执笔撰稿。参加审稿的专家有:北京师范大学赵忠心教授、冯晓霞教授、周俐君副教授。

本教材最后由全国高等教育自学考试指导委员会审定。

全国考委教育类专业委员会
2001年12月

附

学前儿童家庭教育
自学考试大纲

全国高等教育自学考试指导委员会　制定

自学考试大纲

《自学考试大纲》出版前言

　　为了适应社会主义现代化建设事业对培养人才的需要,我国在20世纪80年代初建立了高等教育自学考试制度,经过近20年的发展,高等教育自学考试已成为我国高等教育基本制度之一。高等教育自学考试是个人自学、社会助学和国家考试相结合的一种新的高等教育形式,是我国高等教育体系的一个组成部分。实行高等教育自学考试制度,是落实宪法规定的"鼓励自学成才"的重要措施,是提高中华民族思想道德和科学文化素质的需要,也是造就和选拔人才的一种途径。应考者通过规定的考试课程并经思想品德鉴定达到毕业要求的,可以获得毕业证书,国家承认学历并按照规定享有与普通高等学校毕业生同等的有关待遇。

　　从80年代初期开始,各省、自治区、直辖市先后成立了高等教育自学考试委员会,开展了高等教育自学考试工作,为国家培养造就了大批专门人才。为了科学、合理地制定高等教育自学考试标准,提高教育质量,全国高等教育自学考试指导委员会(以下简称全国考委)组织各方面专家对高等教育自学考试的专业设置进行了调整,统一了专业设置标准,全国考委陆续制定了几十个专业考试计划。在此基础上,各专业委员会按照专业考试计划的要求,从造就和选拔人才的需要出发,编写了相应专业的课程自学考试大纲,进一步规定了课程学习和考试的内容与范围,有利于社会助学,使自学要求明确,考试标准规范化、具体化。

学前儿童家庭教育

全国考委根据国务院发布的《高等教育自学考试暂行条例》,参照教育部拟定的普通高等学校有关课程的教学大纲,结合自学考试的特点,组织制定了《学前儿童家庭教育》,现经教育部批准,颁发试行。

《学前儿童家庭教育》是编写该课程教材和自学辅导书的依据,也是个人自学、社会助学和国家考试(课程命题)的依据,各地应认真贯彻执行。

全国高等教育自学考试指导委员会
2002 年 3 月

Ⅰ 课程性质与设置目的

一、课程性质和特点

学前儿童家庭教育是一门实践性、理论性并重的应用性基础理论课程。它的主要内容为:学前儿童家长的基本素质和教育行为,家庭教育的内容和方法,以及如何组织对学前儿童家长进行家庭教育指导。

学前儿童家庭教育是高等教育自学考试学前教育专业(独立本科段)的一门必修课程。

二、本课程的基本要求

本课程要求学员掌握学前儿童家庭教育的基本理论,了解不同年龄段儿童家庭教育中容易出现的问题及处理方法,把握学前儿童家长的特点和家庭教育指导的基本理论,了解家庭教育指导的内容和形式,努力提高对家长的咨询能力和组织开展家庭教育指导的能力。

三、本课程与相关课程的联系

本课程的内容应符合"毛泽东思想概论"和"马克思主义政治经济学原理"阐述的基本原理,应是"课程与教学论"、"学前教育原理"、"学前教育心理学"、"学前游戏论"和"学前特殊儿童教育"在家庭教育和家庭教育指导领域的具体化,应在"学前比较教育学"和"学前教育史"中得到反映,并为学习"学前教育科学研究与论文写作"提供素材。

Ⅱ 课程内容与考核目标

（分章编写）

第一章 导论

一、学习目的与要求

（一）掌握学前家庭教育课程涉及的基本概念和研究范围

（二）理解学前儿童家庭教育研究的基本方法

（三）了解学前儿童家庭教育发展的总体趋势

（四）提高对学前儿童家庭教育重要性的认识和学习本课程的自觉性，为学好本课程创造有利条件

二、课程内容

第一节 学前儿童家庭教育的研究内容

（一）学前儿童家庭教育指导全过程中的对象

儿童；家长；指导者；组织管理者。

（二）学前儿童家庭教育指导过程中的具体过程

儿童发展过程；家庭教育过程；家庭教育指导过程；家庭教育指导工作的组织管理过程。

（三）直接影响家庭教育的环境因素

客观的环境因素；主观的环境因素。

（四）制约家庭教育的社会大背景

社会大背景。

第二节　学前儿童家庭教育的研究方法

（一）情报研究

情报研究的基本概念；情报研究的基本过程。

（二）调查研究

调查研究的基本概念；调查研究的基本过程；调查研究的类型。

（三）经验总结

经验总结的基本概念；经验总结类别与基本过程。

（四）实验研究

实验研究的基本概念；实验研究的基本过程；指导实验研究的两种类型。

（五）质的研究

质的研究的基本概念；质的研究的基本过程。

（六）行动研究

行动研究的基本概念；行动研究的基本过程。

第三节　学前儿童家庭教育的发展趋势

（一）现代教育发展的主要特点

现代教育的基本特点；现代教育对家庭教育的影响。

（二）学前儿童家庭教育的发展趋势

依托社区是家庭教育指导工作的发展方向；创建"学习型家庭"拓宽了家庭教育的思路。

三、考核知识点

（一）家庭教育指导过程中的对象

（二）家庭教育指导过程中的具体过程

(三)环境因素的影响及社会大背景的制约

(四)学前儿童家庭教育研究方法的概念及基本过程

(五)现代教育发展对家庭教育的影响

(六)学前儿童家庭教育的发展趋势

四、考核要求

(一)家庭教育指导过程中的对象

1. 识记:(1)儿童;(2)家长;(3)指导者;(4)组织管理者。

2. 领会:不同家庭教育指导过程中的对象所各自具有的特点。

(二)家庭教育指导过程中的具体过程

1. 识记:(1)儿童发展过程;(2)家庭教育过程;(3)家庭教育指导过程;(4)家庭教育指导的组织管理过程。

2. 领会:不同家庭教育指导过程各自所具有的特点。

(三)环境因素的影响及社会大背景的制约

1. 领会:(1)对家庭影响的环境因素;(2)社会大背景对家庭教育的制约。

2. 简单应用:通过对本班幼儿家庭的访问,分析家庭主、客观环境及社会大背景对家庭教育的影响。

(四)学前儿童家庭教育研究方法的概念及基本过程

1. 识记:(1)情报研究的过程;(2)调查研究的过程;(3)经验总结的过程;(4)实验研究的过程;(5)质化研究的过程;(6)行动研究的基本过程。

2. 领会:(1)情报研究的概念;(2)调查研究的概念;(3)经验总结的概念;(4)实验研究的概念;(5)质化研究的概念。

(五)现代教育发展对家庭教育的影响

领会:现代教育发展对家庭教育的影响。

(六)学前儿童家庭教育的发展趋势

领会:学前儿童家庭教育的发展趋势。

第二章 家庭

一、学习目的与要求
(一)理解家庭的概念
(二)了解家庭结构、家庭关系和家庭功能等基本知识
(三)为学习学前儿童家庭教育的有关章节提供条件

二、课程内容

第一节 家庭的概述

(一)家庭的概念
家庭的定义;家庭的本质和特征。
(二)家庭发展的四种形式
血缘家庭;普那路亚家庭;对偶家庭;一夫一妻制家庭。
(三)家庭的生命周期
新婚夫妇的两人世界;孕育孩子阶段;为人父母、养育孩子阶段;孩子长大成人阶段;老年阶段。

第二节 家庭结构

(一)家庭结构的概念
家庭结构的定义;家庭结构的要素。
(二)家庭结构的类型
核心家庭;主干家庭;残缺家庭;隔代家庭;联合家庭。
(三)我国家庭规模的发展趋势
小型化趋势;核心化趋势。

第三节　家庭关系

（一）家庭关系的概念
家庭关系的定义；家庭关系的特点。
（二）家庭关系的类别
夫妻关系；亲子关系；祖孙关系；婆媳关系。
（三）影响家庭关系的因素分析
来自家庭内部因素的影响；来自家庭外部因素的影响。
（四）家庭关系的发展趋势
从数量上来说将趋于简单化；从交往密度上来说将趋于减弱。

第四节　家庭的功能

（一）家庭功能的概念
家庭功能的定义；家庭功能的多元性。
（二）家庭功能的类别
生育功能；性生活功能；抚养和赡养功能；情感交往功能；物质生产功能；教育功能；娱乐功能；宗教和政治功能。
（三）影响家庭功能的因素
社会生产力的发展水平；社会制度和法律；传统习俗与伦理道德。
（四）家庭功能的变化
生育功能逐渐退化；生产功能从丧失到恢复；消费功能由平均到多元；教育功能分化；赡养功能弱化。
（五）家庭教育功能的演变

三、考核知识点
（一）家庭的概念及家庭发展的四种形式

(二)家庭的生命周期
(三)家庭结构的概念及类型
(四)我国家庭规模的发展趋势
(五)家庭关系的概念及类别
(六)影响家庭关系的因素
(七)家庭功能的概念及类别
(八)影响家庭功能的因素
(九)家庭功能的变化
(十)家庭教育功能的演变

四、考核要求

(一)家庭的概念及家庭发展的四种形式

1. 识记:(1)血缘家庭;(2)普那路亚家庭;(3)对偶家庭;(4)一夫一妻制家庭。

2. 领会:(1)比较各种家庭的定义;(2)家庭的特征;(3)家庭的本质。

(二)家庭的生命周期

1. 识记:(1)新婚夫妇的两人世界;(2)孕育孩子阶段;(3)为人父母、养育孩子阶段;(4)孩子长大成人阶段;(5)老年阶段。

(三)家庭结构的概念及类型

1. 识记:家庭结构的要素。

2. 领会:家庭结构的定义。

3. 简单应用:比较联合家庭与残缺家庭各自的特点。

4. 综合应用:比较核心家庭与主干家庭对幼儿发展的不同影响。

(四)我国家庭规模的变动

1. 领会:为什么我国家庭规模呈现小型化、核心化趋势。

(五)家庭关系的概念及类别

1. 识记:(1)家庭关系的定义;(2)家庭关系的特点。

2. 领会：夫妻关系、婆媳关系的不同特征。
3. 综合应用：通过家访、观察、调查研究，比较不同的亲子关系、祖孙关系对幼儿发展的影响。

（六）影响家庭关系的因素
1. 识记：影响家庭关系的内部因素、外部因素的具体内容。
2. 领会：不同的家庭因素对家庭关系的影响。

（七）家庭功能的概念及类别
1. 识记：(1)生育功能；(2)性生活功能；(3)抚养和赡养功能；(4)情感交往的功能；(5)物质生产功能；(6)教育功能；(7)娱乐功能；(8)宗教和政治功能。
2. 领会：(1)家庭功能的定义；(2)抚养和赡养功能；(3)家庭功能的多元性。
3. 简单应用：现今社会家庭的教育功能有何特点。

（八）影响家庭功能的因素
1. 识记：影响家庭功能的具体因素。
2. 领会：为何"生育观念"是影响家庭功能的一个重要因素。

（九）家庭功能的变化
1. 识记：家庭功能变化的情况。
2. 领会：从家庭功能的变化说明了什么。

第三章　家庭教育

一、学习目的与要求
（一）掌握家庭教育的基本概念
（二）理解家庭教育与学校教育、社会教育的关系
（三）了解现代教育体系下家庭教育发展的趋势

二、课程内容

第一节　家庭教育的概述

（一）家庭教育的概念
家庭教育的定义；家庭教育的性质；家庭教育的特点；家庭教育的地位和作用。
（二）家庭环境对子女的影响
家庭物质环境的影响；家庭精神环境的影响。
（三）家庭教育对子女的影响
家长对环境的创设；家长的主动行为。

第二节　家庭教育与学校教育、社会教育

（一）家庭教育与学校教育
学校教育；学校对家庭教育的指导；家庭对学校教育的参与。
（二）家庭教育与社会教育
社会教育；社区教育；社区与家庭教育的相互影响；传播媒介的作用；传播媒介对家庭教育的指导及家庭对传播媒介的选择。

第三节　学习社会中的家庭教育

（一）终身教育
终身教育的提出；终身教育的概念；终身教育的发展。
（二）学习社会
学习社会的提出；学习社会的概念；学习社会的发展。
（三）学习型家庭
学习型家庭的提出；学习型家庭的界定及特征。

三、考核知识点
（一）家庭教育的概念及家庭环境、家庭教育对子女的影响
（二）家庭教育与学校教育
（三）家庭教育与社会教育
（四）学习社会中的家庭教育

四、考核要求
（一）家庭教育的概念

1. 识记：(1)家庭教育的性质；(2)家庭教育的特点。

2. 领会：(1)比较各种家庭教育定义间的异同；(2)家庭教育的作用。

（二）家庭环境、家庭教育对子女的影响

1. 简单应用：(1)有针对性地选择不同家庭环境的幼儿，分析不同家庭环境对幼儿发展的影响；(2)比较不同家庭家长在环境创设上有何各自的独特之处；(3)分析、比较不同家长对子女不同行为的反应；(4)在家庭教育中，家长的主动行为对幼儿发展有何作用。

（三）家庭教育与学校教育

1. 领会：家庭教育与学校教育的本质区别。

2. 综合应用：(1)设想：幼儿园如何开展家庭教育指导；(2)结合日常工作，仔细考虑"家庭对幼儿园教育的参与"是如何体现的。

（四）家庭教育与社会教育

1. 领会：(1)社会教育、社区教育的差异；(2)传播媒介、社区对家庭教育的影响。

2. 综合应用：幼儿园如何利用传播媒介对家庭教育开展指导。

（五）学习社会中的家庭教育

1. 识记：(1)终身教育的概念；(2)终身教育的发展；(3)学习社会的概念；(4)学习社会的发展；(5)学习型组织；(6)学习型家

庭的特征。

2.领会:(1)终身教育提出的背景;(2)学习社会提出的背景;(3)学习型家庭的概念;(4)学习型家庭提出的背景。

第四章　家长与子女

一、学习目的与要求

（一）掌握不同家长角色的职责特点

（二）了解亲子关系的形成、互动的过程，及影响亲子关系和家长行为的因素

（三）为学习家庭教育过程和有针对性地指导家长提供依据

二、课程内容

第一节　父母的职责

（一）父母亲的职责
父母亲的角色;父母的作用;称职父母的典型特征。
（二）父母的角色分工及教育责任
父亲的教养作用;母亲的教养作用。

第二节　祖辈的职责

（一）祖辈家长的职责
祖辈家长的定义;祖辈家长的家庭类型(主干家庭、隔代家庭和留守家庭);祖辈家长的作用。
（二）祖辈家长的教育特点
祖辈家长的教育特点;祖辈家长家庭教育的优势;祖辈家长的教育局限性。
（三）祖辈家长教育特点的成因分析

第三节　子女的职责

(一) 子女角色的职责

子女角色的地位;子女角色的职责和权利;子女角色在家庭中的作用。

(二) 家庭教育中的子女

子女的认识;子女的态度;子女的行为。

第四节　亲子关系

(一) 亲子关系的概念

亲子关系的定义;社会转型期的亲子关系特点的新发展。

(二) 亲子间互动

亲子间的要求及地位;亲子间的良性互动。

(三) 影响亲子关系的因素

父母自身的因素;子女方面的因素;环境因素。

三、考核知识点
(一)父母亲的职责、分工及教育责任
(二)祖辈家长的职责和教育特点
(三)子女的职责及家庭教育中的子女
(四)亲子关系的概念及亲子间互动
(五)影响亲子关系的因素

四、考核要求
(一)父母亲的职责和分工

1. 领会:(1)父母的角色及父母的作用;(2)称职父母的典型特征;(4)父母角色分工及教育责任。

2. 简单应用:(1)结合事例,谈谈父母的教育责任;(2)在21

世纪,如何更好地发挥父亲的作用。

(二)祖辈家长的职责和教育特点

1. 识记:(1)祖辈家长的定义;(2)祖辈家长的家庭类型;(3)祖辈家长的作用。

2. 领会:祖辈家长的教育特点及成因。

3. 简单应用:调查本班幼儿"隔代亲"有哪几种表现形式,各有什么特点?

4. 综合应用:应用所学理论,分析教育代沟存在原因。

(三)子女的职责及家庭教育中的子女

1. 领会:(1)子女的地位、职责及权利;(2)子女角色在家庭中的作用。

(四)亲子关系的概念和亲子间互动

1. 识记:(1)亲子间的要求及地位;(2)亲子间的良性互动。

2. 领会:(1)亲子关系的定义;(2)社会转型期亲子关系特点的新发展。

3. 简单应用:分析本班亲子关系良好的家庭,其亲子关系的特点及亲子间互动的方式。

(五)影响亲子关系的因素

1. 领会:影响亲子关系的各因素。

第五章 学前儿童家长的教育观念

一、学习目的与要求

(一)初步了解学前儿童家长教育观念含义

(二)理解学前儿童家长各类别教育观念及对教育行为的影响

(三)明确影响学前儿童家长教育观念的因素

(四)初步体会如何针对家长不同的教育观念,开展学前儿童家庭教育指导

二、课程内容

第一节 学前儿童家长教育观念的概念与类别

(一)学前儿童家长教育观念的概述

观念的概念;教育观念的概念;家长教育观念的概念;学前儿童家长教育观念的概念;学前儿童家长的教育观念对幼儿发展的重要性。

(二)学前儿童家长教育观念的类别

学前儿童家长的儿童观;学前儿童家长的教育观;学前儿童家长的成才观。

第二节 学前儿童家长教育观念对教育行为的影响

(一)不同的儿童观对其教育行为的影响

传统的儿童观所具有的教育行为;现代的儿童观所具有的教育行为。

(二)不同的教育观对其教育行为的影响

传统的教育观所具有的教育行为;现代的教育观所具有的教育行为。

(三)不同的成才观对其教育行为的影响

期望过高、过低所具有的教育行为;恰当的期望所具有的教育行为。

第三节 影响学前儿童家长教育观念的因素

(一)学前儿童家长不同的辈分对其教育观念的影响

祖辈家长所具有的教育观念;父辈家长所具有的教育观念。

(二)学前儿童家长不同的受教育程度对其教育观念的影响

受教育程度高的家长所具有的教育观念;受教育程度低的家长所具有的教育观念。

(三)学前儿童家长不同的职业对其教育观念的影响

非脑力劳动者家长所具有的教育观念;脑力劳动者家长所具有的教育观念。

三、考核知识点

(一)学前儿童家长教育观念的概念及类别

(二)不同的儿童观、不同的教育观、不同的成才观分别对其教育行为的影响

(三)家长不同的辈分、不同的受教育程度、不同的职业分别对其教育观念的影响

四、考核要求

(一)学前儿童家长教育观念的概述

1. 识记:(1)学前儿童家长教育观念的概念;(2)各类别教育观念的名称。

2. 领会:学前儿童家长的教育观念对幼儿发展的重要性。

(二)不同的儿童观、不同的教育观、不同的成才观分别对其教育行为的影响

1. 领会:(1)传统的儿童观、现代的儿童观分别所具有的教育行为;(2)传统的教育观、现代的教育观分别所具有的教育行为;(3)期望过高、过低和恰当的期望分别所具有的教育行为。

2. 简单应用:观察、分析自己班上孩子的家长具有哪些教育观念。

(三)家长不同辈分、不同的受教育程度、不同的职业分别对其教育观念的影响

1. 识记:(1)祖辈家长所具有的教育观念;(2)父辈家长所具有的教育观念;(3)受教育程度高的家长所具有的教育观念;(4)

受教育程度低的家长所具有的教育观念;(5)非脑力劳动者家长所具有的教育观念;(6)脑力劳动者家长所具有的教育观念。

2.领会:家长不同的辈分、不同的受教育程度、不同的职业分别如何影响其教育观念。

第六章 学前儿童家长的教养方式

一、学习目的与要求
（一）明确学前儿童家长教养方式的含义、类型
（二）熟练掌握不同的教养方式对家长教育行为的影响
（三）理解影响学前儿童家长教养方式的各种因素
（四）尝试运用所学理论解释社会生活中的教育现象

二、课程内容

第一节 学前儿童家长教养方式的含义与类型

（一）学前儿童家长教养方式的含义
教养方式的概念;学前儿童家长教养方式的概念。

（二）学前儿童家长教养方式类型的划分
以教养方式的基本向度（因素）划分家长教养方式类型;以家长人格特点划分家长教养方式类型;以父母教养行为与儿童个性的相关研究结果划分家长教养方式类型。

（三）学前儿童家长教养方式的类型
民主权威型;绝对权威型;娇惯溺爱型;忽视冷漠型。

第二节 学前儿童家长教养方式对其教育行为及幼儿发展的影响

（一）民主权威型教养方式对家长的教育行为及幼儿发展的影响

民主权威型教养方式家长所具有的教育行为;民主权威型教养方式下的幼儿。

(二)绝对权威型教养方式对家长的教育行为及幼儿发展的影响

绝对权威型教养方式家长所具有的教育行为;绝对权威型教养方式下的幼儿。

(三)娇惯溺爱型教养方式对家长的教育行为及幼儿发展的影响

娇惯溺爱型教养方式家长所具有的教育行为;娇惯溺爱型教养方式下的幼儿。

(四)忽视冷漠型教养方式对家长的教育行为及幼儿发展的影响

忽视冷漠型教养方式家长所具有的教育行为;忽视冷漠型教养方式下的幼儿。

第三节 影响学前儿童家长教养方式的因素

(一)家长本身特点对其教养方式的影响

夫妻关系对其教养方式的影响;家长的受教育程度与职业对其教养方式的影响。

(二)孩子本身的特点对家长教养方式的影响

孩子的性格对家长教养方式的影响;孩子的年龄对家长教养方式的影响;孩子性别对家长教养方式的影响。

三、考核知识点

(一)学前儿童家长教养方式的概念

(二)教养方式的划分及类型

(三)民主权威型教养方式对家长的教育行为及幼儿发展的影响

（四）绝对权威型教养方式对家长的教育行为及幼儿发展的影响

（五）娇惯溺爱型教养方式对家长的教育行为及幼儿发展的影响

（六）忽视冷漠型教养方式对家长的教育行为及幼儿发展的影响

（七）家长本身特点对其教养方式的影响

（八）孩子本身的特点对家长教养方式的影响

四、考核要求

（一）学前儿童家长教养方式的概念

1. 识记：教养方式的概念；学前儿童家长教养方式的概念。

2. 领会：比较教养方式概念与学前儿童家长教养方式概念间的异同。

（二）学前儿童家长教养方式的划分及类型

1. 识记：（1）学前儿童家长教养方式的三种划分方法；（2）各种划分方法中具体的教养方式类型。

2. 领会：划分学前儿童家长教养方式的必要性。

（三）不同类型教养方式对家长的教育行为及幼儿发展的影响

1. 识记：（1）民主权威型教养方式对家长教育行为的影响；（2）民主权威型教养方式对幼儿发展的影响；（3）绝对权威型教养方式对家长教育行为的影响；（4）绝对权威型教养方式对幼儿发展的影响；（5）娇惯溺爱型教养方式对家长教育行为的影响；（6）娇惯溺爱型教养方式对幼儿发展的影响；（7）忽视冷漠型教养方式对家长教育行为的影响；（8）忽视冷漠型教养方式对幼儿发展的影响。

2. 领会：学前儿童家长教养方式与家长教育行为、幼儿发展三者间的关系。

3. 简单应用:观察、分析本班幼儿家长所具有的教养方式、相应的教育行为及幼儿的发展状况。

(四)学前儿童家长本身特点对其教养方式的影响

1. 识记:夫妻关系、家长不同的受教育程度、家长不同的职业影响其教养方式。

2. 领会:夫妻关系、家长不同的受教育程度、家长不同的职业影响其教养方式的表现形式。

(五)孩子本身的特点对家长教养方式的影响

1. 识记:孩子的不同性格、年龄、性别影响家长的教养方式。

2. 领会:对不同性格、年龄、性别的孩子,其家长教养方式的表现形式。

第七章 学前儿童家长的教育能力

一、学习目的与要求

(一)掌握学前儿童家长教育能力的概念、类别

(二)明确学前儿童家长教育能力对其教育行为的影响

(三)了解影响学前儿童家长教育能力的因素

(四)初步体会如何提高学前儿童家长的教育能力

二、课程内容

第一节 学前儿童家长教育能力的概念、类别

(一)学前儿童家长教育能力的概念

学前儿童家长教育能力的概念;学前儿童家长教育能力对幼儿发展的作用。

(二)学前儿童家长教育能力的类别

了解儿童需求的能力;评价儿童发展的能力;协调亲子关系的能力;处理儿童问题的能力。

第二节　学前儿童家长教育能力对教育行为的影响

（一）了解儿童需求的能力对教育行为的影响
了解儿童需求能力强弱对教育行为的影响。
（二）评价儿童发展的能力对教育行为的影响
评价儿童发展能力强弱对教育行为的影响。
（三）协调亲子关系的能力对教育行为的影响
协调亲子关系能力强弱对教育行为的影响。
（四）处理儿童问题的能力对教育行为的影响
处理儿童问题能力强弱对教育行为的影响。

第三节　影响学前儿童家长教育能力的因素

（一）影响学前儿童家长了解儿童需求能力的因素
家长的主观随意性；忽视沟通，拒绝沟通；轻信、胡猜。
（二）影响学前儿童家长评价儿童发展能力的因素
评价缺乏家庭教育的基本知识及幼儿身心发展规律、特点的知识；评价缺乏依据，贬低孩子；带有过重的感情色彩；错误归因评价。
（三）影响学前儿童家长协调亲子关系能力的因素
亲子关系没有一定的宽容和松弛度；家庭教育没有规约。
（四）影响学前儿童家长处理儿童问题能力的因素
片面了解、掌握情况；未掌握家庭教育知识和幼儿身心发展规律、特点的知识。

三、考核知识点
（一）学前儿童家长教育能力的概念
（二）学前儿童家长教育能力的类别

（三）学前儿童家长不同的教育能力分别对教育行为的影响
（四）影响学前儿童家长教育能力的各种因素
四、考核要求
（一）学前儿童家长教育能力的概念
1. 识记：学前儿童家长教育能力的概念。
2. 领会：学前儿童家长教育能力对幼儿发展的作用。
（二）学前儿童家长教育能力的类别
1. 识记：(1)学前儿童家长教育能力各类别的名称；(2)学前儿童家长提高各类别教育能力时分别需注意的方面。
2. 领会：如何提高学前儿童家长的各类别教育能力。
（三）学前儿童家长不同的教育能力分别对教育行为的影响
1. 识记：(1)了解儿童需求能力的强弱分别具有的教育行为；(2)评价儿童发展能力的强弱分别具有的教育行为；(3)协调亲子关系能力的强弱分别具有的教育行为；(4)处理儿童问题能力的强弱分别具有的教育行为。
2. 领会：正确理解学前儿童家长不同的教育能力分别对教育行为影响的必要性。
（四）影响学前儿童家长教育能力的各种因素
1. 识记：(1)影响学前儿童家长了解儿童需求能力的因素；(2)影响学前儿童家长评价儿童发展能力的因素；(3)影响学前儿童家长协调亲子关系能力的因素；(4)影响学前儿童家长处理儿童问题能力的因素。
2. 领会：影响学前儿童家长教育能力各因素间的关系如何。

第八章 学前儿童家庭教育的目的、任务与原则
一、学习目的与要求
（一）明确学前儿童家庭教育的目的及任务

（二）掌握学前儿童家庭教育的原则
（三）初步体会确立科学的学前儿童家庭教育原则的必要性

二、课程内容

第一节　学前儿童家庭教育的目的

（一）家庭教育的目的

家庭教育的目的——人的社会化；家庭——儿童社会化的首要场所；反向社会化——后喻文化。

（二）学前儿童家庭教育的目的

学前儿童家庭教育目的的概念、内涵；学前儿童家庭教育目的的作用。

第二节　学前儿童家庭教育的任务

（一）健康教育的任务及要求

健康教育的任务；健康教育的要求。

（二）认知教育的任务及要求

认知教育的任务；认知教育的要求。

（三）品行教育的任务及要求

品行教育的任务；品行教育的要求。

（四）审美教育的任务及要求

审美教育的任务；审美教育的要求。

第三节　学前儿童家庭教育的原则

（一）寓教于生活和娱乐的原则

孩子的任务就是玩；寓教于生活和娱乐，并不要求家长花费专门的时间和精力。

（二）理性施爱和要求适度相结合原则

理智施爱；要求适度。

（三）全面发展和因材施教相结合原则

全面发展与发展特长；针对孩子的不同个性因材施教。

（四）教育要求一致和教育方法灵活相结合原则

父母、老人及家庭成员对孩子的要求要一致；学前儿童家长对孩子的要求应前后一致，但方法需灵活。

三、考核知识点

（一）学前儿童家庭教育的目的

（二）学前儿童家庭教育的任务

（三）学前儿童家庭教育的原则

四、考核要求

（一）学前儿童家庭教育的目的

1. 识记：学前儿童家庭教育的目的。

2. 领会：家庭教育的目的。

（二）健康教育的任务和要求

1. 识记：健康教育的任务和要求。

2. 领会：在家庭教育中，对学前儿童进行健康教育的必要性。

（三）认知教育的任务及要求

1. 识记：认知教育的任务及要求。

2. 领会：在家庭教育中，对学前儿童进行认知教育的必要性。

（四）品行教育的任务及要求

1. 识记：品行教育的任务及要求。

2. 领会：在家庭教育中，对学前儿童进行品行教育的必要性。

（五）审美教育的任务及要求

1. 识记：审美教育的任务及要求。

2. 领会：在家庭教育中，对学前儿童进行审美教育的必要性。

(六)学前儿童家庭教育原则

1. 识记:学前儿童家庭教育各原则的名称。

2. 领会:(1)学前儿童家庭教育各原则的具体内容;(2)确立科学、合理的学前儿童家庭教育原则的必要性。

3. 应用:案例

爸爸说:"幼儿园马上要放暑假了,我们的女儿佳佳马上要大班毕业、做小学生了,应该学着帮忙做些家务了。"女儿佳佳听了爸爸的话,高兴地说:"好的,好的!要我做什么家务?"还没等爸爸开口,妈妈抢着说:"可以洗你自己的手帕、袜子,还可帮妈妈洗洗碗、擦擦桌子……"奶奶插话了:"这些小事,我来做,让她做呀,反而越帮越忙。"佳佳在一旁,不知如何是好。

请具体分析这一案例是遵循或违背了哪些家庭教育原则,为什么?

第九章　学前儿童家庭教育的内容

一、学习目的与要求

(一)初步了解产前保健和胎教的相关内容

(二)熟练掌握不同年龄段婴幼儿不同的家庭教育内容

二、课程内容

第一节　产前保健与胎教

(一)产前营养、药物与化学物质

产前营养的意义;产前营养的需要;对胎儿有害的药物及化学物质。

(二)孕妇情绪

孕妇情绪对胎儿的影响;影响孕妇情绪的因素。

(三)胎教的内容

音乐;言语;胎儿体操。

第二节 乳婴儿的家庭教育内容

(一)身体的适应

身体适应的内容、困难;身体适应对家教的要求。

(二)自制行为的发展

自制行为发展的内容;自制行为发展对家教的要求。

(三)基本信任感的建立

基本信任感建立的内容;建立基本信任感对家教的要求。

(四)认识自我的发展

认识自我的具体内容;认识自我对家教的要求。

(五)言语的刺激

言语刺激的内容;进行言语刺激对家教的要求。

第三节 幼儿期的家庭教育内容

(一)发现个人能力

发现个人能力的途径;发现个人能力对家教的要求。

(二)建立常规,对个人行动负责

建立常规,对个人行动负责的途径;建立常规,对个人行动负责对家教的要求。

(三)区分社会角色,学习与人相处

区分社会角色,学习与人相处的途径;区分社会角色,学习与人相处对家教的要求。

三、考核知识点

(一)产前保健与胎教

(二)乳婴儿的家庭教育内容

(三)幼儿期的家庭教育内容

四、考核要求

(一)产前营养、药物与化学物质

1. 识记:对胎儿有害的药物与化学物质。

2. 领会:孕妇应有合理的营养结构、饮食习惯和适量的活动。

(二)孕妇情绪

1. 识记:孕妇的情绪对胎儿的影响。

2. 领会:影响孕妇情绪的因素。

(三)胎教的内容

1. 识记:(1)适合作胎教的音乐、言语的内容及方法;(2)胎儿体操的方式。

2. 领会:胎教的作用。

(四)身体的适应

1. 识记:身体适应的内容。

2. 领会:父母如何帮助新生儿进行身体的适应。

(五)自制行为的发展

1. 识记:自制行为发展的内容。

2. 领会:自制行为发展对家教的要求。

(六)基本信任感的建立

1. 识记:基本信任感建立的内容。

2. 领会:建立基本信任感对家教的要求。

(七)认识自我

1. 识记:认识自我的具体内容。

2. 领会:如何让乳婴儿认识自我。

(八)言语的刺激

1. 识记:对乳婴儿进行言语刺激的内容。

2. 领会:对乳婴儿进行言语刺激的必要性。

(九)发现个人能力

1. 识记:发现个人能力的途径。
2. 领会:幼儿期进行发现个人能力家教内容的必要性。
(十)建立常规,对个人行动负责
1. 识记:建立常规,对个人行动负责的途径。
2. 领会:幼儿期进行建立常规,对个人行动负责家教内容的作用。
(十一)区分社会角色,学习与人相处
1. 识记:区分社会角色,学习与人相处的途径。
2. 领会:幼儿期进行区分社会角色,学习与人相处对家教的要求。
3. 简单应用:分析本班幼儿家教内容的特征、存在误区。

第十章　学前儿童家庭教育的方法

一、学习目的与要求
(一)初步了解学前儿童家庭教育方法的概念、对象及作用
(二)初步了解非期望行为的概念及产生原因
(三)明确对非期望行为的管教原则、策略和方法
(四)初步体会如何针对学前儿童非期望行为开展家庭教育的策略、方法

二、课程内容

第一节　学前儿童家庭教育方法的概述

(一)学前儿童家庭教育方法的概念
家庭教育方法概念:学前儿童家庭教育方法概念。
(二)学前儿童家庭教育方法的对象、作用
学前儿童家庭教育方法的对象;学前儿童家庭教育方法的作用。

第二节 对非期望行为的管教原则、方法

（一）非期望行为的发生原因

行为的概念；非期望行为的概念；非期望行为产生的原因。

（二）对非期望行为的管教原则

理智性原则；渐进性原则；适切性原则。

（三）对非期望行为的管教方法

榜样示范法；正面说理法；暗示提醒法；批评惩罚法；自然后果法。

第三节 管教的策略

（一）行为改变技术

行为改变技术的含义；行为改变技术的关键点。

（二）民主的儿童训练策略

民主的儿童训练策略的含义；民主的儿童训练策略的关键点。

（三）沟通的策略

沟通的策略的含义；沟通的策略的关键点。

（四）父母效能训练

父母效能训练的含义；父母效能训练的关键点。

（五）沟通分析

沟通分析的含义；沟通分析的关键点。

三、考核知识点

（一）学前儿童家庭教育方法的概念

（二）学前儿童家庭教育方法的对象、作用

（三）非期望行为的发生原因

（四）对非期望行为的管教原则

（五）对非期望行为的管教方法
（六）管教的策略

四、考核要求

（一）学前儿童家庭教育方法的概念

1. 识记：(1)家庭教育方法概念；(2)学前儿童家庭教育方法概念。

2. 领会：比较家庭教育方法概念与学前儿童家长教育方法概念的异同。

（二）学前儿童家庭教育方法的对象、作用

1. 识记：学前儿童家庭教育方法的对象。

2. 领会：学前儿童家庭教育方法的作用。

（三）非期望行为的发生原因

1. 识记：非期望行为的概念。

2. 领会：非期望行为产生的原因。

（四）对非期望行为的管教原则

1. 识记：对非期望行为管教原则的各名称。

2. 领会：对非期望行为实施这些管教原则的必要性。

（五）对非期望行为的管教方法

1. 识记：对非期望行为管教方法的名称。

2. 领会：对非期望行为采用这些管教方法的必要性。

（六）管教的策略

1. 识记：(1)对非期望行为管教策略的各名称；(2)行为改变技术的操作方法；(3)民主的儿童训练策略的具体策略内容；(4)父母效能策略的操作方法；(5)沟通分析策略的关键点。

2. 领会：(1)比较各管教策略的异同；(2)实施这些管教策略的作用。

第十一章　家庭教育指导工作

一、学习目的与要求

（一）了解我国学前儿童家庭教育指导工作的目的与任务，领会指导工作的原则，把握指导工作的主要对象

（二）了解我国家庭教育指导的管理情况

（三）提高对家庭教育指导工作重要性的认识和从事该项工作的自觉性，提高自身的指导素质和组织管理能力，为更好地开展学前儿童家庭教育指导和组织管理工作创造条件

二、课程内容

第一节　学前儿童家庭教育指导的意义

（一）进行家庭教育指导的缘由

家庭对学前儿童的影响是第一位的；我国未入园的适龄幼儿仍占相当比例。

（二）家庭教育指导的性质

带有师范教育的性质；具有业余的性质。

（三）家庭教育指导的渠道

幼托教养机构的指导；社区的指导；企事业机关的指导；大众传播媒介的指导。

第二节　学前儿童家庭教育指导的目的、任务、原则与对象

（一）学前儿童家庭教育指导的目的

为提高办学水平服务；为提高教育质量服务；为提高家长教育素质服务。

（二）学前儿童家庭教育指导的任务

指导家长优化家庭环境;指导家长提高养育水平;指导家长提高教育水平;指导家长家园合作教育;向家长进行法制教育。

（三）学前儿童家庭教育指导的对象

家长与子女;不同年龄段儿童的家长;不同身份的家长。

（四）学前儿童家庭教育指导的原则

双向互动原则;家长主体原则;共同成长原则;分类指导原则;因地制宜原则;整体性原则;理论联系实际原则。

第三节　家庭教育指导的内容

（一）指导内容的要求

指导内容的时代性;指导内容的阶段性;指导内容的针对性。

（二）指导内容的类别

（三）指导内容的分年龄要求

对新婚夫妇的指导内容;对孕妇及其丈夫的指导内容;对0~1岁半婴幼儿家长的指导内容;对1岁半~3岁婴幼儿家长的指导内容;对3~6岁幼儿家长的指导内容。

第四节　家庭教育指导的形式

（一）指导形式的概念

家庭教育指导形式的定义;家庭教育指导的常用形式。

（二）指导形式要求

指导形式的多样性;指导形式的开放式;变被动为主动,发挥家长的主体作用。

（三）个别指导形式

园内交谈;书信来往;电话联系;《家园联系册》的使用;家庭访问;专家咨询。

(四) 集体性指导活动

家长会;专题讲座;经验交流会;教育开放活动;亲子活动;家长辨析会。

(五) 文字音像资料的介绍、推荐与提供

墙报板报专栏;家庭教育小报;家庭教育报刊;家庭教育录像;家庭教育的广播、电影和电视。

(六) 指导形式的选择与发展

选择的情况;影响选择的因素;指导形式的推广与发展。

第五节 家庭教育指导的组织与管理

(一) 指导工作的领导体制

党和政府对家庭教育及其指导历来是重视的,并在不同的阶段不断提出新的要求;不同地区在家庭教育指导的领导体制上不尽相同。

(二) 管理者和指导者的队伍建设

组织管理者队伍;指导者队伍。

(三) 家庭教育指导的组织形式

家长学校;组织形式的发展;亲子学苑。

(四) 家庭教育指导的效果评价

家长的投入情况;家长的家庭教育素质有否变化;家长的家庭教育行为有否改善;学前儿童身心的发展。

(五) 家庭教育指导的科学研究

研究课题;研究基地;培训工作与研讨活动。

三、考核知识点

(一)学前儿童家庭教育指导的意义

(二)学前儿童家庭教育指导的目的、任务、原则与对象

(三)家庭教育指导的内容

(四)家庭教育指导的形式
(五)家庭教育指导的组织与管理

四、考核要求

(一)学前儿童家庭教育指导的意义
1. 识记:家庭教育指导的渠道
2. 领会:家庭教育指导的性质

(二)学前儿童家庭教育指导的目的、任务、原则与对象
1. 识记:学前儿童家庭教育指导的任务。
2. 领会:(1)学前儿童家庭教育指导的目的;(2)学前儿童家庭教育指导的对象;(3)家庭教育指导的原则。

(三)家庭教育指导的内容
1. 识记:(1)对新婚夫妇指导的内容要点;(2)对孕妇及其先生指导的内容要点;(3)对0~3岁婴幼儿家长指导的内容要点。
2. 简单应用:(1)确立对本园3~6岁幼儿家长进行家庭教育指导的内容;(2)回顾、总结自20世纪80年代至今的家庭教育指导内容,说明家庭教育指导内容的改革方向。

(四)家庭教育指导的形式
1. 领会:(1)各种个别指导形式;(2)各种集体性指导形式;(3)各种文字音像资料的作用。
2. 简单应用:回顾、总结自20世纪80年代至今的家庭教育指导形式,说明家庭教育指导形式的改革方向。
3. 综合应用:根据已确立的对本园3~6岁幼儿家长进行家庭教育指导的内容,明确各指导内容相应可选择何指导形式。

(五)家庭教育指导的组织与管理
1. 领会:(1)指导者的素质要求;(2)指导者的来源;(3)指导者的培训;(4)家庭教育指导的各种组织形式及其发展;(5)从家庭教育指导的组织与管理角度考虑,进行家庭教育指导的科学研究具体需抓哪些内容。

2. 简单应用:分析本区(县)、本园家庭教育指导的效果评价是从哪些方面进行的,如何进行更合理。

Ⅲ 有关说明与实施要求

一、关于"课程内容与考核目标"中有关提法的说明

1. 大纲是进行学习和考核的依据,教材是学习掌握课程知识的基本内容和范围,教材的内容是大纲所规定课程内容的具体化。

2. 大纲与教材所体现的课程内容是基本一致的。大纲里面的内容和考核知识点,教材里都有。有特殊要求须考核内容之外的知识的,大纲中已经作出明确规定。

3. 对考核目标的说明。

(1)本课程要求考生学习和掌握的知识点内容都作为考核的内容;

(2)本大纲对各章考核要求提出了四个不同层次的能力要求。四个能力层次概念的含义是:

A. 识记。要求考生知道本课程中有关的名词、概念、原理、知识的含义,并能正确认识和表述。

B. 领会。要求在识记的基础上,能全面把握本课程中的基本概念、基本原理、基本方法,能掌握有关概念、原理、方法的区别与联系。

C. 简单应用。要求在领会的基础上,能运用本课程中的基本概念、基本原理、基本方法中的少量知识点分析和解决有关的理论问题和实际问题。

D. 综合应用。是要求考生在简单应用的基础上,能运用学过的本课程规定的多个知识点,综合分析和解决比较复杂的问题。

二、关于学习教材

本课程的教材采用全国高等教育考试指导委员会组织编写

的,由李洪曾主编的《学前儿童家庭教育》。

三、自学方法的指导

1. 在全面系统学习的基础上,掌握基本理论、基础知识和基本方法。考生应全面系统地学习各章,首先要在理解的基础上记住要求识记的内容。其次,要认识和领会各章之间的联系。第三,要在全面系统学习的基础上掌握重点。

2. 本课程既属于理论课程,又是应用性很强的课程。注意理论联系实际。首先,要注意联系社会发展的现实,联系当前学前儿童家庭教育和家庭教育指导工作中的实际情况以及现实问题学习有关的理论。其次,要注意将正在学习的有关理论、方法应用到家庭教育指导工作的实践中去。

四、对社会助学的要求

1. 社会助学者本人应熟悉学前教育理论并具有家庭教育指导工作经验。

2. 社会助学者应认真钻研大纲和教材,根据大纲要求对考生进行认真的、负责的、有效的辅导。

3. 社会助学者在辅导中应正确处理基础知识理论和实际应用能力的关系,正确处理全面系统学习和重点掌握的关系。对考生注意正确引导,把握好助学方向。

五、基本课时建议

第一章 导论,4课时;第二章 家庭,4课时;第三章 家庭教育,6课时;第四章 家长与子女,6课时;第五章 学前儿童家长的教育观念,6课时;第六章 学前儿童家长的教养方式,6课时;第七章 学前儿童家长的教育能力,6课时;第八章 学前儿童家庭教育的目的、任务与原则,6课时;第九章 学前儿童家庭教育的内容,6课时;第十章 学前儿童家庭教育的方法,6课时;第十一章 家庭教育指导工作,14课时;复习,4课时。合计70课时。

六、关于命题考试的若干规定

1. 本课程的考核采用命题考试的方法。命题考试将根据本大纲规定的考试内容和考试目标确定考试范围和考试要求。

2. 本大纲各章所规定的基本要求、知识点和知识点下的知识细目,都属于考试的内容。考试命题将覆盖到各章,适当突出重点章节,重点内容将有较大的覆盖率。

3. 命题考试在试卷中将对不同能力层次要求的分数比例是不同的。这比例大致为:"识记"占20%,"领会"占20%,"简单应用"占30%,"综合应用"占30%。

4. 命题考试将合理安排试题的难易程度。试题的难度可分为:"易"、"较易"、"较难"和"难"四个等级。每份试卷中,不同难度试题的分数比例一般为2:3:3:2。

5. 本课程考试命题的主要题型一般有名词解释题、填空题、单项选择题、简答题、论述题、材料分析题等。

附录　题型举例

一、填空题
1. 家庭教育是家长与_____之间的双向_____过程。
2. 学前儿童家长的教养方式主要有民主权威型、绝对权威型、_____、_____。

二、名词解释题
1. 学前儿童家长教养方式
2. 指导者

三、单项选择题
1. 幼儿期家庭教育内容主要为：　　　　　　　　　　（　　）
(1) 生活习惯的培养,认识自我,发现个人能力和学习与人相处
(2) 发现个人能力,建立常规,对个人行动负责和区分社会角色,学习与人相处
(3) 建立常规,对个人行动负责,基本信任感的建立,发现个人能力
(4) 区分社会角色,学习与人相处,认识自我,生活习惯的培养

2. 从网上获悉某幼儿园开展家庭教育指导有实效,在总结其有效经验后将其经验应用到一般幼儿园进行试验,然后调查指导有否效果,根据调查结果对经验有无一般意义作出回答。这一过程属于：　　　　　　　　　　　　　　　　　　（　　）
(1) 情报研究　(2) 调查研究　(3) 经验总结　(4) 实验研究

四、简答题
1. "树大自然直"这种说法正确吗？为什么？请简述。
2. 简述调查研究的一般过程。

3. 试比较家庭教育的调查研究与实验研究的异同。
4. 试说明终身教育的理念对家庭教育有何影响？
五、论述题
举例略
六、材料分析题
举例略

《自学考试大纲》后记

《学前儿童家庭教育自学考试大纲》是根据全国高等教育自学考试学前教育专业(独立本科段)考试计划的要求编写的。2001年3月,全国考委教育类专业委员会召开审稿会议,对本大纲进行了讨论评审,修改后,经主审复审定稿。

本大纲由上海市教科院特级教师李洪曾主持编写,李洪曾、黄娟娟执笔撰稿。参加审稿的专家有:北京师范大学赵忠心教授、冯晓霞教授。

本大纲最后由全国高等教育自学考试指导委员会审定。

全国考委教育类专业委员会
2001年12月